MODEL

미래의 기회를 현재의 풍요로 바꾸는 혁신의 사고법

MODEL
모델

가와카미 마사나오 지음 | 김윤경 옮김

다산 3.0

경영학의 지혜
이익을 보는 관점이 달라진다

비즈니스 모델의 힘

"새로운 비즈니스 모델을 구상하라."

사장이나 상사에게 이런 지시와 명령을 받고 당혹해하는 직장인이 꽤 있을 것이다. 이 책을 읽고 있는 여러분은 이런 경험이 있는가?

사내에서 종종 듣게 되는 '새로운 가치를 창출하자'는 프로젝트는 어느새 지시만으로 끝나게 되는 경우가 많다. 또 새로운 프로젝트가 생겨도 결국 서서히 흐지부지되기 일쑤다. 애써 기발한 안건을 제시해도 채산이 맞지 않는다며 받아들여지지 않는다. 반대로 안전한 길을 택하면 더 이상 흥미진진한 일은 생기지 않는다.

그러면 모두들 한때 높은 평가를 얻었던 기획을 그대로 따라 하며 과거의 영광이 돌아오기만을 기다린다. 하지만 현실은 기대와 달리 점차 피폐해질 뿐이다.

경영학자인 나는 대학을 벗어나 수많은 기업의 경영 개혁이나 사업 재건에 직접적으로 관여해왔다. 그리고 실제로 일어나는 현장의 움직임을 지켜보면서 비즈니스 모델의 힘이 얼마나 대단한지 몸소 실감하고 있다.

처방전으로서의 이익 혁신

이 책은 언제나 혁신에 목마른 사업가나 직장인들에게 비즈니스 정석으로서의 비즈니스 모델 사고법을 제시하고자 집필했다.

어디서든 업계 최고의 자리에 있는 기업들의 사례는 쉽게 찾을 수 있다. 하지만 무턱대고 그들의 방법을 따라 할 수는 없다. 막강한 라이벌과 같은 방법으로 경쟁하는 것은 무모한 일이다. 우리는 그들과는 다른 방법으로 고객의 지지를 받고 이익을 내야 한다.

우리는 이 당면과제를 실현해줄 새로운 비즈니스를 창출하는 데 필요한 일련의 사고방식을 '이익 혁신(profit innovation)'이라고 부른다. 즉, 기존의 경영학적 사고 관점에서 볼 때, 이익에 대한 사고방식이 다르면 이익을 취하는 방법도 다르다는 뜻이다.

기업과 함께 프로젝트를 수행하면 학문의 영역에서 사용되는 경영학 이론이나 프레임워크(framework)가 실제 사업에 얼마나 효율적으로 작용할 수 있는지 꼼꼼히 검증할 수 있다. 나는 다양한 프로젝트를 통해 내가 경영학에서 배운 것들을 하나하나 검증해 왔으며, 그중에서도 효율적인 것으로 판명 난 것들로 일련의 체계를 만들었다. 이 완성된 체계가 바로 이 책에서 제시하는 이익 혁신이다.

이 책을 끝까지 읽으면 아마 이런 생각들이 머리를 맴돌 것이다. 이익을 추구하지 않으면서 이익을 창출하는 구조는 무엇인가? 무엇을 위해 이익을 창출하는가? 또 실질적으로 여러분이 현장에서 이익을 내는 방법에도 틀림없이 혁신이 일어날 것이다.

더 많은 사업가나 직장인에게 이 사고법을 알려주고자 이야기 형식으로 내용을 구성했다. 이 책에서 소개할 프레임워크는 내가 지금까지 실제로 관여해온 다양한 프로젝트에서 얻은 지식을 토대로 모델화한 것으로, 실제 비즈니스 현장에 적용한다면 만족할 만한 성과를 얻을 수 있을 것이라고 자부한다.

모델 변혁은 잘 짜인 이야기다

우선 이 책에서는 실존하는 기업의 다양한 사례를 소개했다. 실제 사례를 아는 것만으로도 기본적인 공부는 충분히 되므로, 꼼꼼히 읽을 시간이 없는 분들은 사례 중심으로 이 책을 읽길 권한다.

게다가 이 책에서는 사고방식의 토대가 되는 이론에 관해서도 소개하고 있다. 각 장의 말미에 '비즈니스 통찰'로 정리해놓았으니

혹시 본문 내용을 완전히 이해하지 못해도 이 부분을 차분히 읽으면 아무 문제없이 다음 장으로 넘어갈 수 있다. 이미 이론을 알고 있다면 복습한다는 생각으로 다시 한 번 확인해보길 바란다.

이 책의 가장 큰 특징은 이야기 형식으로 전개된다는 점이다. 따라서 이야기를 읽어나가면 프로젝트를 어떻게 진행시켜야 하는지, 비즈니스 모델을 어떻게 만들면 되는지, 일의 우선순위를 어떻게 정해야 하는지 등을 자연스럽게 알 수 있다. 실제로 제로베이스에서 비즈니스 모델을 디자인하려는 주인공을 내세워 그 프로세스의 시작과 끝을 구체적으로 제시하고 있다.

더구나 이 책의 줄거리는 내가 직접 관여한 어떤 기업의 실제 일화를 바탕으로 엮었다. 즉, 형식은 픽션이지만 순전한 상상으로 지어낸 허구의 이야기는 아니다. 그렇기에 여러분이 주인공이 되어 자신의 회사에서 다루는 제품과 서비스에 이입하여 읽는 것이 더욱 효과적인 방법이라고 할 수 있다.

마지막으로 구체적인 방법론에 대해 보충 설명을 하기 위해 이론의 설명과 체계를 책의 마지막 부분에 '해설'로 정리했다. 앞으로 배워야 할 비즈니스 이론을 알고 싶은 분은 이 부분을 먼저 읽기 바란다.

내가 굳이 이야기라는 형식에 도전한 이유는 비즈니스 모델을 새롭게 만들어 이익을 혁신하는 모든 과정이 마치 잘 짜인 한 편의 소설처럼 느껴졌기 때문이다. 덕분에 이론 설명만으로는 전달하기 어려운 디테일한 상황 설정과 구체적인 프로세스를 모두 전달할 수 있었다. 나 자신이 경영과 교육의 현장에서 절대적으로 필요하다고 느낀 비즈니스 모델 사고법의 모든 것을 이 책 한 권에 정리할 수 있었다.

이 책이 여러분의 비즈니스에 조금이나마 도움이 된다면 더할 나위 없이 기쁠 것이다. 이 책을 계기로 비즈니스에 대한 새로운 눈을 뜨길 바란다.

가와카미 마사나오

차례

1장

모델과 이익

기업의 체질을
바꾸는 변혁

젊은이들은 모르는 브랜드

"스도, 오늘 점심 함께하지."

내선 전화를 걸어온 사람은 주식회사 레오리아스 사장인 무로 후시 레이(室伏礼)였다.

"네, 알겠습니다! 그럼 1층에서 뵙겠습니다."

스포츠화 영업부의 스도 진야(須藤仁也)는 사장의 갑작스런 호출에 당황했지만 바로 대답을 하고는 엘리베이터에 올라탔다.

'사장님이 점심을 같이 먹자고 하시다니, 오랜만이네. 대체 무슨 일일까?'

1985년에 설립된 주식회사 레오리아스는 상사 출신의 이하라 기이치(井原喜一)가 설립한 스포츠화 제조회사다. 업계에서는 비교적 후발 주자에 속한다. 오사카의 센트럴파크라고 할 수 있는 우쓰

보 공원에서 가깝고 사무실이 밀집해 있는 요쓰바시(四つ橋)에 본사 건물이 있다.

이 회사는 지금까지 몸만들기에 사용되는 트레이닝화를 비롯해 러닝화, 농구화 등 다양한 스포츠화를 만들어왔다. 운동화와 티셔츠, 그리고 스포츠웨어에 붙어 있는 회사 로고를 누구나 한 번쯤은 보았을 것이다. 하지만 그것도 다 옛날 일이다.

현재의 레오리아스는 오랫동안 히트 상품을 내지 못하고 있다. 그 때문에 주 고객 층이어야 할 20대 젊은이들에게 거의 알려지지 않은 브랜드로 전락하고 말았다. 예전 팬이었던 젊은이들은 이미 40~50대가 되었다.

이러한 상황에서 오랜 세월 적자 경영이 계속되다 보니 업계 관계자와 매스컴에서는 레오리아스가 재정적으로 오래 버티지 못할 것으로 내다보고 있다. 최근 몇 년 사이에는 외국계 기업이 매수할 거라는 소문마저 돌고 있다.

창업자인 이하라 사장의 뒤를 이어 대표이사 자리에 오른 무로후시 사장은 이런 레오리아스의 어려운 상황을 타개하기 위해 5년 전 상무이사로 영입되었다. 그리고 작년에 마흔 살의 젊은 나이로 대표이사에 취임해 지금까지 여러 가지 개혁을 진행해왔다.

무로후시 사장은 능력 있는 사업가로, 20대에 회사를 창업하여 몇 년 사이에 연매출 30억 엔 규모로 키워냈다. 하지만 인생의 선

배로서 존경하고 있던 이하라 사장이 간곡히 부탁하자 자신이 일군 회사를 매각하고는 레오리아스 경영에 전념하게 되었다.

무로후시 사장은 경영에 관한 최신 동향에 민감하며 공부도 게을리하지 않는다. 그리고 '비즈니스 모델'이라는 키워드에 항상 촉각을 곤두세우고 있었다. 무로후시가 레오리아스로 옮겨와서 착수했던 다양한 시도가 어쩌면 비즈니스 모델이라는 말에 모두 응축되어 있다고 여겼기 때문이다.

사장으로 취임한 지 어느덧 일 년이 지났다. 무로후시는 일 년 동안 적자 재정 상태에서 어떻게든 탈출하기 위해서 공을 들였다. 거래처와의 관계 회복, 지나치게 증가한 재고량의 소진, 그리고 악화된 재무상황의 개선에 주력했다.

그리고 이제 본격적인 경영 활동을 위한 토대가 어느 정도 갖추어지자, 무로후시 사장은 드디어 핵심적인 개혁에 착수할 때가 왔다고 생각했다.

비용 절감만으로는 문제가 해결되지 않는다

무로후시 사장은 스도를 회사 근처 신사이바시(心斎橋)의 장어요리점으로 데려갔다. 오랜 전통을 이어온 그 가게는 말끔한 옷차림의 중년 손님들로 북적였다. 간사이(關西)에서도 손에 꼽히는 맛집이다.

"늘 시키는 걸로 2인분 주십시오."

무로후시 사장이 주문하자 주인이 바로 맞받았다.

"장어덮밥에 내장꼬치구이 말씀이시죠?"

24시간을 경영자로 살아야 하는 무로후시 사장은 먹는 데 신경을 많이 쓴다. 특히 체력을 기르기 위해 점심은 절대 거르지 않고 꼭 챙겨 먹는다.

재빨리 주문을 마치고 무로후시 사장이 말문을 열었다.

"스도, 이제 슬슬 레오리아스의 비즈니스 모델에 손대고 싶네. 이제 조건은 제법 갖추어졌으니 말이야."

스도는 가볍게 맞장구를 쳤지만 어떤 상황인지 선뜻 파악되지 않아 다음 말을 기다리며 가만히 귀를 기울였다.

"지금까지는 레오리아스가 적극적으로 싸울 수 있는 환경을 만드는 데 주력해왔어. 일차적인 목적은 만성적인 적자 체질을 개선하는 것이었지만, 나는 단순한 코스트 커터(cost-cutter)가 아니야."

무로후시 사장의 말에는 열의가 있었다.

"원래는 비용을 삭감하고 싶었던 게 아니야. 그래서 은행과 교섭해 자금을 확보해왔지. 이제 가까스로 준비가 다 되었네. 지금부터 새로운 비즈니스 모델을 만들고 싶어. 그 일에 관한 프로젝트를 자네에게 맡길 생각이네."

스도는 놀라서 무로후시 사장을 쳐다보았다.

"사, 사장님, 어, 어째서 접니까?"

"글쎄. 벌써 자네도 사회생활 10년째 아닌가. 우리 회사에 들어온 지는 3년이 되었지. 이제 업무 경력도 쌓인 데다 거래처와의 관계도 원만하고 말이야. 게다가 자네, 스포츠화 업계를 바꾸고 싶다고 예전부터 말하지 않았나."

"그렇긴 합니다만……."

"그래서 적임자라니까. 다른 이유는 없어. 당장 착수해주게. 현재의 스포츠화 업계를 뒤집어놓을 만한 새로운 비즈니스 모델을 제시하면 되네. 제품뿐만이 아니라 이익 구조도 바꾸고 싶어. 단, 두 달 후에 청사진을 보고 싶네. 그리고 최종적인 목표를 6개월 이내에 마련하고 싶어. 더 이상 지체할 수가 없어. 물론 자네에게 권한도 줄 것이고 비용도 마련해주겠네. 어떤가?"

어떠냐고 물어본들, 사장이며 형님 같은 존재인 무로후시의 청을 거절할 수는 없었다.

"알겠습니다. 제게도 좋은 기회입니다. 부디 맡겨주십시오."

"알겠네. 그러면 필요한 인원을 직접 뽑아보게나. 팀 구성은 자네에게 일임하지. 자네가 팀원을 모두 추려서 보고하면 선발된 인원들의 각 부서장에게는 내가 말해두겠네."

"감사합니다."

"그리고 말일세, 다시 말하지만, 이건 단지 신제품을 개발하는 것으로 끝낼 이야기가 아니야. 앞으로 레오리아스의 비즈니스를 완전히 바꾸어놓을 대대적인 혁신이라네. 몇 번이고 강조하지만 이익 구조까지 포함한 비즈니스 모델의 변혁이라는 사실을 확실히 이해해야 하네."

스도는 무로후시 사장이 말하는 비즈니스 모델의 의미가 선뜻 와 닿지 않았지만, 어쨌든 지시를 받아들였다.

"주인장, 여기 맥주요! 아, 무알코올로요. 스도, 일단 건배부터 하자고."

사장에게는 당해낼 수가 없다. 그리고 그때 마신 무알코올 맥주 는 꽤 쌉싸름하게 느껴졌다.

주식회사 레오리아스의 역사

1980년대 후반부터 1990년대 초반에 걸쳐 여성들 사이에 에어로빅이 유행하자, 레오리아스는 발 빠르게 에어로빅 전용화인 '레오피트'를 개발하여 굉장한 붐을 일으켰다.

레오피트가 크게 히트한 요인 중 하나가 '미끄러지지 않는 신발창'이라는 새로운 기능이었다. 뿐만 아니라 디자인도 산뜻해서 캐주얼화로도 주목을 받았기에 소비자들 사이에서 단번에 패션 브랜드로 깊이 각인되었다. 이때 레오리아스의 로고가 박힌 티셔츠와 기타 다른 제품들까지도 날개 돋친 듯 팔려, 뜨는 신생 브랜드로서 정식 무대에 등장했다.

하지만 창업자인 이하라는 냉정했다. 에어로빅 붐을 일시적인 현상으로 판단하고 머지않아 밀려올 파고에 대비했다. 그래서 이번에는 NBA 붐이 일어날 것을 예견해 한발 앞서 상품 개발을 지시했다. 아니나 다를까, 1995년 무렵부터 농구 붐이 일어나면서 농구화 수요가 급격히 증가했다.

레오리아스는 NBA에서 활약하는 유명선수와 계약을 맺고 피팅 기능을 향상시킨 스포츠화 '점프 어라운드'를 개발했다. 이로써 사람들은 다시 한 번 레오리아스라는 브랜드를 뚜렷이 인식하게 되었다.

당시 일본은 버블경제가 붕괴되고 불경기의 여파가 밀어닥쳤지만 레오리아스는 전혀 영향을 받지 않았다. 오히려 호황을 누렸다. '레오피트'의 여운과 '점프 어라운드'의 대히트로 1997년에는 역사상 최고 기록인 300억 엔의 매출을 올렸다. 매출총이익(Gross Profit, 매출액에서 매출원가를 차감하고 남은 이익-옮긴이)은 120억 엔, 영업이익(매출액에서 매출원가와 판매비 및 일반관리비를 차감한 이익-옮긴이)은

36억 엔을 달성했다. 당시 농구화 카테고리에서는 나이키와 어깨를 나란히 할 정도로 높은 인지도를 얻었다.

하지만 절정기는 그리 오래 가지 못했다. 동종업계의 대기업에서 잇달아 기술자를 빼내가는 상황이 벌어졌고, 그 후 히트 상품의 인기도 시들해져서 회사의 매출과 시장점유율은 서서히 하락했다. 한동안은 기존 상품의 리뉴얼로 경쟁할 수밖에 없었다.

3년 후인 2000년에는 매출이 약 120억 엔으로 격감했고, 그 이후로도 거의 기존 상품이나 관련 상품을 계속 판매했을 뿐이었다. 간혹 신제품을 투입해보았지만 성공은커녕 매출액은 그 이후 90억 엔, 75억 엔으로 점점 떨어지며 하락세는 멈출 줄을 몰랐다.

그러다 마침내 적자가 나기 시작했으며 이 상태는 2012년까지 계속 이어졌다. 그 무렵부터 외국계 브랜드에 인수될 거라는 소문이 이따금 들려오기 시작했다.

하지만 비공개 기업이기 때문에 강제로 매각되는 일만은 간신히 면할 수 있었다. 2010년에 매출액이 55억 엔까지 감소되어 대폭적인 비용 절감과 구조조정을 단행했던 것이다. 경영 실적이 바닥을 친 그해에, 무로후시 사장은 스도를 스카우트했다. 그는 스스로 문제의식을 갖고 움직이는 스도가 레오리아스의 조직을 변화시켜주리라 기대했다.

비즈니스 모델이란 무엇인가

사장과 점심 식사를 마친 스도가 사무실로 돌아가려고 복도를 걸어가고 있을 때 아이폰의 착신음이 울렸다.

'스도, 무슨 일 있어?'

라인(Line) 메시지를 보내온 사람은 여자 친구인 고지마 메구미(小島惠)였다.

스도가 메구미를 알게 된 것은 3년 전, 레오리아스로 막 이직했을 무렵이었다. '심기일전! 헤어스타일도, 이미지도 바꾸고 열심히 해보자' 하는 마음으로 들어섰던 미용실에서 스도의 머리를 잘라준 사람이 바로 메구미였다. 스도는 첫눈에 반해 끈질기게 구애한 끝에 메구미와 사귀게 되었다. 사귄지 벌써 3년째다. 메구미는 스물여덟 살인데 늘씬하고 예쁜 데다 성격도 좋다.

레오리아스 직원들도 가끔 이용하는 미용실이라 스도와 가깝게 지내는 직원들이나 상사는 모두 그녀를 알고 있다. 메구미를 아는 회사 사람들은 모두 메구미가 아깝다고 놀렸다.

'메구미, 사장님이 내게 큰 프로젝트를 맡기셨어.'

'혹시 해외 발령? 안 돼!'

'아니, 아니야. 레오리아스의 사업 개혁을 담당하게 되었어.'

'그래? 굉장한걸!'

스도는 서비스업에 종사하는 메구미와 휴일이 엇갈려 자주 만나지 못하는 만큼 이렇게 매일 틈나는 대로 메시지를 주고받는다. 만일 라인 앱이 없었더라면 벌써 헤어지지 않았을까.

스도는 회사 일이나 업무에 관해 메구미와 자주 의논한다. 메구미는 천성적으로 감이 예리해서 언제나 스도에게 날카로운 한마디나 정확한 조언을 해준다. 스도는 마음 씀씀이가 착하고 꾸밈없는 메구미에게 늘 도움을 받고 있다.

'그런데 말이야, 비즈니스 모델이란 걸 바꾸라고 하시는데 그게 뭔지 잘 모르겠단 말이지.'

'비즈니스 모델?'

'응.'

'나도 들어본 적이 없는데?'

'아, 그래? 하하.'

스도는 지금까지 줄곧 영업 분야에서만 몸과 머리를 써온 사람이었다. 세세한 부분까지 두루 살피는 데다 거짓 없는 성격도 한몫해서 영업 성적이 좋고 거래처에서도 상당한 신뢰를 받고 있었다.

상사에게도 "자네는 마케팅의 천재야"라는 식의 칭찬을 늘 듣고 있기 때문에 자신이 하고 있는 일이 막연히 '마케팅이구나' 하고 생각하고 있다.

그런데 이번에는 비즈니스 모델이라는 과제를 부여받았다. 들어본 적이 있는 말이지만, 구체적으로 무엇을 해야 하는 건지는 감이 잘 잡히지 않는다.

'그럴 때는 말이야, 기분 전환도 할 겸 서점에 가보는 게 어때?'

'서점?'

'나 오늘 저녁 6시에 퇴근하는데, 같이 서점에 가지 않을래?'

'응, 그럴까? 그럼 이따 봐.'

스도는 아이폰을 홈 화면으로 돌리고는 인터넷 브라우저를 가동시켰다. 검색창에 '비즈니스 모델'이라고 입력했다. 화면에는 '이익을 창출하는 구조', '고객가치', '프로세스', '이익 모델' 등 다양한 키워드가 나타났다. 스도는 바로 검색한 화면을 캡처했다.

이익을 창출하는 구조의 디자인 전략

스도와 메구미는 기노쿠니야(紀伊国屋) 서점 앞에서 만났다. 이곳은 만남의 장소로도 무척 유명한 대형서점이다.

한큐우메다(阪急梅田)역의 바로 아래에 위치해 있어 평일 저녁이면 항상 누군가를 기다리는 사람들로 붐빈다. 스도는 메구미의 손에 이끌려 서점으로 들어가 비즈니스 서적 코너로 향했다.

"있어, 여기야."

두 사람은 '비즈니스 모델'이라는 제목의 책이 즐비한 책장 앞에 멈춰 섰다.

"와! 이렇게나 많아?"

메구미가 놀란 듯 목소리를 높였다.

비즈니스 모델 이외에도 비슷한 제목의 책들이 많이 꽂혀 있었다. 하지만 어느 책을 보아도 어렵게만 보였다. 스도는 자신이 무로후시 사장에게서 말도 안 되는 과제를 덜컥 맡아버린 게 아닐까 하고 갑자기 불안해졌다.

"메구미! 나가자. 어쩐지 현기증이 나. 게다가 책 냄새 때문에 화장실에 가고 싶어졌어."

"안 돼. 어쨌든 한 권은 사서 돌아가자. 그러지 않으면 앞으로 나아갈 수 없어."

옳은 말이다. 스도는 아까 아이폰으로 찍어둔 검색 화면을 다시 확인했다.

'이익을 창출하는 구조'란 말이지. 이 말이라면 왠지 호기심이 생겼다. 그래서 스도는 '이익을 창출하는 구조'라는 제목이 붙어 있는 책을 찾아보았다.

그러자 『이익을 창출하는 구조의 디자인 전략』이라는 책이 눈에 들어왔다. '디자인'이라는 말에 호기심이 생긴 스도는 그 책을 집어 들었다.

책 띠지에는 '명철한 경영학자의 꼼꼼한 해설!'이라는 카피가 큼지막하게 쓰여 있었다.

저자는 세이토(西都)대학교 경영학부 교수인 가타세 요지(片瀬耀史)다. 저자의 프로필은 화려했고, 본문에는 도표가 많아 이해하기 쉬울 것 같았다. 게다가 스도가 알고 있는 유명 브랜드의 사례도 많이 소개되어 있다.

'이 책이라면 읽을 수 있겠는걸. 좋아, 이걸로 정했어!'

두 사람은 계산을 마치고 스도의 아파트로 향했다.

고객에게 만족을 기업에게 이익을

스도는 메구미가 저녁 식사를 준비하는 동안 거실 소파에 앉아 조금 전에 사온 책을 훌훌 넘겨가며 살펴보았다. 그러고 보니 메구미와 오랜만의 데이트다. 그런데 자신의 볼일만 보고는 곧바로 집에 돌아와 식사 준비를 하게 하다니…….

그렇긴 해도 조금이나마 읽어두지 않으면 안 된다. 스도는 저녁 준비를 하는 메구미에게서 시선을 거둬 다시 책장을 넘겼다.

기업의 목적은 고객에게 만족을 주는 일이다. 그런데 고객에게 만족을 주는 많은 기업들도 대부분 이익 부분에는 약하다. 그래서 비즈니스 모델을 '이익을 창출하는 구조'라고 부른다.

그렇군! '이익을 창출하는 구조'라고 설명해주니 이해하기가 쉽다. 게다가 가슴이 뛴다. 하지만 잠깐만! 모두들 회사의 목적이라는 말을 자주 쓰는데, 바로 이익을 창출하는 일이 그것 아닌가? 흔히들 '영리기업'이라고 말하잖아. 그게 바로 이거 아닐까?
그런데 저자는 '기업의 목적은 고객에게 만족을 주는 일'이라고 한다. 대체 어찌된 일인가? 일단 계속 읽어보자.

먼저 확실히 말해두건대, 이익을 목적으로 하지 말길 바란다. 이익은 비즈니스의 제약 조건이다. 만일 고객에게 만족을 준다고 해도 회사가 적자를 입어서는 안 된다. 반대로 회사는 흑자를 내지만 고객이 만족하지 못하는 상황은 아예 언급할 가치도 없다.

고객을 만족시키는 것만 생각하면 안 되는 걸까? 물론 나도 회사에 이익을 안겨주지 못하면 안 된다는 것쯤은 잘 알고 있다. 하지만 책을 읽고 보니 평소에는 어느 한쪽밖에 생각하지 못하고 있는 것 같다.
영업을 맡고 있는 스도는 당연히 고객 만족을 염두에 두고 있다.

하지만 자금부는 비용과 이익을 우선으로 생각한다. 같은 회사 내에서도 입장이 다르면 각자 다른 기준으로 모든 일을 생각하기 마련이다. 역시, 그래서 자금부와는 언제나 대립하게 되는 걸까. 서로 상대의 기준을 받아들이는 일이 중요한 것일까?

하지만 잠깐!

나는 대체 무엇을 조사하려고 했더라? 아, 비즈니스 모델이었지. 아직은 뭐가 뭔지 모르겠다. 스도가 소리를 지르려는 순간, 메구미의 목소리가 들려 왔다.

"스도, 저녁 다 됐어."

"응. 고마워."

생각이 꽉 막힌 스도는 읽던 책을 대충 소파에 던져놓고 식탁에 앉았다.

비즈니스 플랜과 비즈니스 모델의 차이

비즈니스 플랜과 비즈니스 모델의 차이는 무엇일까.

비슷한 뜻이라고 생각할지도 모르지만, 비즈니스 플랜(사업계획) 과 비즈니스 모델은 발상법부터 세세한 부분에 차이가 있으며, 더 구나 최종적으로 완성된 모습은 크게 다르다.

비즈니스 플랜은 상품이나 서비스를 정의하고 그 계획을 어느 정도의 시간과 노력을 들여 달성할 것인지를 명확히 한다. 그리고 그 계획을 재무 면에서 분석하여 이익으로 나타낸다.

마지막으로는 예상한 재무수치가 완성된다. 은행에서 돈을 빌 릴 때나 비즈니스 플랜 콘테스트(공공기관이나 지자체, 또는 대학 등 교육 기관과 민간 기업에서 지역진흥과 교육 발전을 목적으로 개최하는 행사-옮긴이) 에서도 대부분 이 사업계획서를 제출해야 한다. 즉, 어떤 상품 또 는 어떤 사업을 추진할 것인지를 토대로 결국 얼마큼의 이익을 낼

지를 하나의 흐름으로 표현한 것이 비즈니스 플랜이다. 이것은 지금까지 존재하는 비즈니스의 연장선상에서 명확한 계획을 세우는 데 의미가 있다.

비즈니스 플랜은 융자가 목적인 경우도 있고 기존 비즈니스의 확대를 위한 사내 설명에 사용되기도 한다. 따라서 그 중심에는 기술 또는 획기적인 상품이 있다. 결국 사업계획은 '기술이나 상품을 어떻게 사업화할 것인가'가 핵심이다. 다시 말해, 어느 정도 확립된 비즈니스의 내용과 특징을 알아보기 쉽게 서술하는 일이라고 생각하면 된다.

한편, 비즈니스 모델에서는 우선 고객에게 제공할 가치부터 정의한다. 가치를 제안하는 것이 출발점이다. 이때 중요한 점은 고객에게 제공하고자 하는 가치가 타사에서 제공하는 고객가치와 얼마나 다른가 하는 점이다.

그다음에는 '이익'으로 시선을 옮긴다. 위에서 정한 가치 제안으로 어떻게 적극적으로 이익을 창출할 수 있는지 그 방법을 생각한다. 고객가치가 평범해도 이익 창출 방법이 독특하면 새로운 비즈니스 모델로 인정받기도 한다.

이를테면 텔레비전과 스마트폰, 그리고 컴퓨터에서 제공하는 무료 게임은 모두 가치 제안은 거의 비슷하지만 이익을 창출하는 방법은 각각 다르다. 그러한 고객가치 제안과 이익 설계의 조합을 궁리하여 최종적인 실행 과정인 '프로세스'를 생각한다. 그러니까 비즈니스 모델을 구상할 때는 사업 시작 전에 고객가치와 이익, 프로세스의 관련성을 머릿속에 그려야 한다.

정리하자면, 혁신적인 비즈니스를 구축하고자 할 때 사용되는 전체적인 틀이 바로 비즈니스 모델 사고법이다. 최근에는 대기업, 중소기업, 작은 가게 할 것 없이 점점 비즈니스 모델의 중요성에 대해 깊이 공감하고 있다.

소규모의 스타트업에게는 어떻게 대기업의 법칙을 따르지 않고 경쟁하느냐가 관건이다. 그렇기 때문에 비즈니스 모델 사고가 더욱 더 중요하다. 실제로 소규모 기업이 탁월한 비즈니스 모델을 내세워 업계에 새로운 돌풍을 일으키고 패권 다툼을 하는 일이 현실에서 일어나고 있다.

따라서 최근에는 대기업에서도 비즈니스 모델 발상이 필요하다는 인식이 퍼지고 있다. 현재 대부분의 기업이 어떻게 하면 전례 없는 독특한 방식으로 이익을 낼까 고민하면서 상식을 초월한 독자적인 경영을 지향하고 있다. 이런 현상 역시 비즈니스 모델 사고가 이미 상식이 되어 있다는 증거다.

목적은 고객가치 창조

비즈니스의 목적은 고객을 만족시키는 일이다. 다시 말하면, 세상을 더 유익하게 하는 일, 경영자가 창조력을 발휘해서 새로운 가치를 창출하고 세상을 보다 살기 좋게 만들어가는 일이다.

애플의 스티브 잡스를 떠올리면 금방 이해될 것이다. 그는 '어떻게 해서 세상을 즐겁게 할까?'를 계속 고민했다. 하지만 기업이 세상을 위해 창조적으로 활동을 지속하려면 돈이 필요하다.

하지만 타인에게 빌리거나 투자를 받은 자본으로는 하고 싶을 일을 자유롭게 할 수 없다. 그렇다면 어떻게 해야 할까.

그렇다. 자신이 번 돈이라면 아무도 뭐라 하지 않는다. 이것이 바로 이익이며 내부유보, 즉 자기자본이 필요한 이유다. 그리고 일정한 기간의 매출액이, 그 매출을 올리는 데 지출한 비용을 웃돌아 이익이 나야 비로소 회사에 돈이 모이는 것이다. 그러니까 모델은 기업이 단순히 돈을 왕창 벌기 위한 것이 아니다. 이후 고객을 만족시키는 데 필요한 자본금을 계속해서 자력으로 생성해내는 사이클을 만들기 위한 구조다.

고객을 만족시키면서 어떻게 존속을 위한 이익을 계속 얻을 수 있을까. 그것이야말로 비즈니스 모델에 부여된 과제다. 고객을 만족시키는 동시에 제약 조건으로서의 이익을 벌어들여야 한다. 그런 터무니없는 말이 어디 있느냐고 반발할 수도 있지만, 실제로 그렇게 하지 않으면 안 된다.

마케팅의 대가이자 하버드대학교 비즈니스 스쿨 명예교수였던 테드 레빗(Theodore Levitt)은 자신의 저서 『테드 레빗의 마케팅』에서 일찍이 다음과 같이 말했다.

비즈니스를 파고들어보면 단 두 가지 요소, 즉 '돈'과 '고객'이 남는다. 비즈니스를 시작하려면 돈이 필요하고 지속하기 위해 고객이 필요하며, 기존 고객을 유지하고 신규 고객을 확보하는 데 또다시 돈이 필요해진다. 따라서 어떤 유형의 비즈니스든 기업의 두 축을 이루는 활동은 '재무'와 '마케팅'이다. 비즈니스의 존속과 성공은 두 가지 능력, 즉, 어떤 방법에 의해 '경제 가치를 제공하는 능력', 그리고 지불 능력을 소유한 고객을 필요 수만큼 '확보하고 유지하는 능력'에 있다.

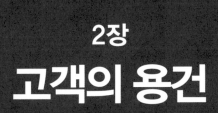

2장

고객의 용건

상품이 팔리는 메커니즘과
해결해야 할 일

레오코아를 성공시켰던 기대의 별

스도는 레오리아스에 입사한 지 얼마 되지 않았을 무렵, 영업 일을 하면서도 어떻게 하면 회사를 부활시킬 수 있을까 하고 나름대로 방법을 찾았던 적이 있다. 앞으로 필요한 것에 대해 생각했던 것이다. 그 당시는 달리기 붐이 일었다. 그래서 사람들이 미처 깨닫지 못하고 있지만 중요시해야 할 점이 무엇인지를 궁리했다.

스도는 텔레비전의 마라톤 중계에 자주 등장하던 해설자를 자문가로 영입하여 함께 상품을 개발했다. 그리고 신고 있기만 해도 자세가 좋아지고 일의 성과도 올라간다는 획기적인 콘셉트의 신발 '레오코아'를 만들어내는 데 성공했다. 그리하여 2012년에 '당당한 자세야말로 모든 성과의 시작'이라는 캐치프레이즈를 내걸고 제품을 발매했다.

이로써 대히트는 아니지만 오랜만에 쾌거를 올리며 레오리아스는 시장에서 존재감을 드러냈다. 누계 매출 5억 엔을 기록한 상품은 비록 시장에서는 그럭저럭 팔리는 편에 속하지만, 매출 55억 엔의 회사 입장에서 보면 굉장히 영향력이 크다고 할 수 있다. 스도는 이 상품을 만들기 위해 가장 먼저 소매점을 돌면서 매장 판매자와 고객들의 의견을 꼼꼼히 조사했다.

레오리아스에서는 창업 초기에 품질이 좋은 러닝화를 만들어 세상에 내놓았다. 이 러닝화는 기능을 비롯해 모든 신발의 원형이라고 할 만한 요소를 모두 갖추고 있다. 요리로 말하자면 달걀말이 같은 존재다. 이후로도 이런 러닝화를 계속 착실하게 만들어냈지만 전처럼 큰 성과를 거두지는 못했다. 그러다 러닝화 제조 기술에 최신 트렌드를 반영하여 '레오피트'와 '점프 어라운드'를 세상에 내놓았고 이 제품들은 일상생활에서도 편하게 신을 수 있는 신발로 인기를 끌었던 것이다.

원래부터 스니커즈 마니아였던 스도는 이러한 레오리아스 신발의 역사와 달리기 붐의 기회를 접목시켜 다시 한 번 러닝화에 도전했고, 결국 자신이 외부에서 섭외한 자문가와 함께 미래지향적인 콘셉트로 사람들이 '하나쯤 있으면 좋지' 하고 여길 수 있는 신발인 '레오코아'를 탄생시켰다.

'레오코아'를 개발할 때, 스도는 기획의 핵심 과제를 생각하는 동시에 신제품을 만들어내기 위해 각 부문의 부서장에게 도움을 청해 팀원을 구성했다. 이들이 개발부의 기요이 시로(淸井志郎), 마케팅부의 이시가미 고조(石神康蔵), 생산관리부의 니시우라 히데토(西浦秀人)였고, 이때 프로젝트 책임자가 당시 상무였던 무로후시였다. 이렇게 구성된 팀원이 힘을 모아 새로운 제품을 개발하기 시작했다.

그러던 중 자문가에게서 '자세를 곧게 펴는 것이 모든 일에서 성과를 낼 수 있는 시작'이라는 아이디어가 나왔다. 이 아이디어를 신발에 적용하려면 신발창에 대한 연구가 필요했다.

개발부장인 기요이가 현실 가능성이 있는지 없는지를 검토했다. 마케팅부는 콘셉트를 정리하면서 캐치프레이즈는 물론 어떤 광고 매체가 좋을지를 선정했고, 매장 앞에 내세울 POP(Point Of Purchase, 구매시점) 광고의 이미지를 구상했다. 생산관리부는 얼마큼의 생산량으로 언제까지 투입할지를 검토했다. 이렇게 각 부문이 연계해서 최종 목표인 제품의 발매에 이르렀다.

실은 이런 프로젝트 회의가 열린 것이 이때가 처음이었다. 그 전까지 레오리아스는 항상 개발부가 '프로덕트 아웃(product out, 생산자의 기술을 바탕으로 상품을 개발하고 제공하는 방법-옮긴이)' 개념으로 내놓은 안건에 마케팅부가 해석을 덧붙이고, 영업부가 그에 대한 주문을 받아 합산한 수치를 토대로 생산관리부가 생산량을 결정하는 방식으로 일을 진행해왔다.

하지만 이제는 레오코아의 판매량도 둔화되기 시작해 마침내 회사도 가장 중요한 시기를 맞이했다. 무로후시 사장은 기사회생을 위해 스도를 책임자로 지명하고 레오코아를 출시했을 때보다 더 큰 혁신의 파도를 기대하고 있는 것이다.

우뇌형 인간

무로후시 사장과 점심을 함께한 날로부터 나흘이 지났다. 스도는 구입한 책을 아직 끝까지 다 읽지 못했다. 바쁜 탓도 있지만, '고객가치'에 대한 내용은 이해가 가는 반면에 '동시에 이익을 낸다'는 부분에서 막혔기 때문이다.

무로후시 사장은 다시 한 번 스도를 점심 식사에 불렀다. 무로후시는 창업자인 이하라 회장과 자주 가던 라면집으로 향했다.

오후 2시가 다 되어 가는 시간인지라 한바탕 손님을 치르고 난 가게는 한산했다.

"저……, 사장님."

"회사 밖인데 뭘 그리 어려워하나? 편하게 이야기하게."

"네, 알겠습니다, 사장님. 우선 '비즈니스 모델'이 뭔지 정확히 알아야 할 것 같아서 서점에 가서 조사를 좀 해봤습니다."

"인터넷으로 검색한 게 아니라, 서점까지 찾아갔다니 자네도 제법 성장했구먼."

"감사합니다. 다만, 아직 잘 파악이 안 돼요. 비즈니스 모델을 바꾸는 거지요? 책을 읽어보니 '고객가치'가 중요하다는 건 이해가됩니다. 제가 하고 있는 일도 제안 방식의 영업이고 마케팅에서도 고객가치가 얼마나 중요한지 잘 알고 있거든요."

스도는 계속 말을 이어나갔다.

"하지만 고객가치와 비즈니스 모델이 어떤 관계인지, 그 점이 확실히 와 닿질 않아서 말입니다."

"그래? 하지만 그건 자네가 공부해서 이해하게나. 여태껏 제품을 만드는 일과 영업으로 싸워온 우리 회사에서 비즈니스 모델이다 뭐다 말한들 아무도 이해하지 못할 걸세. 나도 다 생각이 있어서 자네에게 이 일을 맡긴 거야."

"알겠습니다. 스도 진야, 스펀지처럼 비즈니스 모델을 완전히 흡수하겠습니다!"

"스펀지 스도란 말이지."

무로후시는 참지 못하고 피식 웃음을 흘렸다.

나이키와 아디다스만 할 수 있는 전략

스도는 도쿄에 있는 사립대학 문학부를 졸업하고 중견 광고대리점에 입사했다. 이후 줄곧 제안형 영업을 해왔다. 단순히 제품과 서비스를 파는 것이 아니라 특정 고객의 상황을 헤아려 적절한 서비스를 제안하는 방식이다. 하지만 3년 전 레오리아스로 이직하고 나서는 소매점을 상대로 특정 제품을 영업하는 업무로 바뀌었다. 자칫하면 강매가 되기 십상인 업무였지만 전 직장에서의 경험을 살려 기존 상품을 상황에 맞춰 제안하는 방식으로 일한 덕에 거래처로부터 두터운 신뢰를 얻었다.

외국계 브랜드인 나이키와 아디다스는 신상품을 대규모로 투입하는 동시에 유명 스포츠 선수를 기용한 광고를 대대적으로 전개하는 방식을 취한다. 분명 글로벌 수준의 영향력을 지닌 메가 브랜드만 할 수 있는 전략이다. 완성한 제품을 적극적으로 광고하고 나면 고객이 엄청나게 따라온다. 그런 전략을 계속 밀어붙여 브랜드가 한층 더 거대화되는 구조다.

하지만 레오리아스 같은 중소기업에서는 도저히 따라 할 수 없는 방법이다. 개발부가 만들어낸 상품을 고객이 사서 잘 사용할 수 있는 상황을 생각해 제안하는 수밖에 없다.

이미 있는 상품이 어떤 상황에서 최대한 잘 사용될 수 있을까.

그러려면 판매 장소를 어떻게 바꾸면 좋을까? 연출은? 캐치프레이즈는? POP 광고는?

자사 제품의 판매를 늘리기 위해 이러한 컨설팅 업무까지도 마다하지 않았다. 덕분에 스도가 담당하는 모든 매장에서는 레오리아스 제품의 매출액이 높아졌다. 게다가 그런 판매 방식을 습득한 매장은 레오리아스 외의 다른 회사 제품도 잘 팔게 되었다. 자연스럽게 스도는 소매점들과 좋은 유대관계를 쌓을 수 있었다.

경험이 많고 경영 능력이 뛰어난 대형 소매점의 점장들까지도 "스도 씨, 이거 어떻게 해야 잘 팔릴까요?"라면서 스도에게 조언을 구할 정도였다.

"아이쿠 점장님, 이보다 더 많이 파시려고요?"

스도도 농담을 던지면서 머리를 맞대고 제품의 판매 전략을 함께 궁리했다. 그런 스도였지만, 지금까지 정식으로 마케팅을 공부한 적은 없다. 자신의 경험과 직감을 바탕으로 센스를 발휘하여 노력해왔을 뿐이다.

영업을 경험한 사람이라면 누구나 한두 번은 고객의 목소리를 직접 들을 기회가 있을 것이다. 스도는 그러한 고객의 목소리와 자신의 마음을 연결시키는 감각이 발달해 있었다. 그 감각만으로도 충분히 성과를 낼 수 있었던 것이다.

하지만 제품마다, 프로젝트마다 그 경우에 맞는 아이디어를 찾아내다 보면 언젠가는 아이디어도 고갈되기 마련이다. 그때는 법칙이나 이론이 필요해진다. 스도도 그런 상황에 직면했다. 그리고 마침 그때 무로후시 사장이 큰 임무를 맡긴 것이다.

실제 가격과 지불 의욕의 차액

무로후시 사장과 라면집에서 이야기를 나눈 날 밤, 스도는 다시 한 번 『이익을 창출하는 구조의 디자인 전략』을 읽어보기로 했다.

고객가치 제안이 비즈니스 모델의 전제가 되는 것은 분명하다. 그런데 애초에 가치는 뭐란 말인가? 스도는 책을 읽어나갔다. 그때 스도의 눈에 확 띈 문구가 '고객의 몫'이었다.

본래 고객가치는 고객의 몫이며, 이를 바꿔 말하면 배당이다. 상품과 서비스에는 가격이 정해져 있다. 판매의 메커니즘은 상품과 서비스에 매겨진 가격보다 고객이 더 가치가 있다고 느끼는 데 있다.

'흐음, 상품이 팔리는 메커니즘이라!'

스도는 다시 책 속으로 빠져들었다.

페트병에 든 물이 150엔에 팔리고 있다. 물은 왜 불티나게 팔리는 걸까. 이는 소비자, 즉 고객이 제품에 대해 실제 가격 이상의 가치를 느끼고 있기 때문이다. 이 가치를 전문용어로 '지불 의욕(WTP: willing to pay)'이라고 한다. 지불 의욕은 사람마다 다르므로 그 물의 경우 200엔이 될 수도 있고 160엔이 될 수도 있지만, 여기서는 200엔이라고 하자. 이때 판매 가격이 150엔이라면 과연 고객이 느끼는 가치는 얼마일까.

여기서 페이지가 끝난다. 참으로 의미심장한 책이다.
'그야, 소비자가 느끼는 가치니까 200엔이지.'
스도는 그렇게 생각하며 책장을 넘겼다.

답은 50엔이다. 고객가치는 소비자가 지불한 가격과 지불해도 좋다고 느끼는 가치의 차액이다. 이것이 플러스가 되는 한, 상품은 계속 팔릴 것이다. 또 이 차액이 클수록 더 많이, 오래 팔린다.

'그렇군!' 스도는 무릎을 탁 쳤다. 레오리아스 제품이 많이 팔리거나, 혹은 히트로 이어지려면 먼저 소비자가 제품의 가치를 느껴야 한다. 실제 가격과 기꺼이 지불할 용의가 있는 가치를 비교해서 실제 가격이 더 낮아야 '사야지!' 하고 마음이 든다는 거로군.

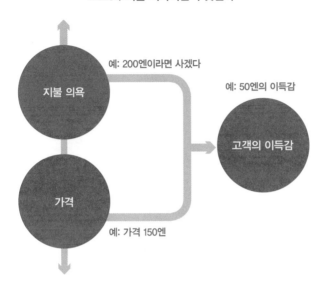

도표01. **지불 의욕이란 무엇인가**

지불 의욕

예: 200엔이라면 사겠다

예: 50엔의 이득감

고객의 이득감

가격

예: 가격 150엔

그렇게 이해하고 나니 실감이 난다. 비로소 현장에서 보고 들은 내용들이 하나로 쭉 이어졌다. 책으로 다시 눈을 돌리자 이 장의 결론인 듯한 문구가 쓰여 있었다.

고객가치는 단지 이익의 제안만이 아니라, 그것을 얼마에 실현할 수 있느냐가 함께 설정되어야 비로소 확실해진다. 그러므로 고객 이 가치를 직접 느낄 수 있게 하는 제안이 가장 중요하다.

'제안, 그렇군! 수많은 제조회사가 다양한 제품을 그렇게 제안하고 있는 거로구나. 이것만 봐도 레오리아스가 의식하지 못했던 데서 꽉 막혀 있었던 거야. 프로젝트 팀원들을 모아 더 깊이 연구해 봐야겠어.'

신발 장인 개발부 기요이

다음 날 오전, 스도는 개발부를 찾아갔다.

"기요이 부장님, 잠깐 시간 좀 있으세요?"

"응, 스도. 어쩐 일인가? 또 뭔가 꾸미는 거 같은데."

개발부의 리더 기요이 시로. 20년 전 레오피트의 개발 팀에도 소속되어 있었다. 대히트 상품의 역사를 모두 알고 있는 기요이는 현재 부장이 되어 개발부를 총괄하고 있다. 레오피트 이후, 점프 어라운드의 개발 팀원으로도 참여하여 발의 착용감과 탄력성을 모두 만족시킨 신발창을 개발했다. 외국계 브랜드로부터 숱하게 스카우트 제의를 받았지만 회사에 대한 애착이 커서 지금까지도 레오리아스에 몸담고 있다. 기요이는 장인 기질이 강하고 제품 기획에 있어 120퍼센트 이상의 몫을 해내는 데 자부심을 갖고 있다. 하지만 최근에는 사내 어디에서도 핵심적인 아이디어나 콘셉트가 나오지 않아 다시 히트 상품을 내지 못한 채 현재에 이르렀다.

보통 체구에 평균 키로, 이제는 딱 봐도 운동이라곤 전혀 하지 않을 것 같은, 소위 '아저씨'다. 평소 우스갯소리를 곧잘 하면서도 남을 잘 헤아려주는 성격이라 젊은 사원들에게도 두터운 신뢰를 받고 있다. 하지만 눈빛이 날카롭고, 한번 일에 집중하면 '무서운 카리스마'를 내뿜는다.

사실 기요이 부장은 스도가 막 입사했을 때 '무로후시 상무가 어디서 그저 스니커즈를 좋아하는 애송이를 데려왔구먼!' 하고 달가워하지 않았다. 하지만 스도가 '레오코아'를 맡아 실적을 낸 이후로는 그의 실력을 인정했다.

"실은 사장님의 지시가 있어서, 앞으로 레오리아스의 이익 구조를 바꿀 수 있는 대책을 마련하려고 합니다."

"응, 그 얘기라면 소문으로 들었네. 스도가 드디어 중책을 맡았어. 굉장한걸. 그래서?"

스도는 레오리아스의 미래를 바꿀 수 있는 비즈니스 모델을 고안해야 한다는 사실을 다시 한 번 기요이에게 설명했다.

"지금 비즈니스 모델에 관해 공부하고 있습니다만, 역시 각 부서의 협조를 얻지 않고는 진행하기가 어렵습니다. 레오코아 때 이상으로 말이죠. 그래서 기요이 부장님도 꼭 프로젝트 멤버로 참여해주셨으면 합니다."

"그런 얘기였군. 마침 지금 하던 일이 일단락되었으니 잘 되었네. 함께하지."

"감사합니다. 그럼 회의 일정을 잡아보겠습니다. 아, 그리고 젊은 직원도 한 명 데리고 와주십시오."

"알겠네. 열정 있는 젊은이를 한 사람 데려가지. 마침 최근에 이와사라는 젊은 친구가 새로 입사했는데 아주 우수하거든. 아직 만난 적이 없지?"

패셔니스타 마케팅부 이시가미

"이시가미 부장님, 요즘 어떻게 지내세요?"

"어이, 스도 군, 어떻게나 마나 히트 상품이 나오지 않으니 심심해 죽을 지경이야."

남자는 농담처럼 엄살을 떨었다. 중후하고 남자다운 외모에 헤어젤로 머리를 가지런히 빗어 넘겼다. 레오리아스의 마케팅부장인 이시가미 고조는 마치 남성 패션지에 등장할 것 같은 이미지로 여직원들 사이에서 인기도 많은 멋쟁이다.

이시가미 고조는 아주 오래 전부터 레오리아스에서 기요이와 함께 일했으며 히트 상품의 역사를 쭉 지켜봐 왔다. 이 회사에서 마케팅부가 맡은 일은 기본적으로 광고와 캐치프레이즈를 고안하는 PR(public relations) 부문이다. 단순히 마케팅 조사를 담당하는 부서가 아니다.

이시가미는 스도가 광고대리점에서 근무하던 시절부터 함께 일했기 때문에 벌써 10여 년이나 알고 지내왔다. 광고대리점에서 레오리아스를 담당하던 스도가 마음에 들어서 무로후시 사장에게 소개한 장본인이다.

"저기 말이죠. 실은"

"응, 기요이 씨에게 들었어."

"우와! 벌써 알고 계셨군요. 모두들 어쩜 그리 소식이 빠른지 당황스러울 정도예요."

"프로젝트 팀을 짠다면서? 물론 레오코아를 성공시킨 스도 군의 뜻을 우리가 거스를 수는 없지."

"일사천리네요. 그럼 나중에 연락드릴 테니 잘 부탁드립니다."

"알겠네. 연락 기다리지."

모델 외모의 좌뇌형 인간 자금부 마에다

그다음 향한 곳은 자금부였다. 스도는 마에다 이쿠코를 불러내 용건을 꺼냈다. 마에다는 스물일곱 살에 미모가 뛰어난 여성으로 대학원에서 회계를 전공하고 3년 전에 레오리아스에 입사했다.

대학시절에는 인명 구조 활동을 한 적이 있을 정도로 탄탄한 몸매의 소유자다. 외모로 보아서는 자금부 직원보다 오히려 모델에 가깝다. 하지만 어쩐지 애인이 있을 것 같지 않은 분위기에 머리를 고무줄로 묶고 있을 때가 많다. 화장도 자연스럽게 아주 살짝만 할 뿐이다.

마에다는 레오리아스의 전성기를 알지는 못하지만 어머니가 레오피트의 단골고객이었던 까닭에 레오리아스에 관심을 갖고 입사 지원을 했다. 마침 자금부원이 필요했던 무로후시의 눈에 들어 채용되었다.

입사 초기에는 재정 상태가 위험한 회사에 들어온 것이 아닐까 하고 전전긍긍했지만 레오코아가 히트한 뒤로는 회사에 애착이 생겨 한층 적극적으로 일하고 있다.

"있잖아 마에다. 회사의 이익이라는 걸 어떻게 생각해?"

"갑자기 왜요?"

"아니, 사장님이 비즈니스 모델을 개혁할 아이디어를 내라고 하시는데, 어떻게 이익을 내야 할지를 꼭 알아야 할 것 같아서 말이지. 하지만 솔직히 잘 모르겠어."

"네, 그 얘기라면 들었어요. 중대한 일을 맡으셨군요. 그거 비즈니스를 전체적으로 다시 뜯어고치라는 말이잖아요. 근데 스도 씨가 이런 일을 잘 했던가?"

"마에다, 그 말 실례 아냐? 근데 바로 맞췄어. 난 영업은 전문이지만 비즈니스에 관해서라면 얘기가 좀 다르지. 그래서 비즈니스모델에 관해 조사해봤더니 기본적으로 고객에 대한 제안이 바탕이더군. 사장님도 그래서 날 지명하신 거 같아. 근데 말한 대로 비즈니스 전반에 걸친 이야기잖아. 이익 얘기가 튀어나오면서부터는 뭐가 뭔지 도통 알 수가 있어야지."

"사장님은 이익 구조를 바꾸고 싶은 거예요. 우리 부서에 오셔서도 자주 말씀하시거든요. 하지만 자금부에 지시하지 않으신 건 분명 단순한 비용 절감과는 완전히 다른 차원이라서 그럴 거예요. 뭔가 더 밑바닥부터 바꾼다는 거잖아요. 정말 두근거리는 이야기네요. 옛날에 저희 엄마가 한창 좋아했던 레오리아스처럼요."

"역시 그렇게 생각해? 하지만 비즈니스 모델이라고 하면 제법 문턱이 높은걸. 독학으로는 한계가 있어."

"그렇죠. 스도 씨는 우뇌형 인간이라서 직감적이고 단순하니까요. 아직도《소년점프》같은 잡지를 읽다니 아이 같잖아요. 하지만 세상에 새로운 제안을 내놓는 설레는 일을 좋아하니까 사장님께 뽑힌 거라고 생각해요."

마에다가 일부러 능청스런 표정으로 말했다.

"들었다 났다 하는군. 그런데 왠지 기분 나쁘지 않은 걸. 마에다는 참 독특한 캐릭터야. 마에다 말대로 비즈니스가 고객에 대한 제안에서 시작된다는 걸 다시 한 번 생각하게 되었어."

"재무에 관련된 단계로 들어가면 언제든 제게 의논해주세요."

"그렇게 말해줄 줄 알았어. 자 그럼 당장, 내일 시간 좀 내줘."

"네? 내일이요?"

"응. 오후 2시에 제2회의실로 와. 오야마 부장님께는 이미 양해를 구해놨으니까. 괜찮지?"

"뭐예요, 처음부터 그런 거였어요? 완전 강제네요. 알았으니까 신사이바시에 새로 생긴 그 소문난 구시카츠(꼬치튀김. 고기, 해물, 채소 등 다양한 재료를 꼬치에 꿰어 밀가루를 입힌 후 기름에 튀긴 것-옮긴이)집에 데리고 가주세요."

"구시카츠? 언제나 소박하네. 알았어. 그럼 잘 부탁해."

그렇게 말하고 스도는 자금부 사무실에서 나왔다.

까칠한 남자 공급망관리부 다케코시

다음으로 스도는 가장 마음이 무거운 부서로 향했다. 생산관리를 담당하는 공급망관리(SCM. Supply Chain Management. 제품의 생산과 유통 과정을 하나의 통합망으로 관리하는 경영전략 시스템-옮긴이)부다. 스도는 SCM부 신발 담당 책임자인 다케코시를 만나러 갔다.

다케코시 요스케는 연수를 받으러 중국에 가 있다가 작년에 귀국하여 니시우라를 대신해 책임자로 근무하고 있다. 본성이 착실해서 겉으로도 다 드러난다. 아직 미혼이며 외모는 신통치 않다. 항상 잔뜩 찌푸린 얼굴로 작업에 몰두한다. 좋아하는 책은 『더 골』과 『미움받을 용기』다. 분명 고독을 좋아할 것 같은 남자다.

제품의 수주량을 결정해 일정대로 생산한 후 입하하고 배분한다. 중국과 전화로 자주 업무 연락을 하고 있는데 단기간의 중국 체류 중에 중국어를 완전히 익힌 모양이다. 유통을 담당하며 업무상 스도와는 별로 접점이 없다. 고지식한 면이 있어 농담은 통하지 않는다. 바로 이 농담이 통하지 않는다는 점 때문에 스도는 스트레스를 느낀다.

다케코시는 레오코아 프로젝트 때 일본에 없었다. 그때는 전임자인 니시우라가 있었는데 반 년 전에 SCM부 책임자 자리를 놓고 다케코시와의 경쟁에서 밀렸다.

"다케코시 씨, 저……."

"무슨 일이죠? 스도 씨."

"실은 레오리아스의 비즈니스 모……."

"아, 비즈니스 모델 말이군요. 들었어요. 생산체제를 바꾸고 비용을 철저하게 재조정하라는 뜻으로 이해하고 있습니다."

"네, 그게 조금 의미가 달라서요. 어쨌든 프로젝트 팀이랄까, 연구모임이랄까, 그런 걸 결성하려고 하는데 다케코시 씨도 와주시겠습니까?"

"제가요? 스도 씨와는 함께 일해본 적이 없는데……."

"사장님이 특별히 지시하신 프로젝트입니다."

"그렇다면 당연히 참여해야죠."

"감사합니다. 그러면 내일 오후 2시 제2회의실로 와주십시오."

그렇게 말하고 스도는 도망치듯이 SCM부를 빠져나왔다.

프로젝트 팀 긴급소집

다음 날, 스도의 청으로 제2회의실에 모인 사람은 모두 다섯 명이었다.

개발부 기요이, 마케팅부 이시가미, 자금부 마에다, SCM부 다케코시. 그리고 낯선 얼굴의 젊은 남자가 그곳에 있었다. 기요이가 데리고 온 젊은 직원인 이와사 슈지(岩佐修司)다.

"스도 군, 소개하지. 이쪽은 새로 들어온 이와사 군이네. 잘은 모르겠지만 제품으로서의 레오코아가 좋다고 외국계 브랜드 회사에서 이직해왔어. 특이하지? 업계 6년 차 스물여덟 살이야. 다른 분들께도 잘 부탁드리네."

기요이가 소개를 마치자 연예기획사의 연습생으로 있을 법한 중성적인 느낌의 꽃미남이 자신을 소개했다.

"이와사라고 합니다. 잘 부탁드립니다. 전 직장에서도 제품 개발을 담당했습니다. 스도 씨의 소문은 익히 들었습니다."

하얀 치아를 반짝 드러내며 웃었다.

"저야말로 잘 부탁드려요. 스도입니다."

스도가 진지한 얼굴로 다섯 명에게 말을 꺼냈다.

"레오리아스의 중추를 담당하고 계신 여러분, 오늘 이 자리에 와주셔서 감사합니다."

"어색한 인사는 생략하지 그래? 빨리 용건을 말하게나." 이시가미가 말허리를 잘랐다.

"알겠습니다. 그러면 여러분, 내용은 사내에 이미 돌고 있는 소문 그대로입니다. 다시 레오코아 때와 같은 일을 하는 겁니다."

"역시 그렇군! 태풍의 눈 스도를 다시 보게 되는 건가?"

"이번에는 이익 구조의 개혁이 과제입니다. '비즈니스 모델을 변혁하라'는 것이 사장님의 미션이거든요. 물론 저 혼자서는 어림도 없습니다. 그래서 여러분을 모신 겁니다."

"역시! 결국 요점은 히트 상품을 만들라는 거지?" 이시가미가 질문을 던졌다.

"네, 간단히 말하자면 그렇긴 합니다만, 단지 그것만도 아닙니다. 비즈니스 모델 창출이라는 것은, 결국 이익을 최대한으로 낼 수 있는 구조를 만드는 것입니다. 그러려면 고객가치와 우리 회사의 이익에 관해 지금까지 해왔던 것보다 훨씬 깊이 파고들 필요가 있습니다."

"음, 그렇다면 우리가 뭘 하면 되지?" 이시가미가 물었다.

"우선, 다 함께 콘셉트를 구체적으로 정해야 합니다. 저는 영업 담당이므로 소매점과 함께 상품의 가치를 고객에게 전할 생각입니다. 하지만 그 전에 '전할 가치'가 무엇인지를 먼저 정할 필요가 있습니다. 따라서 여러분과 함께 결정하고 싶습니다."

"하지만 레오코아 때도 그렇게 하지 않았나. 뭐가 다르지?" 기요이가 물었다.

"솔직히 말씀드려서 그때는 붐을 타고 이끌어냈던 거지요. 한창 달리기 붐이 일어서 딱 거기에 포커스를 맞춰서 말입니다."

"그렇게 말하면, 그렇긴 하지." 기요이가 맞장구를 쳤다.

"하지만 이번에는 다릅니다. 레오리아스의 비즈니스 자체를 근본 토대부터 바꿀 수 있는, 그러니까 제품을 생각하기 이전에 비즈니스의 기반을 마련하는, 그런 의미입니다."

"잘은 모르겠지만, 저도 그러한 대책이 필요하다고 생각합니다. 이대로라면 레오리아스는 재무적으로 위험하거든요. 어딘가 외국계 브랜드에 팔려 해체될지도 모릅니다. 실제로 금융기관에 있는 대학원 동기에게 그런 이야기를 들은 적이 있습니다." 이렇게 말한 사람은 마에다였다.

"어이, 우리 회사가 그 지경까지 되었단 말인가?"

이시가미가 끼어들었다. 이러한 말을 들어도 SCM부의 다케코시는 전혀 표정을 바꾸지 않았다. 냉정한 남자다.

"실은 지금 마에다가 말한 내용은 저도 종종 소문으로 들었어요. 지금까지는 사장님이 자금 조달에 관련해서 어떻게든 잘 해결해오셨고요. 그래서 이번에 새로운 비즈니스의 토대를 만들라고 하신 겁니다. 어쩌면 마지막 기회일지도 모릅니다."

"역시 그렇군. 알았네. 이미 그 정도란 말이지. 어쨌든 우리는 다시 해야만 하네. 이제 중요한 건 어떻게 하느냐 이거로군." 머리를 긁적이며 기요이가 말했다.

"네. 이번에는 자금부 마에다 씨도 참여했습니다. 이익 구조의 개선에 대해 정확하게 이해하고 있다는 점에서 마음이 든든합니다. 이제 제품 개발이 아니라 비즈니스 개발을 위해 달려야 합니다. 살아남기 위해서 말이죠. 그래도 레오코아 판매 상황이 아직 괜찮은 지금 어떻게든 비즈니스 모델 자체를 바꿀 기획을 마련해야 합니다."

"스도, 잘 알겠네. 그러면 이제 무엇부터 시작할까?" 이시가미가 물었다.

"글쎄요. 일단 교과서대로 해보는 게 좋을 것 같아서 우선은 책을 사왔습니다."

스도는 『이익을 창출하는 구조의 디자인 전략』을 다섯 사람에게 보여주었다.

"이번에는 저의 직감을 배제하고 이 책대로 해볼까 합니다. 이 책에 순서가 잘 정리되어 있으니까 그대로 따라 해보면 되지 않을까요? 먼저 '고객가치 제안'이 중요하다고 하니 모두 그 개념을 정확히 파악한 후에 의견을 교환했으면 하는데, 여러분 의견은 어떠신지요?"

물론 전원의 의견이 일치할 리가 없다. 하지만 레오리아스는 지금 그런 말을 할 수 있는 상황이 아니다. 스도의 제안에 모두 조용히 고개를 끄덕였다.

스도는 미리 구입한 책을 모두에게 건넸다.

"우선은 '고객가치 제안' 부분만 읽으셔도 괜찮습니다. 최소한 이 부분을 잘 읽고 이해한 후 다음 주 이 시간에 다시 모여주십시오."

생활에서 발견한 가치 제안

그날은 회의 시간이 길어지는 바람에 귀가가 늦어졌다. 너무 피곤해서 저녁을 해 먹을 기운도 없어 편의점에서 도시락을 사 들고 집에 들어갔다.

스도는 학생 때부터 독립해 오랫동안 혼자 살고 있다. 메구미가 집에 와줄 때는 좋지만, 일주일에 한 번 정도뿐이다. 스도는 아주 깔끔한 편은 아니어도 최소한의 청결함은 유지하고 싶다. 어머니께 그렇게 배우며 자랐다.

하지만 청소할 짬도 없는 데다 귀찮다. 청소기는 늘 먼지를 뒤집어쓴 채 놓여 있다. 그래서 사게 된 물건이 아이로봇(iRobot)의 청소기 '룸바(Roomba)'다. 방의 형태에 따라 자동으로 움직이며 청소해주는 로봇 청소기다. 그런데 나는 왜 이 청소기를 샀을까?

깨끗한 걸 좋아하는 메구미는 다이슨(dyson) 청소기를 사용하고 있다. 다만 이른 아침부터 밤늦게까지 일해야 하는 미용사의 생활 특성상, 이웃에 폐가 되지 않게 청소기를 돌릴 시간대에도 신경을 써야 한다. 그래서 휴일이나 저녁 근무일 아침에 청소기를 돌린다. 사흘에 한 번 정도 철저히 청소를 하고 있다.

그런데 두 사람은 왜 전혀 다른 제품을 선택했을까. 그 이유를 풀어내는 열쇠가 바로 그 책에서 읽은 '고객가치 제안'이 아닐까.

스도는 직감적으로 그렇게 생각했다.

"청소라는 키워드는 같은데 두 사람은 각자 다른 제품을 선택했다. 그것은 두 가지 제품의 가치 제안이 전혀 달라서 그 가치 제안이 맞아떨어진 고객도 다르기 때문이 아닐까?"

스도는 자신도 모르게 소리를 내어 말했다.

그렇다면 지금까지 영업으로 해온 일도, 경쟁사 제품과 공존이 가능했던 이유도 전부 이해가 된다. 왜 아이로봇 청소기와 다이슨 청소기가 공존할 수 있는 걸까. 그러한 의문을 느끼면서 스도는 책을 계속 읽어나갔다. 분명히 무언가 답이 될 만한 키워드가 있을 터였다.

고객은 용건을 해결하고 싶어 한다

책을 읽어나가던 스도는 신경이 쓰이는 문장을 발견하고 생각 속으로 빠져들었다.

사람은 왜 물건을 살까?

"왜일까?" 스도는 혼잣말로 읊조렸다.

그것은 무언가 용건을 해결하고 싶기 때문이다.

"용건?"

궁금증이 생긴 스도는, 어느새 한 문장씩 묻고 답하면서 읽어나 갔다.

그렇단 말이지. 요전에 읽은 페트병에 든 물 이야기에서도 사람 이 물을 원해서 산 것이 아니란 말인가. 이 경우 '해결해야만 하는 일'이란 '갈증을 해소하고 싶다'는 용건을 뜻하는군. 그렇다면 그 용건에 대해 얼마를 지불할 의향이 있는지, 그것이 상품의 가치를 결정한다는 의미인가. 과연!

스도는 자문자답하면서 점점 깊이 이해하게 되었다. 그 뒷부분 에도 무척 흥미로운 내용이 실려 있었다.

'니즈'라는 말이 새로운 고객가치 제안에 방해가 된다.

"뭐라고? 말이 지나치네."

솔직히 그렇게 느꼈다. 스도도 일할 때 '니즈'라는 말을 항상 쓰 고 있다. 게다가 상사에게도 이 말을 줄기차게 듣고 있다. 그런데 이 말이 사고를 방해한다고? 대체 무슨 말일까?

니즈는 상품이 어느 정도 인식된 상태에서 고객이 갖는 욕구다. 아직까지 본 적이 없는 물건이나 대체품이 있다는 사실을 기업은 커녕 고객조차 알지 못한다. 따라서 니즈가 아니라 용건에 초점을 맞춰 생각하는 것이 중요하다. 용건이 니즈를 발생시키기 때문이다.

"어쩌면, 그럴지도."
하지만 해결해야 할 일이라는 것이 그렇게 막연해도 괜찮은 걸까. 용건에 관한 부분을 중점적으로 꼼꼼히 읽어나갔다.

용건에는 고객의 상황이 반영되어 있다. 이를테면 '쉽게 ○○을 하고 싶다'거나 '더욱 상세하게 ○○을 하고 싶다'라는 식이다. 전자의 경우는, 지금까지 그 제품을 사용하지 않았던 층에 해당한다. 이를테면 '쉽게 연락을 취하고 싶다'라는 고객의 상황으로 인해 보급된 것이 사용하기 간편하고 단순한 기능의 '효도폰'이다. 반면에 '집이나 사무실 밖에서도 상세히 조사하고 싶다'는 상황이라면 필연적으로 스마트폰일 것이다.

그런 뜻이었군. 사람들은 각자 자신의 사정에 따라 다른 용건을 갖는 거로구나. 휴대폰만 해도 간편하게 이용하고 싶은 사람이 있는가 하면 세세한 정보를 원하는 사람, 또는 휴대폰을 필요로 하지 않는 사람도 있을 거고 말이야. 상황에 따라 고객 층이 나뉘는 거였어.

그러고 보니 지금까지 레오리아스에는 지금까지 '열심히 운동하고 싶은 사람'이나 '시합을 좋아하는 사람'을 위한 상품 라인업밖에 없었다. 결국 우리는 나이키나 아디다스, 퓨마와 경쟁해온 것이다.

매출을 더 증가시키려면 운동을 좋아하는 사람들을 늘리는 수밖에 없다. 하지만 저출산과 고령화 현상으로 젊은 층 인구는 점차 감소하는 추세다. 이는 전 세계 대부분의 업계에도 해당하는 심각한 문제다.

고객은 용건을 해결하기 위해 제품이나 서비스를 선택하는 것이다. 결코 그 제품이 갖고 싶어서 사는 것이 아니다.

역시 '사는' 것이 아니라 '선택하는' 것이란 말인가. 그렇게 생각하면 시야와 사고가 넓어지는군. 레오리아스의 장래를 바라보고 고객을 생각해서 비즈니스 모델로 연결해간다. 이런 깨달음이 스도의 머릿속에 떠올랐다. 문득 정신을 차리고 보니 한 시간 반이나 책 속에 빠져 있었다. 스도는 불현듯 방안에 놓여 있는 로봇 청소기를 바라보았다.

'해결해야 할 일이라……. 나의 상황……. 잠깐만. 그렇군!'

스도는 재빨리 프린터에서 A4용지를 한 장 꺼내 그래프를 그리기 시작했다. 메구미가 다이슨 청소기를 사용하는 주기와 스도가 매일 로봇 청소기로 청소하는 주기를 표시한 후 자신이 생각하는 방의 청결도를 기록했다.

이런 식으로 생각하면 레오리아스의 새로운 비즈니스 모델이 탄생하지 않을까. 적어도 고객가치 제안은 가능할 것 같았다.

"다음 회의 때 모두와 공유해야겠어!"

가치 제안에서 시작하라

첫 회의를 연 지 일주일 후, 다시 제2회의실에 여섯 명이 모였다. 스도가 말문을 열었다.

"고객가치 제안은, 고객이 해결해야 할 일과 그에 딱 맞는 솔루션의 이야기였어요."

스도가 말을 계속 이어나갔다.

"하지만 지금까지의 레오리아스를 살펴보면, 히트할 상품만 만들어내려고 하다가 결국 하지 못했죠. 초조한 나머지 모두에게 핑장하다고 인정받는 제품을 만들려고 했다는 사실을 깨달았습니다. 즉, 우리는 제품을 보고 있었기 때문에 절대 전원을 만족시킬 수 없었던 겁니다. 같은 제품이라도 제안을 명확하게 바꾸면 다른 사람을 만족시킬 수 있습니다. 이에 관해 제가 관찰한 내용을 말씀드리겠습니다."

스도가 프레젠테이션을 시작했다.

"저는 집에서 매일 쓰고 있는 로봇 청소기를 보고 생각했습니다. 왜 보통 청소기가 아니라 로봇 청소기를 샀던가 하고 말이죠. 그리고 제 여자 친구는 왜 로봇 청소기가 아닌 다이슨 청소기를 샀을까 하고 말입니다. 두 사람 모두 청소기를 갖고 싶어서 청소기를 산 것이 아니라는 사실을 깨달았어요. '청소를 해야 한다'는 용건이, 어느 사이엔가 '청소기를 갖고 싶다'는 니즈로 교체되었던 겁니다.

하지만 사실 중요한 건 '청소를 해야 한다'는 용건입니다. 게다가 저와 여자 친구는 상황이 달랐지요. 그래서 각자 두 개의 전혀 다른 제품을 선택한 것입니다. 그녀가 다이슨 청소기를 선택한 이유는 깨끗한 것을 좋아하기 때문입니다.

그녀는 조금이라도 방을 깨끗하게 하기 위해서 구석구석까지 흡입력이 강한 청소기로 청소하고 싶었지요. 그런 용건을 갖고 있는 사람들이 텔레비전 광고를 보고 '흡입력이 한결같이 유지되는 단 하나뿐인 청소기'라는 광고문구에 꽂혀 하나의 붐이 일어난 것입니다."

스도의 프레젠테이션은 점점 열기를 더해갔다.

"그녀에게 다이슨 청소기는 최고의 솔루션입니다. 하지만 그녀의 생활에서 청소할 수 있는 시간은 사흘에 한 번입니다. 마침 지저분한 것이 눈에 띌 즈음에 다이슨 청소기로 대청소를 하는 식이지요. 반면에 저는 어떨까요? 남자 혼자 살다 보니 술 마시러 가는 일도 자주 있고, 매일 늦은 시각에 집에 돌아갑니다. 분주한 아침 시간에 청소할 수도 없고요. 게다가 전 아주 게을러요. 그렇다고 청소를 하지 않으면 금세 '쓰레기장'이 되어버리니 그건 또 싫단 말이죠.

그때 인터넷에서 로봇 청소기를 발견하고 사게 되었어요. 솔직히 청소 기능이 어떤지는 잘 모릅니다. 로봇이 방 모양을 따라 혼자 돌아가면서 청소해주니까 사람만큼 깔끔하지 않을지도 모르죠. 게다가 흡입력이 아주 뛰어난 것도 아닙니다.

하지만 로봇 청소기는 제게 절묘한 솔루션이에요. 타이머 기능이 있어서 일정한 시각이 되면 자동으로 청소를 시작하고, 또 제자리로 돌아와 청소를 마치거든요. 다시 말해 알아서 청소를 해준다는 겁니다. 로봇 청소기를 사고부터는 깨끗한 것을 좋아하는 여자친구에게도 합격점을 받고 있어요.

한편 다이슨 청소기는 보통 청소기보다 고기능이어서 방이 아주 깨끗해집니다. 완전히 깨끗해진 상태를 100이라고 했을 때, 다이슨 청소기로 청소하면 98정도가 될 겁니다. 반면 로봇 청소기는 구석구석까지 청소하기보다는 그냥 웬만큼 깨끗해질 때까지 청소해줍니다. 한 번 청소하면 제가 느끼기에 80 정도가 되더군요. 저는 청소하는 게 귀찮기 때문에 80 정도 깨끗해지는 것으로도 충분해요. 하지만 그녀라면 만족스럽지 못하겠지요.

　하지만 어떻습니까. 아무리 다이슨 청소기로 깨끗하게 청소했다고 하더라도 사람이 생활을 하는 이상 다음 날이면 청결도가 85퍼센트 정도로 떨어지기 마련입니다. 이 그래프를 봐주십시오. 제가 계산해서 그렸습니다.

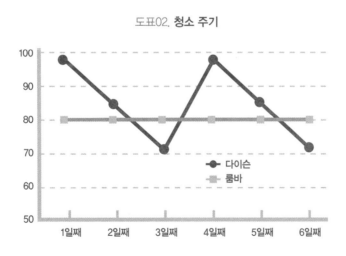

도표02. **청소 주기**

다이슨 청소기로 청소한 다음 날의 청결도는 83.3(98의 85퍼센트), 그리고 그다음 날은 전날의 85퍼센트인 70.9로 떨어집니다. 이 시점에서 메구미가 청소기를 돌리기 때문에 다음 날에는 다시 98로 청결도가 올라가고, 계속 이러한 패턴이 반복되는 거지요.

반면에 저의 로봇 청소기는 낮에 가동하도록 미리 타이머를 설정해두기 때문에 이웃에 폐를 끼칠 일 없이 매일 정해진 시간에 청소를 해줍니다. 그러면 제 방은 매일 80의 청결도를 유지할 수 있지요.

어느 쪽이 좋을지는 고객의 용건에 따라 다르겠지요. 용건의 관점에서 생각해보면 이렇게 정리할 수 있는 겁니다. 저는 지금 무척 설레고 흥분됩니다. 제품이 아니라 용건으로 생각하면, 그리고 세상에 흥미로운 제품이 공존할 수 있다고 생각하면 라이벌과 공존하는 길도 있을 것이기 때문입니다. 이상입니다."

다섯 사람은 스도의 설명을 충분히 이해할 수 있었다. 스도가 말을 덧붙였다.

"그러니까 우리도 불특정 다수의 소비자보다는 특정 타깃 층의 '해결해야 할 용건'을 찾아야 한다고 생각합니다. 그래서 타깃 층에게 필요한 '그 제품이 있는 생활=가치'라는 메시지를 전달해야 하지 않을까요?"

팀원들은 '고객가치'와 더불어 '해결해야 할 일'이라는 새로운 관점을 얻을 수 있었다.

회의가 끝나갈 무렵, 자금부의 마에다가 말을 꺼냈다.

"저기, 스도 씨."

"왜? 무슨 문제라도 있어?"

"고객가치 제안, 잘 알겠습니다. 하지만 스도 씨, 중요한 점을 잊고 계신 것 아닌가요? 이번 프로젝트, 고객가치도 중요하지만 그이상으로 이익을 창출하는 방법에 관해서도 함께 논의해야 합니다. 그렇지 않으면 제가 참여하는 의미가 없습니다."

회의실은 순간 조용해졌다.

"제가 참여한 것은 이익 부문에 필요하기 때문이라고 생각합니다만."

"물론 그렇지."

"고객가치와 이익, 두 가지를 모두 변혁해야 비로소 비즈니스 모델이 논의되는 거지요. 그래서 저도 우선은 이 책을 전부 읽어보았어요. 그중에 흥미로운 도표가 소개되어 있더군요. 저는 재무가전문 분야라 이익이라든지, 그런 이야기가 빨리 이해되었어요. 이도표를 보고 확 와 닿았거든요. 그러니 여러분도 고객가치 제안과더불어 이 도표로 생각해보시면 어떨까요? 그런데 여러분, 돈 얘기는 어려우시죠?"

"음, 그렇긴 하지."

"그래서 여러분이 쉽게 이해하실 수 있도록 정리해왔습니다. 제가 설명을 드려도 되겠습니까?"

"물론이지. 여러분, 시간 괜찮으신가요?"

모두 당연하다는 듯 고개를 끄덕였다.

"그러면 마에다 이쿠코 선생님, 발표 부탁드립니다."

"스도 씨가 말씀해주신 고객가치 제안. 여기에 더해 돈이 어디로부터 들어오는지, 그 점을 명확히 하고 동시에 가시화할 수 있는 구조까지 생각하는 것이 바로 이 책에 나와 있는 하이브리드 프레임(Hybrid Frame)입니다."

도표03. **하이브리드 프레임**

이익		고객가치
누구에게서 이익을 취할 것인가?	**WHO**	어떤 용건을 가진 사람인가?
무엇으로 이익을 낼 것인가?	**WHAT**	솔루션으로 무엇을 제시할까?
어떤 시간 축에서 이익을 낼 것인가?	**HOW**	대체 솔루션과 어떻게 차별화할 것인가?
좌뇌계		우뇌계

우뇌와 좌뇌를 동시에 활용하는 사고법

"하이브리드 프레임은 비즈니스 모델의 핵심인 고객가치를 담당하는 우뇌계와 이익을 담당하는 좌뇌계 양쪽을 동시에 파악하는 사고법입니다. 이익을 창출하는 구조는 우뇌와 좌뇌, 즉 고객만족과 이익이라는 두 마리 토끼를 동시에 추구함으로써 비로소 생겨난다고 합니다. 열정(우뇌)과 냉정(좌뇌)을 번갈아 왔다 갔다 하며 생각을 해야 성과로 이어진다는 얘기지요."

다섯 사람은 조용히 듣고 있다.

"일단 고객가치에 문제가 있으면, 고객이 다가오지 않습니다. 또한 고객이 온다 하더라도 그로 인한 이익이 발생하지 않는다면 비즈니스로서 존속할 수 없지요. 직감적으로는, 상대방을 배려해서 아드레날린이 나오는 유형이 우뇌계로, 고객이 원하는 것을 알아채는 마케팅 담당자가 이에 적합하다고 생각합니다. 기요이 부장님처럼 개발하고 기획하는 사람 중에도 이 유형이 많을 거예요.

이에 반해 냉정하게 이익을 주시하는 것이 좌뇌계의 일입니다. 기본적으로 자금에 관련된 일을 하는 사람에게 많다고 생각합니다. 회계사나 세무사를 목표로 하는 사람은 대부분 이 유형이겠지요. 다케코시 씨처럼 생산원가를 치밀하게 계산하는 사람도 이쪽 유형입니다."

마에다가 설명을 계속해나갔다.

"비즈니스에는 좌뇌계와 우뇌계의 활약이 모두 필요하므로 그것을 실현하는 것이 바로 하이브리드 프레임입니다. 여기서는 고객가치를 우측에, 이익을 좌측에 두고 각각 세 가지 의문사로 질문을 던지고 있습니다. 이 세 가지 질문이 누구에게(who), 무엇을(what), 어떻게(how)인 것이지요. 이 질문을 고객가치와 이익, 양방향으로 동시에 던지는 것이 이 사고법의 특징입니다."

"옳거니!" 기요이가 작은 목소리로 중얼거렸다.

"이 프레임의 흥미로운 지점은 단지 여섯 개의 질문에 답함으로써 하이브리드 사고가 자연스럽게 몸에 익는다는 사실입니다. 어디부터 시작해도 상관없지만, 우선 정렬되어 있는 순서에 따라 우측에서 좌측으로 살펴보겠습니다. 우측은 고객가치에 관한 질문입니다.

첫 번째는 '어떤 용건을 가진 사람인가', 니즈가 아니라 용건입니다. 두 번째가 '솔루션으로 무엇을 제시할까', 즉 제품을 포함한 솔루션을 뜻합니다. 그리고 세 번째는 그렇게 해서 자사가 확실하게 제시할 솔루션을 '대체 솔루션과 어떻게 차별화할 것인가'입니다. 여기에는 캐치프레이즈나 가격 설정까지 모두 포함되어 있습니다.

이번에는 좌측을 살펴보겠습니다. 이익에 관한 질문이 나와 있습니다. 네 번째는 '누구에게서 이익을 취할 것인가'입니다. 반대로 이익을 취하지 않을 대상을 결정하는 것도 중요하지요. 다섯 번째가 '무엇으로 이익을 낼 것인가'입니다. 이 부분도 마찬가지로, 이익을 낼 수 없는 제품과 서비스도 확실히 정해두면 더욱 깔끔하지요. 그리고 마지막으로 여섯 번째는 '어떤 시간 축에서 이익을 낼 것인가'입니다. 구입과 동시에 지불하도록 할 것인지, 그렇지 않으면 판매 후로 할 것인지, 경우에 따라서는 판매 전에도 가능하다고 합니다."

"그렇다면 단지 이 여섯 가지를 충족시키면 되는 건가?"

"좋은 질문입니다, 이시가미 부장님. 실은 이 구조의 핵심은 단지 여섯 가지를 채우는 데 있는 게 아니라, 질문의 답이 되는 각 부분의 정합성, 즉 무모순성을 확인하는 데 있습니다. 그리고 재미있는 건 말이죠, 가령 제공하는 솔루션과 이익을 내는 시점이 다르면 독자성이 높아져서 타사에서 찾아보기 힘든 비즈니스 모델을 더 확실히 만들 수 있다는 점입니다. 이것을 책에서는 '시간차 과금'이라고 표현하고 있더군요."

"시간차 과금이라! 아직 잘 모르겠지만 무척 흥미로운걸." 이시가미가 관심을 보였다.

"이 구조를 사용하면 제품 개발이나 마케팅으로 성공한 회사뿐만 아니라 과금 방법으로 승리를 거둔 회사의 전략도 풀어낼 수 있습니다. 하이브리드 프레임의 핵심은 고객가치 제안만으로 끝나기 쉬운 비즈니스의 정의를 과금 부분으로까지 확대한다는 점입니다. 이렇게 함으로써 고객가치 제안의 차별화만으로는 경쟁할 수 없는 사업 영역에서도 과금의 차별화로 새로운 비즈니스 모델을 창출할 수 있는 것이죠.

저자의 말에 따르면, 실제로 최근의 혁신자(innovator)는 고객가치 제안뿐만 아니라 과금의 차별화를 추진해 대규모 경쟁에서 업계의 패권을 거머쥐고 있습니다. 간략하나마 이것으로 설명을 마치겠습니다."

"마에다, 고마워. 역시 대학원 출신은 달라. 아주 간결하면서도 머릿속에 쏙 들어오게 설명해줬어. 여러분도 깊이 이해하실 수 있었을 겁니다. 저는 이 구조가 무척이나 마음에 드네요. 원래 이해가 느린 저도 마에다의 꼼꼼한 설명을 들으니 단번에 정리가 되는군요."

스도는 말을 이어나갔다.

"이제 고객가치 제안과 함께 레오리아스의 앞날을 위한 이익 설계에 관해서도 함께 생각하고자 합니다. 이를 공통의 기준으로 삼아주십시오. 그리고 제가 시안을 작성해올 테니 참고하셔서 의견을 내주십시오. 현시점에서는 더 할 수 있는 일이 없을 테니 저도 제품 판매 현장에 나가서 조사해보겠습니다. 그럼 2주 후 같은 시각에 다시 이 회의실에 모여주십시오. 마에다 씨처럼 관심 있는 부분이나 질문이 있는 분은 다음 모임에서 기탄없이 말씀해주시면 좋겠습니다.

스도의 제안에 모두들 대답했다.

"수고했네, 스도. 이제부터야. 잘 부탁하네."

이시가미가 스도에게 응원의 말을 건넸다.

고객이 가치를 결정한다

여기까지 읽은 독자라면, 누가 제품의 가치를 결정하는지 이미 알 것이다. 가치는 제품을 만드는 측에서 정할 수 없다. 가령 여러분의 회사가 취급하는 상품의 가치는 누가 정할까. 당신의 회사는 절대 결정할 수 없다. 당신 회사가 결정할 수 있는 것은 품질과 가격이지 가치가 아니다.

상대가 그 제품을 편리하고 유익하다고 판단하고, 게다가 편익을 얻기 위해 지불해도 좋다고 판단한 범위에서 가격이 결정될 때, 그 상대는 제품을 구입하는 동시에 가치도 느낀다. 다시 말해, 상대가 평가하는 그 제품의 편익이 모든 것을 말해준다. 이렇듯 가치는 상대가 결정하는 것이다.

주식의 가치는 그 주식을 발행하는 기업이 결정할 수 없다. 투자자가 결정한다. 부동산의 가치 역시 매수자가 결정한다. 설사 의도적으로 가격을 정해서 팔려고 해도 거래가 성립되지 않으면 가격은 내려갈 수밖에 없다. 사고자 하는 상대의 가치에 맞춰야 하기 때문이다.

어떤 제품이나 서비스든 가치는 상대가 결정한다는 대원칙이 시장에 성립되어 있다. 그러니 가치를 평가하는 '상대'가 어떻게 가치를 판단하는지를 알아야 한다. 그것을 이해한 후에 사업가나 직장인은 냉정하게 자신이 제공하는 제품 또는 서비스의 가치를 분석해서 세상에 내놓아야 한다.

고객가치의 정의는 저명한 미국의 경영학자 필립 코틀러(Philip Kotler)의 여러 저서에도 나와 있다. 고객이 가치를 결정한다는 것은 《하버드 비즈니스 리뷰》의 전략부문 책임편집자인 조안 마그레타(Joan Magretta)도 저서에서 밝힌 바 있다. 게다가 지불 의욕(WTP)과 가격의 관계는 데이비드 베산코(David A. Besanko)가 공저로 쓴 『전략경제학』에도 설명되어 있다. 관심 있는 사람은 꼭 읽어보길 바란다.

휴면 고객을 분석하라

나는 과거에 스키장의 재건축과 리브랜딩(re-branding)에 참여한 적이 있다. 이러한 업계야말로 과거의 고객이 왜 등을 돌렸는지를 파악하면, 여러 가지 해야 할 일이 분명하게 드러난다. 이른바 '휴면 고객'을 어떻게 다시 되돌아오게 하느냐가 관건이다.

하지만 이는 특별히 과거에 히트 상품을 냈던 회사에만 유효한 이야기가 아니다. 신규 사업을 전개할 때도 가능하다. 가령 과거에 유행했던 아이템을 찾아내 그때 열광하던 단골 고객이 대체 어디로 사라진 것인지를 분석하면 된다.

성공가도를 달리던 닌텐도와 소니의 인기 아이템이 점점 내리막길을 걷게 된 사례를 거울삼아 그리(Gree, SNS나 무료 게임을 제공하는 인터넷 미디어 사업 회사-옮긴이)와 디앤에이(DeNA, 인터넷상의 옥션 및 쇼핑 사이트, 모바일 포털 사이트를 기획하고 운영하는 기업-옮긴이), 그리고 경호(GungHo. 온라인 게임 서비스 회사-옮긴이)등의 신생업체들은 새로운 제안으로 성공한 것이다.

만약 이들이 과거에 천하를 주름잡던 회사들의 고객가치 제안과 그들이 지지층의 인심을 잃은 원인을 연구하지 않았다면 아마 성공의 열쇠를 찾지 못했을 것이다. 이들의 연구는 일찍이 고객들이 '해결하고 싶어 하던 일'을 해결했던 그 회사들의 솔루션을, 지금까지도 고객이 충분히 받아들이고 있는지 아닌지를 확인하는 일이기 때문이다.

이는 우선 고객의 용건을 이해하고 그 고객이 기존의 솔루션에 만족하고 있는지 아닌지를 확인하는 작업이다. 만일 그 솔루션이 고객의 용건을 충분히 해결하지 못하고 있다면 그야말로 기회가 열려 있는 것이다.

기업의 끊임없는 노력과 혁신적인 솔루션 덕분에 고객의 용건은 심화되고 진화한다. 그렇기에 과거에 히트했던 솔루션의 고정관념에서 벗어나지 못하는 기업은 진화하는 고객의 용건을 만족시키지 못해 결국 외면당하고 만다. 여러분의 비즈니스도 여차하면 그러한 상황에 빠질 수 있다.

Who
What
How

하이브리드 프레임은 고객가치와 이익에 대해서 Who-What-How로 생각하는 방법이다. 비즈니스의 목적이 고객가치이며 이익을 얻는 일은 필수라고 이미 설명했지만, 문제는 이 Who-What-How의 세 가지 의문사가 무엇인가 하는 점이다. 왜 이런 의문사가 나온 것일까.

사실 이들은 '사업의 정의'를 내릴 때 필요한 질문이다. 사업을 정의하려면 '누구에게?' '무엇을?' '어떻게?' 제공하느냐를 논의해야 한다.

이 전략은 데릭 에이벨(Derek F. Abell)이 1980년에 쓴 『사업의 정의(Defining the Business)』에 처음 등장한다. 그 후 1989년에 런던 비즈니스 스쿨의 코스타스 마르키데스(Costas C. Markides) 교수가 연구를 이어갔다. 그리고 사업의 정의를 재구축하는 데 이 질문이 얼마나 중요한지를 다시 한 번 밝혀낸다.

마르키데스 교수는 2008년에 『게임변화 전략(Game-Changing Strategies)』이라는 저서에서 Who-What-How의 결정 방식을 현대식으로 말하면 '비즈니스 모델의 구성요소'라고 설명했다. 그 정도로 역사가 있는 비즈니스에 관한 근본적인 질문이 바로 Who-What-How 접근법이다.

하이브리드 프레임은 이 Who-What-How를 고객가치 제안과 이익으로 나누어 각각 규명함으로써 여섯 가지 질문을 설정하고 있다.

3장
가치 제안

가치는 고객이 결정한다

브랜드 구매와 PB 상품 구매

그 주 일요일, 휴일을 반납한 스도는 마에다와 함께 거래처인 스포츠 매장 '엑시비션 스포츠(exhibition sports)'를 방문했다. 최근 레오리아스 제품의 판매 동향을 알아보기 위해서다. 국내 굴지의 규모를 자랑하는 이 스포츠 소매 체인점은 스도가 담당한 이래 레오리아스 제품의 판매가 크게 늘었다. 스도가 이 매장에 오는 고객층의 특성에 맞게 제품을 정렬하거나 색상을 제안하고 있기 때문이다. 그밖에도 고객 층의 취향을 겨냥하여 POP 광고를 진행하고, 레오리아스 제품을 착용한 사진을 특별 촬영하여 광고 효과를 내는 등 매장과 한마음이 되어 매출 증대를 도모해왔다.

그중에서도 고베(神戸) 매장은 함께 다양한 노력을 해온 특별한 점포였다. 매장 내에서 스도는 약간 몸집이 통통한 남성과 선 채로 이야기를 나누고 있다. 그 남성이 바로 고베 매장의 점장인 안조 다이치(安生太一)로 스도의 동지라고도 할 수 있는 베테랑이다.

"안조 씨, 제가 이번에 레오리아스의 비즈니스 모델을 바꾸는 중요한 프로젝트를 맡게 되었어요."

"오호, 스도 씨 대단하시네요."

"그래서 말인데요, 잠깐 매장을 관찰해도 괜찮겠습니까?"

"물론이지요. 얼마든지 보셔도 좋습니다. 가실 때 다시 절 불러 주세요."

쇼핑센터 안에 위치한 매장은 주말이 되면 많은 사람이 몰려 활기를 띤다. 의류 제품도 알차게 구비되어 있어 스포츠에 관심이 없는 손님도 많이 온다. 이 매장은 가치 제안에 대해 공부하기에 딱 좋다.

점장에게 양해를 얻은 스도와 마에다는 자연스럽게 돌아다니며 매장 안을 둘러보았다. 마침 일요일이라 상당히 북적였다.

스도는 자신이 담당하고 있는 레오리아스 신발 코너를 조금 멀찍이 떨어져서 살펴보았다. 어떤 고객이 레오리아스 제품을 구입하는 것일까.

얼마 지나지 않아 한 여성이 레오리아스의 신발을 손에 집어 들었다. 나이는 서른 전후로 보인다. 그녀는 뜻밖의 행동을 했다. 가만히 들여다보다가 신발을 선반 위에 다시 올려놓더니 옆 코너에 진열되어 있는 아디다스 운동화에 손을 뻗는 것이 아닌가.

그다음에 퓨마, 그리고 나이키를 한 번씩 손에 들고 들여다본 뒤에 마지막으로 PB 상품(private brand goods. 백화점·슈퍼마켓 등 대형소매상이 자기 매장의 특성과 고객의 성향에 맞추어 독자적으로 개발한 상품–옮긴이)인 운동화를 장바구니에 넣고는 계산대로 향했다.

스도와 마에다는 서로 얼굴을 마주보았다. 스도가 마에다에게 말했다.

"저 손님은 레오리아스 제품을 갖고 싶었던 게 아니었어. 아디다스나 다른 브랜드도 아니었고. 결국 그녀는 솔루션의 차별성을 느끼지 못했기 때문에 가장 가격이 싼 PB 상품을 고른 거야."

다른 고객도 마찬가지였다. 하지만 맨 처음에 아디다스나 나이키를 집어 든 손님은 그 신발을 그대로 들고 계산대로 향했다.

"결국은 브랜드 구매야. 제품을 잘 모를 땐 안심감이나 신뢰감이 필요하겠지. 브랜드 로고에는 바로 그런 효과가 있어. 그 브랜드만 신으면 다른 사람들에게 무시당하지 않는다고 생각하는 게 틀림없어. 그래서 유명한 브랜드를 사는 거야."

마에다가 고개를 끄덕였다.

레오리아스 신발에는 다른 신발에 없는 기능까지 갖추어져 있다. 그런데도 레오리아스 제품을 지목해서 구매하지 않는다. 지금까지 착실하게 스포츠화를 만들어온 회사인데 요즘 젊은 층에게는 인지도가 굉장히 낮다. 그래서 결국 PB 상품과 경쟁하게 되는데 마지막에는 늘 가격 때문에 지고 만다.

엄연히 스포츠 브랜드인데도 소비자에게 브랜드가 구매 욕구를 불러일으키지 못한다. 기능조차 제대로 인식되지 못하고 있다. 이제는 싸게 파는 수밖에 없는 걸까. 뭔가 대책을 세우지 않으면 안 된다. 스도는 바로 이 점에 레오리아스의 가치 제안을 위한 실마리가 있을 거라는 생각이 들었다.

"이게 비즈니스를 공부하는 일인가요?" 마에다가 물었다.

"그렇지."

현장에 답이 있다고 단정할 수는 없지만 문제점이 분명히 드러나기 때문에 생각을 정리하는 데 도움이 되었다. 그래서 새삼스럽게 비즈니스 이론을 더 깊이 알고 싶어졌다.

스도와 마에다는 매장 안을 두 시간쯤 살펴본 후에 안조 점장에게 인사를 하고 고베 매장을 빠져나왔다.

파괴적 혁신의 부재

그 길로 두 사람은 의견을 나누기 위해 가까운 스타벅스로 들어갔다. 운 좋게도 테이블이 하나 비어 있었다. 스도는 마에다에게 주문을 부탁하고 테이블에 자리를 잡았다.

자리에 앉자 아까 매장에서 보았던 광경이 머릿속에 떠올랐다. 창업 이래 레오리아스는 스포츠화를 사업의 주력 상품으로 삼아왔다. 착실하게 운동을 하는 사람들을 타깃으로, 한때는 국내 굴지의 브랜드로 인식될 정도까지 성장했다. 어떤 의미에서는 강력한 브랜드로서 스포츠 업계에 자리 잡았다고 자부하고 있다. 고객이 해결해야 할 일의 측면에서 말하자면, '철저하게 몸을 단련'하고 싶어 하는 사람들의 기대에 부응해왔던 것이다.

스도는 이 문제에 대해 깊이 생각해본 적은 없었지만 레오리아스의 제품 라인업을 보면 그렇게 생각할 수밖에 없다. 하지만 이런 제품을 만들어낸 사람들은 벌써 10년도 훨씬 더 전에 회사를 떠났다. 그들은 대부분 유명한 외국계 브랜드로 자리를 옮겼다.

현재의 레오리아스를 직시해보면 그들이 만든 망령을 뒤쫓고 있는 형국이다. 어느새 고객의 용건은커녕, 고객을 쳐다보지도 않고 과거에 만든 레오리아스의 라인업만을 그대로 모방한 채 기능이나 사양을 조금씩 개선한 제품만 줄곧 내보내고 있을 뿐이다. 언젠가 한 경제평론가가 무로후시 사장에게 이런 말을 했다고 한다.

"레오리아스는 지속적 혁신에는 뛰어나지만 파괴적 혁신이 될 만한 일을 추진하는 데는 약합니다. 디지털 오디오 시대에 아직도 성능 좋은 CD 플레이어를 꾸준히 제조 판매하고 있는 것이나 다름없어요."

레오리아스의 문제를 정확히 간파하고 있는 말이었다. 지금은 스도도 그 의미를 너무나도 잘 안다.

스티브 잡스가 세상을 떠난 후 애플도 혁신을 일으키지 못해 고민하고 있다. 아마도 잡스가 만들어낸 수많은 혁신 제품을 뛰어넘는 상품은 좀처럼 나오기 어려울 것이다. 그렇다면 지금까지 출시한 제품의 정밀도를 높이는 수밖에 없다. 이 방법이 그나마 브랜드의 명성을 깨뜨리지 않는 선택지이기 때문이다.

규모는 전혀 다르지만, 레오리아스도 현재 틀림없이 애플과 같은 상황에 직면해 있다. 아마도 사장은 이 구조를 바꾸고 싶어 하는 것이리라. 비즈니스 모델을 바꾼다기보다는 레오리아스 브랜드 자체를 변혁하는 대규모의 외과수술이 필요한지도 모른다. 스도는 직감적으로 그렇게 느꼈다.

대기업의 논리로 경쟁하고 있다

매장에서 고객들의 행동만 살펴봐도 레오리아스 제품은 그저 PB 상품 정도로 인식되고 있다는 사실을 알 수 있었다. 그렇다면 지금 어떤 제품을 내놓는다 한들 소비자들의 주목을 받기에는 역

부족일 것이다. 젊은 층을 사로잡기 위해 처음부터 다시 브랜드를 구축하려고 하면 시간도 비용도 많이 든다. 이러한 상황에서 어떻게 단기간에 이익 구조를 바꾼단 말인가. 설사 좋은 제품을 만든다 하더라도 그 전에 레오리아스는 자금 사정이 악화되어 무너지고 말 것이다.

어떻게 하면 좋을까. 대체 어떻게 하면…….

"잠깐만, 그렇지!" 한순간에 번뜩하고 아이디어가 떠올랐다.

그렇다면 이미 레오리아스를 좋아하고 있는 고객에게 재접근하는 것이 상책 아닐까?

새로운 고객 층을 노리지 않으면 돈도 시간도 절약할 수 있다. 스도는 레오리아스 제품을 즐겨 사용하는 고객을 떠올려보았다. 자신도 스니커즈 마니아로서 레오리아스의 열광적인 팬이었던 때가 있다. 예전에 레오리아스를 즐겨 신었던 고객은 확실히 존재한다. 과거형이기는 하지만 분명히 존재했다.

하지만 어느 사이엔가 점프 어라운드에 빠져 있던 젊은이들도 레오피트를 신었던 여성들도, 이제는 모두 40~50대가 되어 운동과는 담을 쌓은 채 살고 있다.

과거에 레오리아스 팬이었던 이 사람들을 다시 한 번 끌어들일 수 있다면 승산이 있지 않을까. 물론 개중에는 헬스클럽에 다니면서 여전히 탄력 있는 몸만들기에 열중하고 있는 사람도 있을 것이다. 그런 사람들은 지금도 레오리아스의 고객으로서 상품을 구입하고 있을 것이다.

하지만 그들보다 더 초점을 맞추어야 할 대상은 운동과 동떨어진 생활을 하고 있는 사람들이다. 레오리아스의 옛 고객들은 모두 나이가 들었는데, 자신들만 줄곧 같은 연령대의 젊은이들에게만 제품을 판매하려고 했다. 애당초 문제는 바로 여기에 있었던 게 아닐까?

그때 마에다가 커피를 들고 자리로 돌아왔다.

"스도 씨, 오래 기다렸죠? 주문하려는 사람이 많더라고요."

"고마워. 커피 값 여기 있어. 거스름돈은 안 줘도 돼."

스도는 1000엔짜리 지폐를 마에다에게 건넸다.

"그런데 마에다의 어머니 말이야, 분명히 레오리아스의 팬이셨던 거지? 지금 연세가 어떻게 되셔?"

"네, 맞아요. 올해 쉰일곱이에요."

스도는 레오리아스가 고객과 함께 나이 들어도 좋지 않을까 하는 생각이 들었다. 지금까지는 스포츠 브랜드라는 정체성을 고집하며 젊은 층의 구매 의욕을 불러일으키기 위해 노력해왔다. 물론 스포츠 브랜드인 이상, 젊은이를 타깃으로 하는 건 당연하다.

하지만 너 나 할 것 없이 모든 브랜드가 같은 생각으로 경쟁을 벌이고 있다. 그로 인해 점점 늘어난 후발 브랜드까지도 모두 젊은 층을 겨냥하는 구도가 되었다.

결과적으로 이제는 나이가 든 '지난날의 젊은이'는 따돌림을 당하고 있는 셈이다. 자연스레 그들 또한 스포츠 브랜드 따위는 이제 관심 없다며 고개를 돌린다. '그럴 만하네.' 스도는 공감했다.

레오리아스는 지금까지 자사가 원하는 고객에게만 제품을 출시해왔다. 그 결과 한정된 젊은 층의 마음을 사로잡는 데만 신경 썼다. 물론 그 자체가 잘못된 것은 아니다. 문제는 젊은 층의 마음을 잡겠다고 말은 하면서 실상은 그들의 구매 의욕조차 제대로 건드리지 못한 채 어느 사이엔가 그저 단순하고 독선적인 브랜드 제안만 해왔다는 점이다. 그 결과 다른 브랜드와의 경쟁에서 밀려나고 말았다. 재정적으로도 감각적으로도 싸움이 되지 않는 상태다.

아무리 생각해도 역시 '과거의 레오리아스 팬'이 많은 40~50대 여성의 마음을 사로잡는 것이 비책인 것 같다. 그들이 설령 현재는 레오리아스의 고객이 아니라고 해도 어쨌든 '레오리아스를 아는' 사람이다. 게다가 거부감 같은 감정도 갖고 있지 않다. 오히려 '아, 그때가 좋았는데!'라는 반응을 보여줄 연령층이지 않은가.

이로써 타깃으로 삼을 고객 층은 결정되었다. 다음은 그들이 원하는 것을 정확히 찾아내면 된다. 그러면 반드시 앞으로 나아갈 방향을 제시해줄 비즈니스가 보일 것이다.

"마에다, 고마워. 어머니께 감사하다고 전해줘. 좋은 아이디어가 떠오를 것 같아!"

스도는 이제 새로운 고객가치 제안을 시작해보자고 마음을 다 잡았다.

과거의 고객을 타깃으로 삼다

스도는 마에다와 헤어져 집으로 돌아온 후에도 레오리아스 제품을 손에 든 사람들의 모습이 머릿속에서 떠나질 않았다.

엑시비션 스포츠는 고베점 외에도 그리 멀지 않은 곳에 난바(難波)점과 우메다(梅田)점 등 몇 군데 매장이 더 있다. 다음 날 스도는 엑시비션 스포츠 점장들의 허락을 받아 각 매장을 돌아다녔다.

'역시나 마찬가지군!'

모든 매장에서 같은 광경을 볼 수 있었다. 소비자들은 레오리아스라는 브랜드를 보고 사지 않는다. 브랜드만 보고 구매할 정도의 신뢰도가 없는 것이다. 예전에 한 컨설팅 회사가 영업을 하러 와서 내민 데이터에도 분명히 나와 있었던 사실이다. 그런데 현실은 훨씬 더 심각했다. 40~50대 여성을 타깃으로 삼아야겠다는 생각에 점점 더 확신이 생겼다.

그날 여러 매장을 돌아보고 집으로 돌아온 스도는 탁자에 앉아

이번에 읽은 책에서 배운 하이브리드 프레임을 종이에 적어보았다. 우선 '고객가치의 Who' 란을 메워나갔다.

'과거 잘나가던 레오리아스의 팬이었던 40~50대 여성'이라고 써넣었다. 그리고 그 연령층의 여성들이 원하는 제품이 과연 무엇일까를 생각하기 시작했다. 우선 구글에서 '중년 여성의 고민'을 검색해 나온 결과를 순서대로 살펴보았다.

'성인의 사랑.' 이것은 뭐 패스.

'예쁘게 보이고 싶다.' 그렇겠지.

'젊은 여성에게 지고 싶지 않다.' 역시!

한 차례 훑어본 후에 찾아낸 문장은 '살찌고 싶지 않다'와 '식욕이 멈추질 않는다' 그리고 '운동 같은 거 하고 싶지 않다'였다. 어디에도 '애써서 운동하고 싶다'는 말은 나오지 않았다. 지금까지 중년 여성을 타깃으로 한 적은 없었다. 따라서 당연히 그들의 고민 같은 건 생각해본 적도 없었다.

인터넷 검색으로 해결의 실마리가 될 콘셉트를 드디어 찾아냈다. 바로 편하게 살을 뺄 수 있는 제품! 막다른 곳에서 발견한 답이었다.

스도는 '고객가치의 What' 부분에 '손쉽게 살이 빠지는 제품'이라고 적었다.

그때 벨소리가 울렸다. 메구미였다. 스도는 요 며칠 사이에 있었던 일과 새로 깨달은 내용을 메구미에게 간단히 이야기했다.

"메구미, 손쉽게 살이 빠지는 중년 여성용 신발 어때?"

"어? 그게 뭐야? 홈쇼핑 방송 같은걸."

"뭐, 홈쇼핑?"

라이벌은 스포츠 브랜드가 아니다

스도는 어젯밤 메구미가 한 말이 머릿속에서 떠나질 않았다.

그래서 레오리아스가 스포츠 브랜드라는 사실을 잊고 고객이 해결하고 싶어 하는 일을 찾아보기로 했다.

'라이벌은 홈쇼핑인가⋯⋯.'

그렇게 생각하자 순식간에 시야가 확 트였다.

젊은 시절 레오리아스를 좋아하던 세대는 이제 아이를 학교에 보내고 집에서 종종 홈쇼핑 방송을 볼 것이다. 따라서 오전 시간대는 40~50대 여성들을 위한 상품들이 주를 이뤘다. 스도는 어느 날 이 시간대에 방영하는 홈쇼핑 프로그램을 모조리 녹화했다. 그리고 퇴근 후 녹화된 방송을 보며 연구하기로 했다.

방송을 보니 홈쇼핑에서 판매되고 있는 대부분이 미용에 관련된 제품이었고, 그중에서도 다이어트를 주제로 한 것이 많았다. 반드시 따라다니는 키워드로는 '손쉽게', '~만으로', '편하게', '하루가 걸렸던 것을 ○분에' 등이 있었다.

건강보조제를 비롯하여 전동식 복근 벨트, 뒤로 눕는 방식의 복근 운동기구, 하반신을 단련하는 트레이닝 기구 등 상품은 다양했다. 그리고 방송에 소개되는 즉시 순식간에 팔려나가고 있었다.

스도는 녹화된 영상을 지켜보며 예전과는 트렌드가 크게 달라졌다는 사실을 깨달았다. 10여 년 전만 해도 자신이 적극적으로 몸을 움직이는 기구가 많았던 것 같다. 한때 붐을 일으킨 군대식 다이어트 프로그램 '빌리스 부트 캠프(Billy's Boot Camp)'나 댄스를 기본으로 한 운동 프로그램인 '코어 리듬(Core Rhythms)'이 그 대표적인 예다. 이처럼 그때는 스스로 열심히 몸을 단련하여 이상적인 몸을 만들었다.

그런데 최근의 제품은 몸을 움직이는 트레이닝 자체를 귀찮아하는 고객 층을 겨냥해 만들어지고 있는 듯했다. 굳은 결심을 다지고 열심히 트레이닝을 하는 건 이미 유행이 지난 걸까?

자신이 살쪘다고 생각해보자. 퇴근 후 집에 돌아가서, 혹은 가사를 마치고 아이를 재운 후에 꾸준히 운동을 할 수 있을까. 아마도 피곤에 지쳐 그대로 잠이 들 것이다. 게다가 점점 더 많은 여성이 일과 육아를 병행하고 있다. 그런 상황에서 조금이라도 짬을 내 트레이닝까지 하기란 결코 쉬운 일이 아니다.

스도는 이러한 상황에 놓인 사람들의 용건이 무엇인지를 차츰 깨닫기 시작했다. 누구든 예뻐지고 날씬해지고 싶어 한다. 하지만 나이가 들면서 점점 신진대사 능력이 떨어지고 식사도 불규칙해진다. 더구나 스트레스로 무의식중에 과식이라도 하게 되면 좀처럼 살이 빠지지 않는다.

한번 살이 찌기 시작하면 바로 그 순간 마음도 흐트러지고 여러 여건도 함께 느슨해져 악순환에 빠지게 된다. 그러한 여성들에게 홈쇼핑 방송에서 판매되는 상품은 아주 적절한 솔루션을 제공하고 있는 셈이다. 심지어 거들 같이 '날씬해 보이는 속옷' 종류는 정말로 살을 빼고자 하는 열의조차 없는 여성에게도 구원의 손길을 내밀고 있다.

고객의 용건이 보이기 시작하다

우리 스포츠 브랜드는 어떤가. 지금까지 고객에게 열심히 운동하기만을 권했던 것은 아닐까. 살이 찌면 에어로빅이나 헬스클럽에 다니는 사람, 요가와 필라테스를 찾아다니며 적극적으로 몸을 움직이고 단련해서 건강한 몸을 만들려는 사람밖에 상대하지 않았던 건 아닐까.

'잠깐만!'

홈쇼핑에서 내세우고 있는 '손쉽게', '~만'이라는 구체적인 용건을 가진 사람들, 우리 스포츠 브랜드가 지금까지 솔루션을 제공해오지 않은 사람들에게 제품을 제안하는 것은 어떨까.

'옳지! 신기만 해도 날씬해지는 마법의 신발이다! 이것밖에 없어!' 스도에게 번뜩 아이디어가 떠올랐다.

지금까지 스포츠 브랜드가 손대지 않았던 획기적인 가치 제안이다. 이 발상이라면 레오리아스의 옛 고객들이 돌아올 것이다. 스도는 끓어오르는 흥분을 억누를 수가 없었다. 종이와 펜을 꺼내 지금 생각난 아이디어를 하이브리드 프레임에 써넣었다.

"음, 지금까지는 이러한 고객에게 그런 제품을……. 광고 문구는……."

자신이 잘 알고 있는 비즈니스인 만큼 현재 상황을 써 내려가는 데 그리 오랜 시간이 걸리지는 않았다. 스도는 지금까지 레오리아스에서 실행해온 가치 제안을 적어나갔다.

어떤 고객에게서도 한 켤레에 40퍼센트 정도의 이익을 내고 있다. 다시 말해, 원가가 3,600엔인 제품이라면 판매 가격은 6,000엔 정도다.(원가를 판매가의 60퍼센트로 잡고 있다.)

원래는 45퍼센트 정도를 이익으로 취하고 싶었지만 레오리아스는 생산 규모가 작아서 원가가 높다. 게다가 기능을 중시해서 만들어왔기 때문에 소매점의 이익까지 생각하면 아무래도 이 정도 가격이 적당하다. 최종적으로는 소매점이 이 금액에 자신의 이익을 더해 1만 엔 정도로 판매하면 그들의 매출총이익은 40퍼센트가 된다. 즉, 원가에 일정한 이익을 더하고, 그 위에 소매점에서 다시 이익을 더하는 구조로 판매되고 있다.

한편, 스도는 이번에 고안해낸 비즈니스 모델에 대해 특정한 제품을 이미지화해서 적고 있다. '날씬해지고 싶지만 적극적으로 운동하기가 싫다'는 용건을 갖고 있는 사람들에게 '손쉽게 날씬해질 수 있는 신발'을 '신기만 해도 날씬해진다'는 광고 문구를 붙여 높은 가격에 팔려는 것이다. 이 정도로 차별화하고 있으니 제품 개발에만 성공하면 유일무이한 상품이 될 것이다.

그렇다면 이익을 더 많이 붙여 비싸게 해도 잘 팔리지 않겠는가. 구체적으로 얼마로 할지는 원가에 따라 다르겠지만 완성되면 누구나 비싼 가격에도 살 것이 분명하다. 스도는 자신이 있었다.

그렇게 된다면 가격을 낮게 책정하지 않아도 이익을 높일 수 있다. 이는 사장이 지시한 이익 구조의 개혁으로도 연결된다. 돈을 벌어주는 상품으로서, 분명 앞으로의 레오리아스를 결정짓는 상품이 될 것이다. 스도는 좀처럼 흥분이 가라앉지 않았다.

도표04. **지금까지 레오리아스의 비즈니스 모델**

이익		고객가치
모든 고객	**WHO**	열심히 운동하고 싶은 사람들
모든 제품 (한 컬레에 40% 정도의 이윤)	**WHAT**	적극적으로 운동할 때 효율적인 제품
구입 시 (제품마다)	**HOW**	외국계 브랜드와 비슷한 가격대로 기능을 내세워 판매해왔다

좌뇌계   우뇌계

날씬해지는 신발을 만드는 방법

새로운 한 주가 시작되는 월요일, 스도는 의기양양하게 개발부로 향했다.

"기요이 부장님, 시간 좀 내주시겠어요?"

"어이, 스도, 갑자기 무슨 일이야? 약속한 프로젝트는 아직 열흘이나 남았는데. 혹시 뭐 성가신 문제라도 생겼나?"

"꼭 봐주셨으면 하는 것이 있습니다."

"그러니까, 성가신 문제인 게지?"

"부탁이 있다고 할까요. 어쨌든 점심 사드릴 테니까 지금 함께

좀 가시죠."

"그 점심 먹고 오히려 내가 비싼 값을 치르는 거 아냐?"

기요이는 웃으며 못 이기는 척 스도를 따라나섰다.

두 사람은 회사에서 5분 거리에 있는 요쓰바시의 메밀국수 가게로 향했다. 그 가게에는 정성스럽게 일하기로 유명한 주인장이 있다. 항상 손님이 북적이는 식당이라 주문 후 면이 삶아져 나오기까지 시간이 오래 걸리기로도 유명했다.

스도는 바로 본론을 꺼냈다.

"고객이 좋아하고 이익도 많이 얻을 수 있는 제품 콘셉트를 생각해냈어요. 하지만 실제로 그렇게 구현할 수가 있는지, 그리고 원가가 어느 정도 되는지를 솔직히 듣고 싶어서요."

"오호, 자네만한 스니커즈 마니아는 없으니, 제품 개발에 아이디어를 낸대도 놀랍지 않네. 센스도 좋고 말이야."

"칭찬해주시니 영광입니다. 하지만 아직 콘셉트 단계니까 여기에 살을 좀 붙여주셨으면 해서요."

"어디 보여주게나."

스도는 어제 적은 하이브리드 프레임을 기요이 부장에게 보여주었다.

"이거, 얼마 전에 마에다가 발표한 내용이구만. 그래서 어디를 보면 되지?"

기요이 부장이 물었다.

"오른쪽을 봐주십시오."

스도는 고객가치 제안을 적어놓은 쪽을 가리켰다.

"오호, 여기에 타깃을 맞추는 건가."

"어떠세요?"

"음."

기요이 부장의 표정은 어두웠다.

"저기 말이야, 스도. 우리는 지금까지 중년 여성층에는 상품 제안을 하지 않았잖은가. 다소 강경한 이미지를 고수해왔기 때문인데 그것을 깨뜨리려면 조금 끈기가 필요하네."

"네, 무슨 말씀인지 알겠습니다."

도표05. **새로운 비즈니스 모델**

이익		고객가치
모든 고객	**WHO**	날씬해지고 싶지만 적극적으로 운동하기가 싫은 사람
모든 제품 (지금까지보다 높은 이익)	**WHAT**	손쉽게 날씬해지는 신발
구입 시 (제품마다)	**HOW**	차별화 상품이므로 높은 가격, 광고 문구는 '신기만 해도 날씬해진다'

좌뇌계   우뇌계

"사장님은 뭐라 하시던가?"

"사장님은 이에 관해 제게 일임하셨습니다. 왠지 몰라도 '자네가 좋을 대로 하게나'라고밖에 말씀하지 않으셨어요."

"과연! 하지만 사내에서는 이러한 시도를 달갑지 않게 여기는 무리도 있을 걸세. 어쩌니 저쩌니 해도 다른 영업 사원들은 아주 진중하게 고객에게 제안하고 있으니 그 이미지가 누그러진다고 하면 반발도 생길 거야. 마케팅의 이시가미 부장도 '지금까지 쌓아 온 이미지가!' 하고 말할지 모르지."

"어떻게든 스포츠를 좋아하는 이미지를 유지하면서 그러한 문제점을 극복해내고 싶어요. 결코 홈쇼핑 방송 같은 느낌이 아니라 '적극적으로 운동하지 않는 사람'에게 다가갈 수 있는 제품으로 말입니다."

"스포츠 브랜드의 이미지를 살리면서 말이지."

"그렇습니다. 이는 그저 운동을 하지 않는 사람을 앞으로 상대해나간다는 뜻이 아닙니다."

"그럼 무슨 뜻인가?"

"운동에 관심이 없는 사람에게 운동할 동기를 부여해주는 겁니다. 조금이라도 다이어트를 가능하게 해서 점점 운동을 하게 하는 '계기'를 만들어주는 제품인 거죠."

스도의 말에는 힘이 있었다.

"그래? 스포츠를 향한 스위치를 켠단 말이지?"

"네. 그렇게 하면 우리가 지켜온 기능 위주의 신발이 그 사람들 앞에 기다리고 있게 될 겁니다. 그대로 내버려두면 절대로 사지 않을 고객 층이 점프 어라운드도 레어피트도 구입하게 되는 거죠."

"미래의 고객을 만든다는 거네. 흥미로운 이야기로군."

"그들이 갑자기 레오리아스 상품을 찾아오기에는 장벽이 너무 높습니다. 그렇다면 예전에 레오리아스를 샀던 고객들이, 지금 안고 있는 용건을 해결하기 위한 제품으로 기꺼이 받아들이게 하는 것이 우선입니다. 이 계획이 저희 뜻대로 된다면 원래 우리들이 자부심을 갖고 있던 레오리아스의 기존 제품에 고객들이 다시 관심을 갖게 하는 계기가 될 수 있습니다."

"계기란 말이지."

"그렇습니다. 따라서 이 프로젝트를 계기라는 뜻의 암호명 '모멘텀(momentum)'이라고 부르고 싶습니다."

"모멘텀이라! 스도, 잘 알겠네. 신발에 대한 자네의 열정도, 레오리아스에 대한 애정도, 누가 뭐라든 고객을 향한 애정도 확인했네. 그래서 내가 뭘 하면 좋겠나?"

스도의 발상을 이해하고 그 진심을 느낀 기요이는 마침내 협조적인 태도를 보였다. 그 순간 주문한 메밀국수가 나왔다.

"국수부터 드시죠. 부장님,"

"그러지."

두 사람은 후루룩후루룩 메밀국수를 먹기 시작했다.

식사를 마친 두 사람은 기요이 부장의 자리로 돌아와 이야기를 이어나갔다.

"이런 아이디어입니다만, 어떻게 하면 실현할 수 있을까요?"

"신기만 해도 날씬해지는 신발이라……. 날씬해진다고 해야 하나, 단련하는 거라면 가능하겠지. 그래도 콘셉트에 적합하겠나?"

"네, 물론입니다."

두 사람은 의견을 더 주고받으며 콘셉트를 제품 수준으로까지 끌어올렸다. 두 사람의 논의는 다음 날도 또 그 다음 날도 계속되었고, 눈 깜짝할 사이에 구체적인 사양이 정해졌다.

도표06. **모멘텀의 개념도**

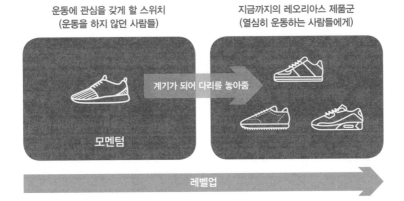

스위치를 켜줄 계기가 되는 제품

드디어 신제품의 콘셉트가 확실하게 드러났다.

기요이는 개발부에서 정식으로 허가를 받아 모멘텀 프로젝트를 최우선 과제로서 일하게 되었다. 물론 사장이 내린 공식적인 지시이므로 기요이도 당당히 이 일에 몰두할 수 있었다. 대상으로 설정한 고객 층은 레오리아스에 거부감이 없는 40~50대 여성이다. 그리고 그들의 용건은 '운동은 하고 싶지 않지만 날씬해지고 싶다', '미용에 관심이 있다', '매일 바쁘기 때문에 짧은 시간에 손쉽게 살을 빼고 싶다'이다.

스도와 기요이는 내용을 점점 압축해나갔다.

"기요이 부장님, 사모님 연세가 어떻게 되시죠? 그리고 자녀분은요?"

"나보다 세 살 아래야. 마흔다섯 살. 첫째 아들이 열다섯 살, 그리고 둘째 아들이 열한 살이지."

"사모님은 하루를 어떻게 보내시나요?"

"음, 글쎄. 아내도 살쪘다고 꽤나 신경을 쓰더군. 자네가 목표로 정한 고객과 똑같다니까. 다이어트를 하고는 싶지만 시간이 없지. 집사람도 시간제로 지방 잡지의 광고 영업을 하고 있거든. 게다가 큰아들이 올해 고교 입시 때문에 밤늦게까지 학원에 다니고 있어장을 보고 아이 도시락 싸는 일까지, 정말 바쁘더군. 요가나 필라테스는 꿈도 못 꾸지. 미안하게 생각하고 있네. 다음 결혼기념일에는 선물이라도 좀 챙겨줄 생각이야."

"정말로 바쁘시네요. 하지만 따로 운동을 하지 않아도 그만큼 바쁘게 움직이면 살이 빠지지 않나요?"

"그게 말이지, 신진대사 능률이 떨어지면 좀처럼 살이 빠지지 않는 모양이야. 더구나 날씬해지기 위해서는 근육을 만들어야 하는데, 일하느라 움직이는 걸로는 어림도 없네. 오히려 어깨며 허리가 아프다는 말을 입에 달고 살아. 걷는 방법 자체에 문제가 있는 것 같네만."

"기요이 부장님, 결국 그게 포인트 아닐까요?"

스도는 점점 목표로 삼아야 할 고객의 이미지가 또렷해지는 듯했다. 물론 아직 가설에 불과하다. 하지만 이렇게 주변에 있는 사람을 대상으로도 다양한 자료 수집이 가능하다. 그리고 수집한 내용이 일반적인지 아닌지는 폭넓은 앙케트 조사를 통해 꼼꼼히 확인하면 된다.

정리하자면, 과거에 레오리아스를 즐겨 신던 고객들은 지금 오랫동안 지속되는 불경기로 맞벌이 가정의 주부로 살며 불안정한 수입과 자녀 양육으로 인해 여기저기 바삐 다니는 생활을 하고 있다. 그리고 다이어트나 미용에도 관심이 많지만 가능하다면 손쉽게 살을 빼고 싶어 한다.

그렇다면 어떤 형태로든 기능적으로 몸을 단단히 다잡아주는 밑창을 만들어야 한다. 문제는 신발의 어퍼(구두의 발등 부분을 일컫는 용어로 바닥을 제외한 윗부분을 말한다-옮긴이) 부분을 어떻게 하느냐다. 신발의 디자인은 이 어퍼 부분에서 거의 결정 난다. 이 문제에 대해 기요이 부장에게 상담을 청했다.

"신발의 어퍼 부분을 어떻게 해야 할지 고민입니다."

"그러게 말이야. 예전의 레오피트는 구멍이 송송 뚫린 메쉬(mesh) 소재로 만든 스포츠화였고, 레오리아스의 제품 자체는 스니커즈 풍이 많으니 기존의 이미지를 고수하려면 역시 스니커즈 타입이지. 옛날 팬이라면 그리워할 테고 말이야."

"저도 처음에 그렇게 생각했어요. 그런데 기요이 부장님, 중요한 부분이 빠졌어요."

"뭐지?"

"이 신발은 운동을 하지 않는 고객 층을 위한 거예요. 그렇다면 스포츠화 느낌을 없애야 한다고 생각합니다."

"스도, 우리 회사는 스포츠 브랜드라네."

"잘 알고 있습니다. 하지만 전에 말씀드렸듯이 현재의 라인업 제품을 다시금 찾게 하기 위해 운동에 대한 스위치를 켜줄 계기가 될 신발을 개발해야 해요. 그래서 암호명이 모멘텀인 거고요. 그렇게 생각하면 과감하게 스포츠 브랜드가 아닌 제품으로 밀고 가는 것이 좋지 않을까요?"

"스포츠 브랜드가 아닌 제품?"

"네, 그렇습니다. 지금 저희가 목표로 삼은 주부들은 대부분 맞벌이를 하고 있어요. 그렇다면 일할 때도 신을 수 있는 신발이어야 합니다. 그러니 스포츠화가 아닌 구두에 가까운 발상으로 만들어야 한다고 생각합니다만, 부장님 생각은 어떠신지요?"

"과연! 자네 말에 일리가 있어. 나는 기술자라서 너무 고지식한지도 몰라. 그저 만들고 싶은 신발을 만들어온 사람이지. 회사에서 허용해준 덕분이기도 하고 말이야. 하지만 이번만큼은 최대한 소비자의 입장에서 판단해야 하겠지."

"이해해주셔서 감사합니다. 그렇다면 패션 브랜드로도 낼 수 있게 인조 가죽을 씌운 신발로 하는 게 어떨까요? 색상은 검정색이나 갈색으로 하고요. 너무 튀지 않아야 일할 때도 부담 없이 신을 수 있으니까요. 그야말로 일하면서 다이어트가 되는 거죠."

"근사한걸. 이건 도전이야."

"기술적으로는 어떤가요?"

"그런 용도로 개발하면 가능할 거야."

"그렇다면 이것으로 콘셉트를 통일시키고 싶은데 어떠십니까?"

"찬성일세."

좋았어! 이제 목표가 분명해졌다. 여기까지 결정되자 갑자기 신이 났다.

"기요이 부장님, 콘셉트를 이해하셨으니 사양서를 작성해주시겠습니까? 그리고 일단 시제품을 만들어주셨으면 합니다만, 가능할까요?"

"스도, 너무 급하군 그래. 하지만 해보겠네. 시간은 돈이잖은가."

기요이는 스도의 열의에 감동해 밤을 새서라도 일할 기세였다.

"콘셉트와 디자인은 잘 알겠네. 하지만 가장 중요한 밑창에 어떤 기술을 선택할지는 나중에 결정하세. 사십 대 여성이 일상생활에서 신을 수 있는 디자인이라는 과제를 먼저 해결한 후에 시제품을 만들어보지. 밑창도 함께 생각하겠네. 기다려주게나."

기요이는 이렇게 덧붙였다.

세상에 없던 콘셉트

열흘 후 제2회의실. 약속한 회의 날이다.

스도는 프로젝트 팀 전원을 불러 모았다. 막 완성된 신제품 '모멘텀'의 콘셉트를 하이브리드 프레임으로 작성해서 프레젠테이션을 마쳤다.

"여러분, 어떻게 생각하십니까?"

스도가 물었다. 조금씩 박수 소리가 나기 시작하더니 어느새 갈채가 쏟아졌다.

"이시가미 부장님, 어떠십니까? 부장님의 브랜딩 업무에 방해가 되지는 않을까요?"

"방해라니 스도 군. 오히려 고맙네. 지금까지 내가 키워온 제품이 앞으로도 빛을 발할 수 있는 프로젝트인걸. 이것은 레오리아스의 역사를 바꿀 걸세."

이시가미가 큰소리로 말했다.

그의 말을 들으면서, 스도는 할 수 있다는 확신이 들었다.

"현재, 기요이 부장님이 디자인을 포함한 사양서를 작성하고 있습니다. 여러분, 어떻습니까?"

"아직 밑창 기술은 결정되지 않았네. 그래도 이번에는 사장님의 특별 지시야. 회사의 운명이 걸린 기획인 만큼 그만한 자금을 투입해줄 걸세. 그러니 시간을 들여서라도 좋은 제품을 만들어낼 테니까 기대하고 기다려주게나. 우리 유망주인 이와사도 실력을 보여줄 걸세."

기요이가 손가락으로 브이(V) 자를 만들어 보였다.

"여러분, 이것으로 일단 진행해도 좋겠습니까?"

"이의 없습니다. 찬성합니다." 다섯 명이 입을 모았다.

"그러면 진행하겠습니다."

스도의 말이 끝나기 무섭게 "좋았어!" 하고 기요이가 목소리를 높였다.

"이시가미 부장님, 캐치프레이즈와 이 제품에 맞는 광고 매체를 찾아주십시오. 이제까지 없던 제품이므로 광고 선전비를 넉넉히 투입해 브랜딩을 진행해야 할 것 같습니다. 그리고 마에다, 예산안과 비용을 확보하고 승인을 받아줘. 그리고 다케코시 씨, 어느 정도의 발주량이면 원가를 낮출 수 있는지 중국 공장에 알아봐주시겠어요?"

비즈니스 모델을 다시 공부하다

드디어 열흘 정도만 있으면 시제품이 완성된다. 시제품이라고 해도 이번에는 디자인을 확인하기 위한 목적이 더 크므로 정식 시제품과는 차이가 있다. 신발 밑창도 아직 결정되지 않았기 때문에 우선은 콘셉트를 입체화한 모형이라고 보면 된다. 콘셉트 설계도가 완성되면 최초의 시제품은 대개 3주 후에 완성된다.

이번에는 우선순위가 가장 높은 안건이므로 무로후시 사장에게 직접 건의하여 다른 일보다 이 프로젝트에 최우선적으로 집중할 수 있도록 지원받고 있다. 그래서 평소보다 일주일 앞당겨 시제품을 완성하기로 했다. 스도는 시제품을 확인하고 이미지를 보완한 후 곧바로 앞으로의 판매 전략을 세우려고 계획하고 있었다. 하지만 이 단계에서 조금 불안한 마음이 들었다.

냉정하게 생각해보니 무언가 부족한 것 같았다. '모멘텀'의 제품 콘셉트는 제대로 잘 잡았지만 그 이상의 '비즈니스적인 무언가'가 확실히 떠오르지 않았던 것이다.

게다가 '40~50대의 운동을 포기한 여성'이라는 고객 층은 설정했지만 그녀들의 용건이 아직 뚜렷하게 와 닿지 않는 것도 사실이었다. 뭔가 방법을 찾아야 했다.

그런 이유도 있고 해서 오랜만에 일찍 집으로 돌아온 스도는 그 책에서 지금까지 건너뛰고 읽었던 페이지를 다시 펼쳐 들었다. 비즈니스 모델이 대체 무엇인지 그 정의가 설명된 부분을 다시 한 번 꼼꼼히 읽어보기로 했다.

비즈니스 모델은 고객에게 만족을, 기업에게 이익을 가져오는 구조를 말한다. 바로 비즈니스의 설계도라고 할 수 있다. 다른 말로 표현하면 세상에 내보내기 전의 프로토타입이다. 이를 여러 번 수정하면서 비즈니스를 완성해가는 것이다.

'프로토타입이라! 그러고 보니 모멘텀도 슬슬 프로토타입(시제품)이 완성될 때가 되었는데. 이쪽은 비즈니스의 프로토타입이란 말이지. 재미있네.'

스도는 두근두근한 마음으로 계속 책을 읽어나갔다.

비즈니스 모델을 구축할 때 생각해야 하는 요소는 크게 세 가지가 있다. 고객가치 제안, 이익 설계, 그리고 프로세스 구축이다.
이 세 가지는 각각 비즈니스에서 중요한 부분을 맡고 있다. 고객가치가 없으면 비즈니스의 목적을 잃게 된다. 게다가 제약 조건으로서의 이익이 필요하다. 이 두 가지로 비즈니스의 큰 핵심을 손에 넣을 수 있지만, 마지막으로 꼭 기억해야 할 요소가 비즈니스를 실현시키는 프로세스다.
이 중에서 프로세스는 가장 마지막 수단이다. 그러므로 비즈니스 모델을 구상할 때는 우선 고객가치와 이익을 상정해야 한다. 이 단계가 탄탄하게 만들어지지 않으면 처음부터 부실한 비즈니스가 되고 만다.

그렇군. 고객가치, 이익, 프로세스란 말이지. 들으면 확실히 이해되지만, 일할 때 이 모든 것을 의식하고 있는 것은 아니다. 그러고 보니 제품의 매출총이익은 의식해왔지만 회사 전체의 이익에 대해서는 그다지 신경을 쓴 적이 없다. 바로 그렇기 때문에 마에다가 지적한 하이브리드 프레임이 더 중요한 것일 테다. 역시나 고객가 치뿐만 아니라 반드시 회사의 이익까지 함께 생각해야 한다.

회계 부분은 늘 어려워서 좋아하지 않는다. 회계에 관련한 문제는 자금부나 경리부에 맡기면 그만이라고 줄곧 생각해왔다. 하지만 이번 프로젝트에서는 이 모든 부문을 연결시켜 비즈니스를 생각해야만 한다.

유능한 경영자의 머릿속을 보여주는 도구

스도는 다시 한 번 중요한 부분을 읽어나갔다. 이 내용을 확실히 자기 것으로 만들어둬야 했다.

고객가치 제안에 정확한 이익 설계가 갖추어지고, 그것을 실현하는 프로세스가 확실해야 비로소 비즈니스 모델이 분명해진다.

'역시, 그런 거였군.'

사업가나 직장인은 우뇌나 좌뇌, 어느 한쪽을 기본으로 사용해서 일을 한다. 하지만 경영자는 좌뇌와 우뇌를 하이브리드로 이용한다. 고객가치를 생각하는 동시에 이익도 생각하는 것이다. 최종적으로 그것을 어떻게 실현시킬까 하는 '수단'에 관해서도 처음에 어느 정도 생각해둘 필요가 있다.

이러한 하이브리드 사고법과 실현 수단을 설명하고자 하는 것이 비즈니스 모델이다. 즉, 사업의 설계도이며 더욱 실무적으로 말하면 유능한 경영자의 머릿속이 어떻게 되어 있는지를 설명하는 도구다.

결국 사장님이 무엇을 생각하고 있는지도 이로써 정리가 되는 것 같았다. 책의 내용이 점점 머릿속에 잘 들어왔다. 자연히 읽는 속도도 빨라졌다.

하이브리드 사고법을 몸에 익히기는 좀처럼 쉽지 않다. 그래서 우선은 고객가치와 이익을 생각하기 위한 프레임워크를 제시하고자 한다. 프로세스에 관해서는 나중에 생각하기로 하고 우선은 이 두 가지 요소를 파악하는 것이 중요하다.

하이브리드 사고법이라! 이거 어디까지 파고들어 생각해야 하는 걸까.

'스도, 아직 일하는 중?'

진동이 울려서 확인해보니 메구미가 보낸 라인 메시지였다.

'집이야. 저번에 산 그 책 읽고 있어.'

'멋져!'

'조금 알고 싶은 게 있어서 말이지.'

'알아냈어?'

'아니, 점점 더 모르겠어. 저자를 직접 만나서 물어보고 싶을 정도야.'

'그럼 만나러 가보면 되잖아.'

'응? 그거 실례 아닐까?'

'그런가? 그래도 물어보고 싶다며? 대학교에 전화를 걸어보든지 메일을 보내는 것도 안 될까?'

'아! 그런 방법이 있었군! 해볼게. 고마워.'

'응, 힘내!'

스도는 바로 컴퓨터를 켜고 세이토대학의 홈페이지에 접속했다. 교직원 명단을 찾아보니 그 책의 저자인 가타세 요지 교수의 이름이 나와 있고 대학의 메일 주소도 실려 있었다.

'있다! 좋았어. 어디 그럼 메일을 보내볼까?'

스도는 메일을 다 쓰고는 두근거리는 마음으로 '보내기' 버튼을 눌렀다.

가타세 교수와의 약속

나흘 후 가타세 교수가 회신 메일을 보내왔다. 스도의 부탁을 받아들여 한번 만나자는 내용이었다. 스도는 기쁜 나머지 바로 메구미에게 메시지를 보냈다.

'메구미, 성공했어. 만나주시겠대.'

얼마 지나 답이 왔다.

'해냈네!'

'다음 주나 그 다음 주 세미나가 시작되기 전에 연구실로 찾아오라셨어.'

'화이팅!'

직접 만나게 되다니 운이 좋은걸. 모처럼 온 기회야. 간결하고 명확하게 질문할 수 있도록 우리 회사 사정을 잘 정리해서 가져가야겠어. 그렇지, 최근에 작성해 놓은 하이브리드 프레임이 있잖아. 그걸 보여드리면 더 구체적인 피드백을 받을 수 있을 거야. 가타세 교수님을 만날 때쯤이면 첫 콘셉트 모델도 완성될 테니, 그것도 가져가서 교수님께 설명해드려야겠어.

공부하고 있는 책의 저자를 직접 만나게 된다고 하니 스도는 새삼스럽게 긴장해서 등이 꼿꼿해지는 것을 느꼈다. 어떤 분일까. 그때 스도의 아이폰이 울렸다. 기요이 부장이었다.

"스도! 주말이면 모멘텀의 시제품이 완성될 거야."

기요이 부장이 들뜬 목소리로 말했다.

"감사합니다. 완성되면 바로 제게 빌려주세요."

고객의 용건을 찾는 방법론

새로운 비즈니스 모델을 만들어내는 데는 고객가치 제안이 가장 중요한 과제다.

고객은 어떤 상황에 놓였을 때 자신의 용건을 해결하기 위해서 제품을 구입한다. 기존 제품으로 해결하지 못한 용건이 있어 그 상황이 견딜 수 없는 고객은 그 일을 해결할 다른 방안을 모색할 것이다.

이는 혁신에 관한 연구로 유명한 하버드대학교 비즈니스 스쿨의 클레이튼 크리스텐슨(Clayton Christensen) 교수가 제시한 '해결해야 할 일(jobs to be done)'이라는 사고법이다. 마케팅의 대가인 테드 레빗 교수가 오래 전에 이미 기술한 내용으로, 이를 현대식으로 해석한 것이 '해결해야 할 일'이다.

고객이 제품이나 서비스를 구매하는 이유는, 바로 크리스텐슨 교수가 자주 인용하는 이 문장에 요약되어 있다.

> 제품이나 서비스를 구매하는 것은 대부분의 경우 그 제품을 '갖고 싶어서'가 아니다. 그 제품을 갖고 싶어서 사는 걸로 오해하는 사람이 많다. 하지만 사람들은 어떤 '일을 해결하기 위해서' 그 제품을 구매할 뿐이다.

이렇게 해결하고자 하는 일, 즉 용건의 관점에서 생각하고 다른 제품과 차별화된 새로운 해결책을 제시한다면 고객가치의 창조는 독창적이고 가슴 설레는 작업이 될 것이다.

현재 P&G는 이러한 활동을 중시하여 제품 가치를 높여가는 기업으로 유명하다. P&G에는 '고객 속에서 일해보자(work in it)'와 '고객과 함께 생활해보자(live in it)'라는 마케팅 방식이 있다.

'고객 속에서 일해보자'는, 자사의 제품을 취급하는 소매업에 P&G의 사원이 달라붙어 직접 매장에서 일어나는 문제점을 관찰하고 제품의 개선과 해결을 도모하는 방식이다. 이 방법으로 소비자가 제품을 살 때 무엇을 중요시하는지, 그리고 어떤 제품과 비교하는지를 피부로 느끼고 제품 개발에 활용한다.

'고객과 함께 생활해보자'는 P&G 제품을 사용하는 가정에 찾아가서 직접 함께 생활해보는 방식이다. 실제로 그 제품을 사용하고 있는 고객이 해결하고자 하는 일 중에서도 특히 중요한 항목은 무엇인지, 그리고 실제로 자사 제품이 그 문제를 해결하고 있는지를 분석해서 최종적으로 제품의 개선과 개발에 활용하는 시스템이다.

고베 시에 있는 P&G 일본법인도 이러한 방식을 적극적으로 도입해 최근에는 '아리에르 레보'라는 획기적인 제품을 만들어냈다.

때가 더 잘 빠지는 세제를 만들기 위해 연구개발부가 고객의 집을 직접 방문하여 인터뷰를 했다. 그 결과 기존 세제로 해결하지 못하는 다양한 요구사항을 알아냈다. 특히 미트소스 등 기름이 깨끗이 빠지지 않는 경우에 관한 고충이 많았다.

니즈 측면에서 생각하면 '때가 더 잘 빠지는 세제'를 연구해 개발할 법하지만, P&G 팀은 전혀 다른 방법을 제안했다. 바로 '예방 세탁'이라는 아이디어다.

즉, 미리 한번 빨아두면 쉽게 때가 타지 않는다는 이치로 '예방 세제'를 만들어낸 것이다. 사후에 행해지는 세탁을, 사전에 행함으로써 얼룩이 묻지 않게 미리 예방한다는 아이디어는 고객이 해결하고 싶어 하는 용건을 토대로 한 발상이 아니었다면 결코 나오지 못했을 것이다. 확실히 용건의 측면에서 고안해낸 변화구적인 제품이라고 할 수 있다.

스도가 엑시비션 고베점에서 고객의 동태를 관찰했던 일은 틀림없이 여기서 말하는 '고객 속에서 일해보자' 방식이다. 현장에서 직접 자사 제품의 포지션을 파악할 수 있다는 점에서 의미가 있다. 소매업을 하는 사람이라면 자연스럽게 실감할 수 있는 일이다.

한편, 스도가 기요이 부장에게 부인의 상황을 상세하게 물어본 과정은 '고객과 함께 생활해보자'의 방식이다. 원래대로라면 집으로 찾아가서 조사해야 했지만 가타세 교수와의 약속 날짜까지 시간이 촉박했기 때문에 전해 듣는 것으로 대신했다. 마케팅 비용이 넉넉하다면 이러한 가설에 근거해서 자세한 조사를 해보는 것도 좋을 것이다. 어떤 방법으로 행하든 이러한 '관찰형 마케팅 조사'는 가치 제안의 힌트를 얻는 데 꼭 필요하다.

페르소나 마케팅(데이터를 토대로 가상의 인물을 설정하고 그가 만족할 수 있도록 상품이나 서비스를 설계하는 마케팅 방법-옮긴이)도 비슷한 방법론이라고 할 수 있는데, 이런 것들을 통틀어 '에스노그라피(ethnograpy)', 즉 '행동관찰 마케팅'이라고 한다.

이러한 방법론은 P&G의 최고경영자인 A.G. 래플리(Alan Gerge Lafley)와 램 차란(Ram Charan)의 공저 『게임 체인저』와 《하버드 비즈니스 리뷰》의 2010년 10월호 논문 〈에스노그라픽 마케팅(Ethographic Marketing)〉에 상세하게 나와 있다.

지금 있는 제품의 포지션을 다시 점검하다

여러분의 회사는 이미 여러 제품을 취급하고 있을 것이다. 그 기존 라인업에 대해서 한번 재고조사를 실시해보자.

다양한 제품들이 소비자들에게 각각 어떻게 인식되고 있으며 어떤 포지션을 차지하고 있는가? 자사 제품의 라인업들이 고객의 용건을 어떻게 해결하고 있는가?

스도는 레오리아스 기존 제품군의 재고를 조사한 후, 일반 소비자에게는 의외로 장벽이 높은 제품만 있다는 사실을 깨달았다. 그리고 그들 제품을 부정하지 않고 결국은 고객이 그들 제품에까지 손을 내밀 수 있는 계기를 마련해줄 제품을 추가하려고 고군분투하고 있다.

고객이 제품을 사지 않는 것은 그 사용법을 잘 모르거나, 혹은 자신과는 관련이 없다고 생각하기 때문이다. 회사 측에서 아무리

128

의미가 있다고 생각한들, 고객의 머릿속에 그 제품을 사용할 이유
가 없다면 자신과는 거리가 먼 것으로 취급한다.

여러분의 회사에서도 '해결해야 할 일'을 상정하고, 기존의 제품
라인업을 한 단계 끌어올려줄 수 있는 제품을 개발해보면 어떨까.
새 제품으로 인해 기존의 제품이 다시금 빛을 발할 수도 있다.

비즈니스 모델의 요소

하이브리드 프레임은 비즈니스의 목적인 '고객가치'와 비즈니스의 제약 조건인 '이익'으로 구성된다. 이 두 축에 Who(누가), What(무엇을), How(어떻게)의 세 가지 질문을 풀어가는 것이 비즈니스 모델이다. 여기까지 진행하면 그 다음은 실천으로 옮기기 위해 프로세스를 구축하는 단계로 들어선다.

프로세스의 구축도 Who-What-How의 요소를 조합해서 할 수 있지만 여기서는 How부터 생각하는 순서로 살펴보겠다.

전체적으로 고객가치 제안과 이익 창출을 어떻게 실현해나갈 것인가, 즉 활동을 어떻게 연결시켜 구축할 것인가(How) 하는 의사결정을 해야 한다. 그것은 고객에 제안한 가치가 널리 미치고, 그래서 용건이 해결될 때까지의 연쇄를 어떻게 이어나갈지를 디자인한다는 의미다.

이를 실현하려면 모든 활동을 자사에서 도맡아 하는 것이 아니라, 외부 파트너와의 협력이 반드시 필요하다. 누가 자사의 가치제공 프로세스를 보완해줄 것인가, 바꿔 말하면 누가 핵심 역할을 할 것인지를 결정해야 한다(Who).

외부 파트너에게 맡기더라도 어느 부분을 자사에서 실행하고 어느 부분에서 파트너의 도움을 받을 것인지를 명확히 설정해야 한다. 그러기 위해서 경영 자원을 분석한다. 다시 말해, 프로세스 중에서 자사의 강점이 무엇인지(What)를 확실히 아는 일이다.

도표07. **하이브리드 프레임의 아홉 가지 셀**

	Who	What	How
고객가치	어떤 용건을 가진 사람인가?	솔루션으로 무엇을 제공할까?	대체 솔루션과 어떻게 차별화할 것인가?
이익	누구에게서 이익을 취할 것인가?	무엇으로 이익을 낼 것인가?	어떤 시간 축에서 이익을 낼 것인가?
프로세스	누구와 협력할까?	자사의 강점은 무엇인가?	어떤 순서로 진행할 것인가?

도표07에 나타낸 3×3 매트릭스는 아홉 개의 질문을 기준으로 비즈니스 모델을 정리한 표다. 실제로 비즈니스를 운영하는 데 꼭 필요한 의사결정 항목을 모은 것이다. 각각의 결정 항목에는 규칙과 논리가 있다. 이 표를 따르기만 하면 어려운 책을 많이 읽지 않아도 하나씩 칸을 채워나갈 수 있을 것이다.

이들이 비즈니스의 구성요소가 되며, 최종적으로 '이익을 창출하는 구조'를 만들어내는 데 결정적인 역할을 한다. 이익을 창출하는 구조를 만들기 위해서는 이 아홉 개의 셀을 착실히 메워 일을 추진해야 한다. 실제로는 대기업조차 이러한 구조를 깨닫지 못하는 경우가 있다. 그러므로 아홉 개의 셀을 제대로 채울 수 있다면 중소기업이라도 대기업과 같은 위치에서 경쟁하여 이길 수 있다.

새로 도전하는 자가 거인에게 이길 수 있을지 없을지는 이러한 사고를 비즈니스에 반영시켜 구조를 디자인할 수 있느냐 없느냐에 달려 있다고 해도 과언이 아니다. 비즈니스 모델에는 그 밖에도 다양한 프레임워크가 있다. 가장 유명한 것이 알렉산더 오스터왈더(Alexander Osterwalder)와 예스 피그누어(Yves Pigneur)가 『비즈니스 모델의 탄생』에서 제시한 비즈니스 모델 캔버스다.

도표08. 비즈니스 모델 캔버스

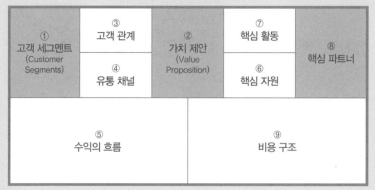

비즈니스 모델 캔버스도 아홉 개의 구성요소로 이루어져 있으나, 내용은 지금 이 책에서 소개한 아홉 개의 셀과는 차이가 있다. 고객가치 제안과 그것의 비용 효율을 높게 만드는 방법론을 주로 다룬다.

이익을 창출하는 데는 과금 패턴보다 '채산평가'가 중요하므로 처음에 설명한 '사업 계획'을 만들어내는 방법으로 최대한 효과를 발휘할 것이다.

그리고 또 한 가지 유명한 이론이 《하버드 비즈니스 리뷰》에서도 그해 최우수 논문으로 선정된 네 개의 상자 이론이다.(도표09 참조) 이는 크리스텐슨도 함께 쓴 논문으로, 그 후 연구 팀 중 한 명인 마크 W. 존슨이 『혁신은 왜 경계 밖에서 이루어지는가』라는 책에 상세히 소개했다.

이 네 개의 상자에 들어 있는 키워드가 '고객가치 제안'과 '이익 방정식' 그리고 '핵심 경영 자원'과 '핵심 프로세스'다. 경영 자원과 프로세스는 표리일체이므로 사실상 하나로 생각할 수 있기 때문에 크게는 세 개의 구성요소로 성립된다고 볼 수 있다.

이렇게 생각하면 아홉 개의 셀은 모두 같은 요소가 된다. 하지만 여기서도 이익에 관해서는 원가 구조나 이익률이 논의의 중심 사안이 되기 때문에 주로 '채산이익평가'의 의미가 강하다.

필자가 아홉 개의 셀로 하이브리드 프레임을 거론하고, 특히 이

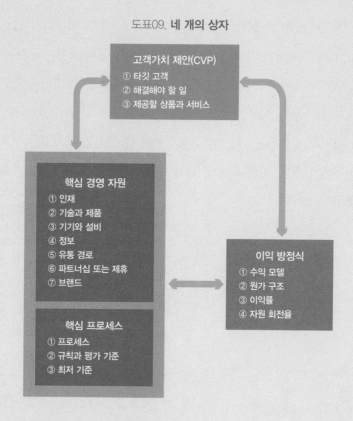

도표09. 네 개의 상자

고객가치 제안(CVP)
① 타깃 고객
② 해결해야 할 일
③ 제공할 상품과 서비스

핵심 경영 자원
① 인재
② 기술과 제품
③ 기기와 설비
④ 정보
⑤ 유통 경로
⑥ 파트너십 또는 제휴
⑦ 브랜드

핵심 프로세스
① 프로세스
② 규칙과 평가 기준
③ 최저 기준

이익 방정식
① 수익 모델
② 원가 구조
③ 이익률
④ 자원 회전율

익을 강조한 것은, 과금의 방법론을 생각하는 것이 새로운 비즈니스 모델의 탄생에 더 확실한 도움이 된다는 사실을 강조하고 싶었기 때문이다.

경영 전략론을 토대로 고안된 비즈니스 모델의 프레임워크는 기본적으로 고객가치 제안과 프로세스를 전면에 내세운다. 이는 가치사슬 모형(value chain)에 대한 논의가 한창 활발해진 전략론의 흐름으로 볼 때 당연하다고 할 수 있다.

한편 실제로 비즈니스 모델은 프로세스를 강조할 수 있을 정도로 큰 기업이 아니라, 오히려 규모가 작은 도전자 기업의 중심 프로젝트가 되고 있다. 그렇기 때문에 프로세스보다 과금, 즉 이익의 획득 방법이 중요하다. 그래서 아홉 개의 셀에서는 특히 이익을 강조하고, 이를 고객가치와 양대 축을 이룰 정도로 중요하게 생각해야 할 요소로 손꼽았다.

게다가 이익을 내는 방법에서 고객가치 제안을 조율할 수도 있다는 사실은 무척 흥미롭다. 신흥 벤처기업은 이런 식으로 대기업의 아성을 무너뜨리고 있다. 가치 제안에서 고전하고 있다면, 이익 부분에서 아이디어를 내 길을 열 수도 있다. 상세한 내용은 필자의 저서인 『이익 모델 방정식』을 참고하기 바란다.

4장

하이브리드 프레임

모델을 분석하는
경영학 세미나

비즈니스 모델 전문가 가타세 교수

스도는 약속 시간보다 30분 일찍 세이토대에 도착해 잠시 교정을 거닐었다. 세이토대는 스이타(吹田)에 위치한 공립대학교다. 오랜 역사에 구 고등상업학교의 명맥을 이은 대학으로, 주로 경제학과 경영학을 전문적으로 공부하고자 하는 학생들이 선호한다. 간사이 지역을 대표하는 명문대로 유명 기업의 창업자를 다수 배출했다.

공립학교답게 사립에 비해 학생 수가 압도적으로 적은 만큼 세세한 부분까지 골고루 배려하는 교육 체제가 정립되어 있다. 대학의 규모는 그리 크지 않고 소박한 편이지만, 졸업생들의 사회평가도가 높아 경제지가 매년 발표하는 대학 순위에서 언제나 전국 상위 20위 안에 손꼽힌다.

학교 건물을 둘러보면서 스도는 조금 긴장이 되었다. 어쨌든 자신이 읽은 책의 저자, 게다가 대학교수와 만나게 되다니 묘한 기분이 들었다.

드디어 약속한 시간이 다가오자 스도는 '가타세 요지 교수'라고 팻말이 붙은 연구실 앞으로 가서 노크를 했다. "들어오세요" 하는 소리를 듣고 문을 열었다.

한 남자가 가까이 다가와 안으로 안내해주었다.

"가타세입니다. 잘 부탁드립니다."

어라? 이 사람이 가타세 교수라고? 마흔 살이라고 알고 있었는데, 실제 나이보다 훨씬 젊어 보였다. 양복차림이 아니라 셔츠에 빈티지 청바지 차림이었다. 허리에는 지갑 체인 같은 것이 달려 있었는데, 조금도 경박해 보이지 않고 오히려 정갈한 분위기가 감돌았다.

아무리 봐도 교수라기보다는 마치 패션업계 관계자 같은 차림새였다. 스도는 그런 가타세 교수에게 친근감을 느끼며 자신을 소개했다.

"스도 진야라고 합니다. 바쁘신데 찾아뵙게 되어 죄송합니다. 저희 회사에서 비즈니스 모델을 변혁하는 프로젝트를 맡게 되었는데 부끄럽게도 제가 비즈니스 모델에 대해 잘 모릅니다. 그래서 서점에 가서 직감으로 고른 책이 교수님의 저서였어요. 실례인 줄 알면서도 직접 말씀을 듣고 싶었는데, 오늘 이렇게 기회를 주셔서 감사합니다. 아무쪼록 잘 부탁드립니다."

"저야말로 감사합니다. 여러 회사들의 사례를 연구해온 데다 여전히 고문을 맡고 있는 회사도 있어요. 게다가 실은 저도 마침 레오리아스에 개인적인 관심을 갖고 있었거든요."

"네? 저희 회사에요?"

스도는 깜짝 놀랐다. 왜 가타세 교수가 쇠퇴기에 놓인 레오리아스에 관심을 보이는 걸까?

"네, 조금요."

가타세 교수는 의미심장하게 대답했다.

완전 실패작입니다

"그래서 오늘은 무엇을 알고 싶으신가요?"

스도는 자신의 경력과 현재 맡은 프로젝트를 설명하고 비즈니스 모델에 대해 전혀 아는 게 없다는 사실을 솔직히 털어놓았다.

"하지만 교수님의 책을 읽고 고객가치 제안에 관해서 준비해왔으니 오늘은 부디 그 이야기를 들어주셨으면 합니다." 스도는 말을 이어나갔다.

"말씀해보시죠."

"감사합니다. 저희 회사는……."

레오리아스의 발자취를 처음부터 현재에 이르기까지 전부 설명하고 앞으로의 목표를 말한 후, 제2회의실에서 프로젝트 팀원들에게 발표한 하이브리드 프레임을 적은 자료를 보여주었다. 그 자료를 읽은 가타세 교수는 입을 삐쭉 내밀면서 "그렇군요" 하고 무심히 말했다.

스도는 이제 막 완성된 시제품을 상자 속에서 꺼내 들었다.

"이게 저희 프로젝트를 실현해줄 새로운 제품, 모멘텀입니다."

마치 스티브 잡스가 아이폰을 프레젠테이션 하듯 약간 자랑스러워하며 제품을 소개했다.

"흠, 과연."

교수는 시제품에는 눈길도 주지 않고 자료를 뚫어져라 보고 있었다. 그리고 얼마간 침묵이 흐른 뒤 마침내 입을 열었다.

"어림도 없어요. 완전 실패작입니다."

"…… 죄송합니다만, 지금 뭐라고 하셨어요?"

"형편없다고 했어요. 이걸로 레오리아스가 바뀔까요?"

가타세 교수는 냉정하게 잘라 말했다.

"대체 뭐가 안 된다는 겁니까? 가르쳐주십시오."

스도의 가슴에 뭐라고 형용하기 어려운 불쾌감이 솟아올랐다.

"이 프로젝트를 제가 하나하나 손볼 수는 없어요. 막연한 감상 으로만 말씀드린 겁니다."

'대체 뭐라는 거야? 분하다. 분해서 견딜 수가 없다. 시제품까지 가지고 왔는데 이런 결과라니!'

그렇게 생각하고 있는데 가타세 교수가 뜻밖의 말을 건넸다.

"오늘 시간이 좀 있으신가요?"

"네, 오늘은 휴가를 냈거든요."

스도는 의미를 몰라 어리둥절해하며 대답했다.

"괜찮으시면 지금부터 세미나를 들어보시겠어요?"

"그래도 됩니까?"

"물론입니다. 세미나를 들어보시면 스도 씨가 더 빨리 해답에 다가갈 수 있을 겁니다. 오늘 세미나 주제가 마침, 스도 씨가 이 표 에 적어 온 하이브리드 프레임이거든요."

가타세 교수는 말을 이어갔다.

"이런 건 남이 하는 걸 지켜보는 게 가장 도움이 되거든요. 물론 저도 책만 읽고서는 다 이해하기 어렵다고 생각해요. 그래서 여러 곳에서 연수나 세미나, 또는 강연을 하고 있지요."

"감사합니다."

이렇게 물러설 수는 없다. 세미나에 참석해서 뭐가 문제인지를 알아내야 했다.

비즈니스 모델 세미나

가타세 교수는 연습실이라고 쓰인 방으로 스도를 안내했다. 방으로 들어가자 교수는 "좋은 아침!"이라며 안에 앉아 있던 학생들에게 활기차게 인사를 건넸다.

그러자 세미나에 참석한 학생들도 "좋은 아침입니다!"라고 가타세 교수에게 인사했다.

오후인데도 '좋은 아침'이라니, 마치 아르바이트생이 손님에게 인사하는 것 같다는 생각을 하면서 스도도 "좋은 아침입니다!" 하고 모두에게 인사했다. 참석자는 모두 열 명이었다.

"오늘의 세미나는 특별히 비즈니스의 최전선에서 활약하고 계신 분을 초대해 자네들이 열심히 발표하는 모습을 보여드리게 되었네. 주식회사 레오리아스의 스도 진야 씨에게 모두 인사하지."

가타세 교수가 말하자 세미나에 참석한 학생들은 다시 한 번 스도를 향해 인사를 했다.

"스도 씨는 비즈니스 모델을 현장에서 담당하고 계시기 때문에 특별히 세미나를 보러 오셨어."

가타세 교수가 스도에게 자기소개를 권하며 두런거리고 있는 학생들의 주의를 집중시켰다.

"주식회사 레오리아스의 스도입니다. 오늘은 교수님의 배려로

세미나를 참관하게 되었습니다. 잘 부탁드립니다."

스도는 부랴부랴 자기소개를 마치고 "잠시 여러분의 의견을 들어보고 싶은데, 교수님 괜찮겠습니까?" 하고 이야기를 꺼냈다.

"여러분 중에서 레오리아스 제품을 사용하는 학생이 있나요?"

그러자 한 남학생이 손을 들었다.

"아! 기쁘군요. 어떤 제품을 사용하고 있나요?"

"저는 농구부라서 농구화를 사용합니다."

"감사합니다."

'한 사람밖에 없단 말인가!' 하고 패배감이 엄습했지만, 곧 한 사람이라도 있어서 다행이라는 안도감이 들었다.

"그러면 레오리아스라는 브랜드를 알고 계신 분은?"

스도의 질문에 손을 든 사람은 아까 그 학생을 포함해 겨우 두 사람이었다.

'열 명 중 두 명이라!'

손을 든 또 한 명의 여학생에게 물었다.

"어떻게 알게 되었나요?"

"엄마가 젊으셨을 때 레오리아스 팬이었다고 해요. 저희 엄마는 지금도 스타일을 유지하기 위해서 여러 가지 노력을 하고 계시거든요. 얼마 전에 헬스클럽에서 신으려고 레오리아스의 트레이닝화를 새로 사셨어요."

"그렇습니까? 고맙습니다."

기쁨과 함께 허무감도 덮쳐왔다. 역시 대학생들은 사지도 않을 뿐더러 브랜드조차 모른다.

"그렇습니다. 이것이 저희 회사의 현재 상황입니다. 스포츠 브랜드지만 젊은 사람들에겐 잘 알려져 있질 않아요. 그래서 제가 회사의 비즈니스 모델 개혁을 맡게 되었습니다만, 솔직히 별로 아는 게 없어서 오늘 가타세 교수님의 가르침을 받으러 왔습니다. 모처럼 세미나까지 초대해주셨으니 저도 열심히 배우겠습니다. 다시 한 번, 잘 부탁드립니다."

그렇게 말하고 스도는 가타세 교수의 안내로 학생들 뒷자리에 앉아 세미나를 듣게 되었다.

가타세 교수의 세미나는 처음 한 달 정도는 교수의 책을 전원이 읽어온 후 각자가 장별로 맡아 발표하는 식이었다. 학생들은 파워포인트로 자료를 만들어와서 한 사람씩 장별로 프레젠테이션을 한다. 발표자의 프레젠테이션을 듣고 궁금한 점이 있으면 질문을 한다. 또는 자신이 생각하는 의견을 기탄없이 털어놓으며 서로 이해도를 높여간다.

책을 다 읽은 학생들은 이번에는 정해진 방식으로 자신이 관심 있는 실제 사례를 찾아 분석한다. 그리고 한 번에 90분간 진행되는 세미나에서 세 명이 발표하는데, 이러한 과정을 세미나 의장인 여학생이 사회를 보면서 진행한다.

"오늘 발표할 사례는 세 가지입니다. 각자 자신이 좋아하는 제품이나 관심 있는 기업의 사례를 열심히 조사해왔을 것입니다. 그럼 순서대로 발표해주시기 바랍니다. 그럼 무토(武藤) 씨부터 시작하시죠."

타미야 모델과 디아고스티니 모델

첫 발표자는 무토라는 남학생이었다. 외모는 딱 요즘 대학생 느낌으로 여자 친구도 있어 보였다. 무토는 손재주가 있고 특정 관심사에 몰두하는 오타쿠 성향이 있으며 모형을 좋아한다고 자신을 소개하고는 발표를 시작했다.

"저는 모형 비즈니스에 관해 조사했습니다. 예전부터 아버지가 모형을 좋아하셔서 집에는 다양한 모형들이 잔뜩 있어요. 야마토 전함이나 오사카 성 같은 것도 있지요. 그러다 보니 저도 어느새 모형 만들기를 좋아하게 되었어요. 대학생이 되고서는 아르바이트를 해서 모은 돈을 전부 모형 재료를 사는 데 써버려 여자 친구가 싫어합니다."

우스갯소리를 섞어가며 하는 프레젠테이션은 확실히 재미가 있었다.

"그래서 이 모형으로 가치 제안을 하는 비즈니스 모델을 조사해 왔습니다. 그러자 흥미로운 지점이 보이더군요.

모형이라고 하면 우선 일본이 자랑하는 회사 타미야(TAMIYA)가 있습니다. 이 회사는 정교한 모형을 마니아 고객 층을 위해 만들고 있습니다. 전통이 있는 회사로 모형을 정말 사랑하지요. 그리고 차별화 전략이 적중해서 가격도 아주 비쌉니다. 물론 원가도 비쌀 테지만 말이죠. 한마디로 이 회사는 고급품으로 제안하고 있는 것입니다.

다만 비즈니스 모델로 보면 타미야가 이익을 창출하는 방법은 경영 전략론 강의에서 배운 것처럼 비싼 가격으로 상품을 판매한다는 것뿐입니다. 차별화가 확실한 제품들이기에 성립 가능한 과금 방식이라고 할 수 있습니다.

한편 모형을 좋아하는 사람들을 겨냥한 새로운 가치 제안으로 소문난 제품이 있습니다. 여러분도 아실지 모르겠습니다. 바로 디아고스티니(De Agostini)입니다.

이 회사는 이익을 내는 방법부터 독특합니다. 고액의 모형을 시간차를 두고 지불할 수 있게 해서 이익을 취하고 있어요. 그것뿐이라고 한다면 그것뿐입니다. 하지만 그것뿐인데도 타미야와는 고객가치 제안이 크게 다르다는 사실을 알 수 있습니다.

디아고스티니는 제품을 완벽하게 완성했을 때 모든 수익을 얻는 시스템을 채택하고 있습니다. 고객에게 시간차를 두고 제품 가격을 지불하게 하는데 이 말을 뒤집으면 고객이 도중에 그만둘 수 있다는 뜻입니다.

다시 설명하면, 만약 고객이 도중에 그만두고 싶으면 더 이상 돈을 지불하지 않아도 되는 모델인 것입니다. 그 결과 '도중에 그만둘지도 모르는데' 하고 애초에 구입을 꺼리는 사람들까지 고객으로 만들 수 있는 거죠. 지금까지는 모형을 끝까지 만들지 못할 것 같다는 고민이랄까, 용건이 있는 사람은 고액의 모형을 사지 못했습니다. 그것을 가능하게 한 것이 바로 디아고스티니 모델입니다.

모형을 좋아하는 제 입장에서는 타미야 쪽이 훨씬 더 매력적입니다. 하지만 저만큼 모형에 빠져 있는 사람이 아니고는 고급 제품을 사려고 하지 않아요. 고급인 만큼 다른 회사가 접근하지 못하는 특별한 제품이거든요. 그런데 디아고스티니가 그 문턱을 낮췄습니다. 이를 실현할 수 있었던 것은 원래 이 회사가 분책형 백과사전 판매(정기적으로 발행되므로 그때그때 지불해서 구입하고 전부 모으면 한 가지 테마의 백과사전이 완성되는 형식의 판매 방법-옮긴이)라는 노하우를 가지고 있었기 때문입니다.

사람들은 디아고스티니의 모형을 매주 다니는 서점에서 조금씩 사 모을 수 있습니다. 고객이 모형을 만드는 속도에 따라 조금씩 과금해나가는 것이지요. 이로써 모형을 만들어보겠다고 도전하는 사람이 극적으로 늘어났어요. 이러한 과금 방법을 채택함으로써 디아고스티니는 판매 영역을 넓혀 수익을 올리고 있습니다.

모형 마니아가 된 사람들은 결국에는 타미야의 고객이 되지 않을까 하고 생각합니다. 따라서 긴 안목으로 보면 두 회사는 결코 경쟁하는 것이 아닙니다. 디아고스티니가 모형 시장을 넓혔다면, 타미야는 확실한 팬이 된 고객들을 만족시키는 것이죠. 때문에 저는 두 회사가 경쟁 관계보다는 협력 관계에 더 가깝다고 분석했습니다. 이상입니다."

발표를 다 듣고 난 스도는 자신도 모르게 힘껏 박수를 보냈다. 훌륭한 통찰이다. 학생인데도 여기까지 가능하단 말인가. 게다가 그는 모형을 좋아해서 모형 비즈니스 모델을 조사했다. 나는 스니커즈를 좋아하니까 신발 업계에서 비즈니스 모델을 해부해야만 한다.

스도는 순수하게 좋아하는 대상을 비즈니스로 분석하는 학생을 보고 약간 부끄러웠다.

"그러면 교수님, 보충 설명을 부탁드립니다."

사회를 맡은 세미나 회장이 청했다.

"수고했어. 무토 군. 좋아하는 모형에 관해 제대로 분석해왔군. 디아고스티니, 재미있는 비즈니스 모델이야. 내 경우엔 DVD 수집에 폭 빠졌었지. 미드 「24시」라든지 성룡 영화는 너무 좋아서 말이야. 잠시 탈선하고 말았지."

학생들 사이에서 웃음이 번져나왔다.

"자, 질문 있나?"

"저……." 한 여학생이 손을 들었다.

"저는 모형에는 관심이 없기 때문에 잘 모르겠지만, 이거 타미야의 모형을 신용카드로 분납해서 사는 것과 무엇이 다른가요? 조립하면 똑같은 거 아닐까요?"

"좋은 질문이군. 무토 군, 차이는 뭔가?"

가타세 교수가 물었다.

"네, 기다렸습니다. 실은 이런 질문이 나오지 않을까 싶어서 준비해왔어요. 사실 두 경우는 전혀 다릅니다. 가령, 같은 '히메지조(姬路城, 효고현 히메지시에 있는 성-옮긴이) 모형을 타미야의 분납 방식과 디아고스티니에서 살 경우를 비교해보죠. 만일 타미야 모형을 2년간 분납으로 사서 끝까지 만들었다고 한다면 타미야와 디아고스티니에 같은 금액을 지급하게 됩니다. 하지만 만일 도중에 그만둘 경우는 어떨까요? 여기서 차이가 생기는 겁니다."

자신이 좋아하는 것을 주제로 하고 있어서인지 무토는 자신만만하게 대답했다.

"타미야의 경우 만일 도중에 그만두어도 카드 회사에서는 계속

할부금이 청구되겠지요? 하지만 디아고스티니라면 거기서 끝나는 거예요. 더 이상 청구되지 않아요. 그래서 저는 이것을 '싫증날 때까지 지불'이라고 부릅니다."

역시! 스도는 감탄했다. 좌뇌계를 활용한다는 것은 이런 것인가. 질문을 한 여학생도 고개를 끄덕이며 이해했다.

"무토, 제법이구만. 디아고스티니가 모형에 분책형 백과사전의 노하우와 과금 모델을 적용함으로써 '싫증날 때까지 지불' 제도를 도입했다고 했는데, 그 제도로 인해 기업이 얻을 수 있는 이득은 무엇이라고 생각하나?"

교수가 질문을 던졌다.

"네, 저요."

한 여학생이 활기차게 손을 들었다.

"2년에 걸쳐 완성하는 거잖아요. 도중에 싫증 나 그만두는 사람을 알 수 있으니 현재 모형을 만들고 있는 사람의 분포를 파악할 수 있지 않을까요? 지난 호보다 다음 호의 구입자가 적어지기 마련이죠. 그렇다면 회사 측에서는 과잉 제작하지 않아도 됩니다. 가령 창간호에서는 5만 부를 판매했다고 해도 마지막까지 조립하는 사람은 극단적으로 말하면 1만 명일지도 모르죠. 그렇다면 5만 부의 부품을 모두 만들지 않아도 된다는 뜻이 됩니다."

"잘 대답했어. 예리하군. 맞는 말이야. 그렇게 해서 가치를 조절

도표10. **타미야와 디아고스티니의 비교**

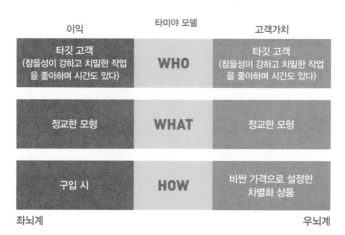

타미야 모델

이익		고객가치
타깃 고객 (참을성이 강하고 치밀한 작업을 좋아하며 시간도 있다)	WHO	타깃 고객 (참을성이 강하고 치밀한 작업을 좋아하며 시간도 있다)
정교한 모형	WHAT	정교한 모형
구입 시	HOW	비싼 가격으로 설정한 차별화 상품

좌뇌계   우뇌계

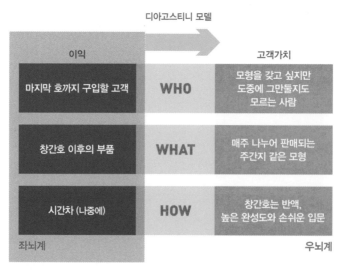

디아고스티니 모델

이익		고객가치
마지막 호까지 구입할 고객	WHO	모형을 갖고 싶지만 도중에 그만둘지도 모르는 사람
창간호 이후의 부품	WHAT	매주 나누어 판매되는 주간지 같은 모형
시간차 (나중에)	HOW	창간호는 반액, 높은 완성도와 손쉬운 입문

좌뇌계   우뇌계

※ 이익 취득 방법을 바꾸어 고객가치로

할 수 있지. 하지만 타미야라면 전 부품을 팔아버리는 거니까 처음에 전부 만들어야 하지. 그 결과, 만일 재고가 늘어난다면 10만 엔에 팔아야 할 제품을 어느 사이엔가 반액인 5만 엔까지 가격을 낮추어 처분해야 하는 상황이 되네. 전부 만들어 제품화하면 원가가 처음에만 들어가는 것이 아니라 가치가 떨어지는 경우도 생기니 이중 타격을 입게 되는 거지."

그렇군. 모형이라는 솔루션은 같지만, 과금 방법을 바꾸니 이렇게까지 다른 비즈니스가 되는구나. 대단한 모델이야. 만일 스포츠화 업계에서도 누군가 이러한 비즈니스를 시작하기라도 한다면 엄청난 일이 되겠군. 스도는 자신의 입장으로 바꿔 생각해보고 위협을 느낀 동시에 비즈니스를 분석하는 재미도 맛보았다.

제모 숍 뮤제플래티넘 모델

다음 발표자는 후지모토(藤本)라는 여학생이었다.

"저는 미용에 관심이 많아서 오늘은 겨드랑이 제모에 관해 분석해왔습니다. 여자가 많은 세미나이므로 양해해주세요. 남자들은 환멸을 느끼지 마시고요."

이 세미나에서는 발표할 때 모두 웃음을 자아내며 시작한다. 이 또한 가타세 교수가 가르친 거라면 참으로 대단하다. 스도는 자기 좋을 대로 감탄했다.

"제가 관심을 가진 회사는 일반적인 제모 숍입니다. 제모 숍은 주로 광고지를 돌리는데, 특히 여름이 되면 신경 쓰이는 겨드랑이 제모를 중심으로 광고지가 들어오곤 합니다. 이는 겨드랑이 제모를 계기로 많은 손님을 고객으로 끌어들이는 비즈니스 모델이 아닐까 생각했습니다.

그렇다면 이러한 고객가치 제안이 어떻게 이익 창출로 이어지는지 살펴보아야 합니다. 불필요한 털 때문에 고민하는 여성을 타깃으로 하는데, 저렴한 가격으로 서비스를 제공하지요. 때로는 적자를 내서라도 파격적으로 싼 가격에 서비스를 합니다. 그 대신 한 번 서비스를 받은 고객에게 현장에서 그 다음 서비스를 제공함으로써 시간차로 이익을 창출하고 있습니다.

이 업계의 가격 파괴는 뮤제플래티넘이라는 제모 숍이 일으켰습니다. 그리고 현재도 업계에서 가장 저렴하게 겨드랑이 제모를 실시하고 있습니다.

그 후 다른 회사도 같은 비즈니스 모델로 뒤를 쫓고 있지만, 뮤제플래티넘은 압도적인 저가로 제모를 해주고 있습니다. 한 번 제모하는 데 얼마일 것 같은가요? 겨우 200엔이에요. 스타벅스 커피 한 잔 값보다 싸지요. 제모는 단 한 번으로 끝나는 일이 아닙니다.

여러 번 다닐 필요가 있는데, 이 과정이 완료될 때까지 제모를 받아도 한 번에 200엔입니다. 특가이기는 하지만 정가가 2,600엔이니 파격적이라고밖에 할 수 없습니다. 그래서 그만큼 가격을 내렸다면 겨드랑이 제모 자체로는 도저히 이익을 낼 수 없지요.

게다가 뮤제플래티넘은 고객의 용건을 찾아내 다시 한 번 업계에서 일어나고 있는 다양한 벽을 없애버렸습니다. 특히 고객이 숍이용을 망설이는 가장 큰 요인인 해약 수수료까지 없애는 등 다양한 벽을 무너뜨린 겁니다.

애초에 겨드랑이 제모만으로는 돈을 벌 수 없을 게 뻔한데도 저가 정책을 유지하고 있습니다. 그러면 대체 어디서 이익을 내는 건지 궁금하실 겁니다. 이미 과당경쟁 단계로 들어가 제대로 된 서비스는 기대할 수도 없는 것이 아닌가 하고 의심하게 됩니다. 하지만 저렴하면서도 좋은 서비스를 유지하는 뮤제플래티넘의 비결을 알아냈습니다.

운영 회사인 진코포레이션의 다카하시 진(高橋仁) 사장이 책을 몇 권이나 냈는데, 그중에서 특히 그 답이 될 만한 비즈니스 모델의 이야기가 나옵니다. 겨드랑이 제모를 하는 사람들이 전신 서비스를 받는다면 좋겠지만 그건 좀처럼 기대하기 어렵지요. 하지만 싸게 겨드랑이 제모를 받은 많은 사람 덕분에 이익을 내는 구조를 만들 수 있습니다.

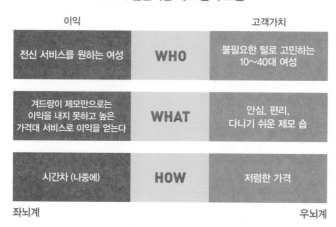

도표11. **일반적인 제모 숍의 모델**

이익		고객가치
전신 서비스를 원하는 여성	**WHO**	불필요한 털로 고민하는 10~40대 여성
겨드랑이 제모만으로는 이익을 내지 못하고 높은 가격대 서비스로 이익을 얻는다	**WHAT**	안심, 편리, 다니기 쉬운 제모 숍
시간차 (나중에)	**HOW**	저렴한 가격

좌뇌계   우뇌계

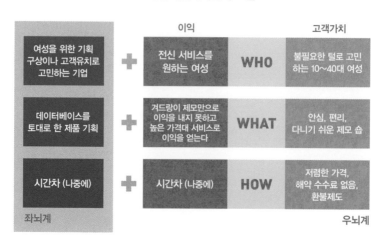

도표12. **뮤제플래티넘의 모델**

		이익		고객가치
여성을 위한 기획 구상이나 고객유치로 고민하는 기업	＋	전신 서비스를 원하는 여성	**WHO**	불필요한 털로 고민하는 10~40대 여성
데이터베이스를 토대로 한 제품 기획	＋	겨드랑이 제모만으로 이익을 내지 못하고 높은 가격대 서비스로 이익을 얻는다	**WHAT**	안심, 편리, 다니기 쉬운 제모 숍
시간차 (나중에)	＋	시간차 (나중에)	**HOW**	저렴한 가격, 해약 수수료 없음, 환불제도

좌뇌계   우뇌계

바로 여성 데이터베이스입니다. 다시 말해, 일반적인 제모 숍이 이익을 내는 구조에, 지금 주목받고 있는 빅 데이터(big data) 요소를 활용하고 거기에 정보를 가공해 사업자에게 과금하는 방법을 고안해냈습니다.

구체적으로는 파나소닉과 상품을 공동으로 개발하면서 숍 이외에 과금 포인트를 만들어 이익을 증가시켰죠. 즉, 겨드랑이 제모로 여성들의 고민을 해결해주면서 거기서 얻은 데이터와 노하우로 상품을 개발한 것입니다."

이번 발표도 무척 흥미로웠다. 레오리아스도 피트니스나 워킹 분야에서 여성의 미에 관한 고민을 해결하는 제품을 꾸준히 제공해왔다. 그런 의미에서 미용 숍의 사례에 무척 관심이 간다. 게다가 이런 식으로 사용자에게서 얻은 정보를 이익을 창출하는 구조로 전환한다는 발상은 생각해보지도 못했다. 굉장하군. 스도는 솔직히 감동했다.

"그러면 후지모토 씨의 발표에 대해 가타세 교수님, 한 말씀 부탁드립니다."

"후지모토, 무척 재미있네. 남성에게는 미지의 영역이지만 여성에게는 심각한 고민이겠어. 그럼 이 비즈니스 모델에서 가장 흥미로운 점은 뭘까?"

"뮤제플래티넘이 업계의 비즈니스 모델을 바꾸어 일반적인 것으로 만들었지만, 뮤제플래티넘이 자신들이 만들어놓은 비즈니스 모델을 다시 한 번 뒤엎는 이익 설계를 한 점입니다."

후지모토가 대답했다.

"옳은 말이야. 비즈니스 모델도 제품과 마찬가지로, 한 번 히트해서 성공하면 금세 모방이 따르지. 한 번 모방되면 업계의 상식이 되고 말이야. 그 자체가 나쁜 것은 아니야. 사용자에게도 이로운 일이니까. 하지만 독창적인 특징은 사라지게 되지. 뮤제플래티넘을 운영하는 다카하시 사장은 이러한 점에서 아이디어가 무척 기발했어. 사용자를 늘리고 데이터베이스를 이용해 수익으로 바꾸는 거지. 그렇기 때문에 사용자에게 싼 가격으로 제공 가능한 방정식을 만들 수 있었던 거야. 나도 그가 쓴 책을 읽어봤는데, 그것을 『리얼프리』라고 이름 붙였더군. 책을 쓴 지는 시간이 좀 지났는데도 순조롭게 리얼프리 전략을 실천하고 있다는 점이 흥미로웠어."

역시 그렇군! 단순한 차별화 전략이나 저가 정책과 달리 좌뇌계를 사용해서 어떻게 돈을 받을지를 연구해야 한다. 단지 좋은 물건을 만들어 비싸게 판다거나 싸게 만들어 싸게 판다는 방정식과는 전혀 다른 세계에서 싸우고 있는 건가. 스도는 서서히 초조한 기분이 들기 시작했다.

코스트코의 회원제 모델

"그러면 오늘 마지막 발표자 오가와(小川) 씨, 부탁드립니다." 다른 여학생이 앞으로 나왔다.

"저는 야구부의 매니저를 맡고 있습니다. 얼마 전에 합숙할 때 식재료를 대량으로 구입하게 되어 고향인 아마가사키(尼崎)에 있는 코스트코까지 장을 보러 갔다 왔어요. 그때 무척 관심이 생겨서 코스트코를 주제로 선택했습니다.

일반적으로 할인매장이라고 하면, 싸게 매입한 물건을 싸게 판매한다는 이미지가 있습니다. 싸게 팔기는 하지만, 어딘가 흠이나 하자가 있는 물건을 싼 가격에 구입하기 때문에 그 나름대로 이익을 낼 수 있는 것이지요. 그러한 상품들 중에는 유통기한이 얼마 남지 않았다든지, 싼 이유가 있는 것 같습니다. 물론 해로운 상품은 없어 보입니다. 또는 도산한 기업에서 구매한 상품을 비롯해 저가로 들여오는 노하우가 있겠지요. 아울렛(outlet)을 떠올리면 아마도 이해하기 쉬울 겁니다.

그러한 일반적인 할인매장을 하이브리드 프레임으로 표현하면 다음과 같습니다. 이익 구조에 관한 특별한 지점은 거의 찾아볼 수 없습니다. 물건을 싸게 사들여 일률적인 수익을 올리면 되니까요.

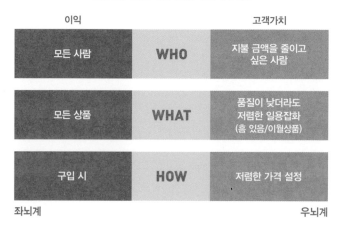

도표13. **일반적인 할인매장의 모델**

이익		고객가치
좌뇌계		우뇌계

모든 사람	**WHO**	지불 금액을 줄이고 싶은 사람
모든 상품	**WHAT**	품질이 낮더라도 저렴한 일용잡화 (흠 있음/이월상품)
구입 시	**HOW**	저렴한 가격 설정

이에 반해, 제가 얼마 전에 물품을 구입하러 간 코스트코는 상당히 다른 모습이었어요. 코스트코 홀세일은 1983년에 창업된 미국 회사입니다. 이 회사, 최근에는 일본에도 진출했지요. 다른 업체를 압도하는 저렴한 가격으로 상품을 제공하고 있습니다. 틀림없는 창고형 점포로 식품부터 전자제품까지 무엇이든 갖춰놓은 일대 소매유통업이죠.

매장도 넓고 자신이 직접 카트를 밀면서 물건을 고르기 때문에 즐겁습니다. 그리고 가장 중요한 것이 가격인데요, 이게 무척 쌉니다. 음식도 싸지만 전자제품도 놀랄 만큼 저렴합니다.

신경이 쓰여서 코스트코의 정보를 조사해보았지만, 외국계 기업이다 보니 데이터가 나오지 않더군요. 다만, 영어로 된 재무제표를 발견하고 사전을 찾아보면서 어떻게든 이 의문점을 풀어보았습니다. 그러자 정말 놀랄 만큼 원가율이 높다는 사실을 알게 되었어요.

2011년부터 2013년의 결산에서 보면 원가율이 대략 90퍼센트 정도였어요. 이온(AEON)이나 세븐앤아이(Seven & i Holdings Co., Ltd. 세븐일레븐 재팬의 모회사-옮긴이) 등 일반 소매업의 원가율은 65퍼센트 정도입니다. 원가율로서는 65퍼센트도 너무 높다고들 말하지요. 그런데 코스트코는 65퍼센트를 훨씬 넘어선 90퍼센트였습니다. 보통은 적자가 나기 마련이죠.

도표14. **코스트코의 재무제표①**

	2011년 9월 기준	2012년 9월 기준	2013년 9월 기준
매출액 (회비 제외)	87,048	97,062	102,870
매출원가 (원가율)	77,739 (89.3%)	86,823 (89.5%)	91,948 (89.4%)
영업이익	2,439	2,759	3,053

(단위: 백만 달러)

하지만 코스트코는 제대로 이익을 계산해서 신고하고 세금을 납부하고 있습니다. 어떻게 된 일일까요? 가본 적 있는 사람이라면 알 것입니다. 그렇죠. 코스트코는 다른 곳에서도 보통 판매하고 있는 상품을 저가에 팔고 있습니다. 매입 가격이 코스트코만 낮을 리가 없습니다. 그래서 코스트코는 고객에게서 연회비를 받습니다. 저도 회원이 되었어요. 개인회원의 연회비는 세금 별도로 4,000엔입니다. 법인은 세금 별도로 3,500엔이고요. 연회비를 내지 않으면 코스트코에서 물건을 살 수 없습니다.

이 회비가 바로 코스트코의 비즈니스 모델을 받쳐주고 있는 비밀입니다. 다음 표에는 코스트코의 세 차감 전 이익이 나타나 있습니다. 그리고 그 아래에는 코스트코의 회비 수입액을 기재했습니다. 어떤가요? 사실은 코스트코의 세 차감 전 이익의 75퍼센트 정도가 회비로 충당되고 있습니다. 만약 이 회비가 없다면 코스트코는 이익이 극히 적거나 자칫하면 적자로 전락할 것입니다. 이와 같은 내용을 간추려 하이브리드 프레임으로 나타내보았습니다.

회비 수입으로 비즈니스 모델을 지탱하고 있다는 점은 아까도 말씀드렸습니다만, 더욱 중요한 특징은 시간차로 수입을 거둬들이되 그 시점이 '나중'이 아니라 '먼저'라는 점입니다. 즉, 연간 수입을 미리 받기 때문에 먼저 현금이 들어옵니다. 사실은 이 현금이 코스트코의 캐시플로(cash flow)를 지탱해주는 것이지요. 코스트코가 현금으로 물품을 싸게 구입할 수 있는 것도 이 회비 수입이 있기 때문입니다. 이상입니다."

이 발표는 가타세 교수마저도 고개를 끄덕이며 듣고 있었다. 회

도표15. **코스트코의 재무제표②**

	2011년 9월 기준	2012년 9월 기준	2013년 9월 기준
세 차감 전 이익	2,383	2,767	3,051
회비	1,867	2,075	2,286
이익 커버율	78.3%	75%	74.9%

(단위: 백만 달러)

도표16. **코스트코의 비즈니스 모델**

이익		고객가치
모든 사람	**WHO**	지불 금액을 줄이고 싶은 사람
이익률 낮은 상품, 현금 회비 수입	**WHAT**	싸고 좋은 물건, 즐거운 장보기 체험
구입 시점 이전 (연회비 선결제)	**HOW**	저렴한 가격 설정

좌뇌계   우뇌계

계 데이터의 증거를 제시하면서, 더구나 영어로 된 재무제표를 읽어가며 준비하다니 감탄할 만한 발표였다.

"훌륭해, 오가와. 아주 잘했어. 경영 노력으로는 도저히 타산이 맞지 않지만 고객에게 저렴하게 제공하기 위해 회비 수입으로 이익을 낸다. 매출총이익이 가장 높은 상품이 회비라니, 흥미롭군. 회비 수입은 100퍼센트 매출총이익! 게다가 현금은 안정적이지. 멋진 분석이었네."

그리고 가타세 교수는 말을 이어갔다.

"꿈이 있는 비즈니스야. 고객을 생각하면 싸게 제공하고 싶지만 상품 매입을 생각하면 역시나 더 이상은 가격을 낮출 수 없다. 그럴 때 이 모델이라면 문제없겠군. 어느 의미에서는 누구든지 적자를 메울 수 있을 테니 말이야."

숫자 이야기가 어려운 사람

"발표자 여러분, 모두 수고하셨습니다."

차임벨이 울리고 발표가 모두 끝났다. 자신이 관심 있는 주제를 골라 하이브리드 사고법으로 구현시켰다. 어느 비즈니스든 단순히 고객가치 제안이 뛰어나다는 데 그치지 않고 확실한 이익 획득 방법에 대해서도 깊은 연구가 이뤄져 있었다.

스도는 자신이 쓴 하이브리드 프레임을 비교해보고는 무척 부끄러워졌다.

'그렇군. 이게 바로 하이브리드 프레임이란 말이지?'

스도는 이제 절실히 비즈니스 모델의 중요성을 통감했다. 다시 가타세 교수가 이끄는 대로 연구실로 돌아왔다.

"스도 씨, 어떠셨나요?"

"대학생인데 이 정도까지 하는군요. 솔직히 놀랐습니다. 제가 다니던 대학교에서는 세미나 모임 같은 게 별로 없었기에 더 부러운걸요. 하긴 그땐 놀기만 했으니까요. 다시 한 번 배워보고 싶어요. 만일 제가 지금 고등학생이라면 대학은 경영학부로 진학하면 좋겠다는 생각을 했습니다."

"무슨 말씀을요. 이미 실제 무대에서 멋지게 활약하고 계시잖아요. 대학에서 다시 배울 필요는 전혀 없답니다. 그보다는 실제 업계에서 일하고 계신 내용을 꼼꼼히 정리해서 앞으로 나아가는 것이 중요하다고 생각해요. 오늘 스도 씨의 질문에 답해드리지 않고 일단 세미나를 듣도록 한 것은 그런 의도가 있었기 때문입니다."

그저 질문을 받기보다도 비즈니스 모델이 무엇인지를 파악하는데 세미나가 가장 좋은 교재이기 때문이었던가. 이론이 아닌 실습을 보여주다니! 지금까지 별로 접촉할 일이 없었지만 경영학자란 재미있는 사람이구나.

"그래서 스도 씨, 뭔가 보이나요?"

스도가 대답했다.

"조금요. 교수님, 솔직히 여쭙겠습니다. 제가 써온 하이브리드 프레임은 대체 어디가 잘못된 것일까요?"

"스도 씨, 제가 비즈니스 모델을 보여드리고 싶다고 했지요? 스도 씨가 생각한 가치 제안은 확실히 흥미롭습니다. 하지만 비즈니스 모델로서는 시시해요. 고객가치 제안은 깊이 생각해서 잘 짚어 내셨는데 이익 설계가 전혀 되어 있질 않아요. 스도 씨는 아마도 우뇌형 인간인 것 같습니다. 돈 이야기를 하는 게 좀 어려우시지요?"

그런 거였어! 자신은 고객가치 제안에만 눈을 돌리고 있었지, 실제로 이익을 어떻게 낼 것인지에 관해서는 지금까지의 레오리아스와 아무것도 달라진 게 없었다. 그저 마케팅적으로 새로워 보이는 상품을 구상했을 뿐이라는 말인가.

"스도 씨, 고객가치 제안을 생각할 때는 두근두근하시죠? 하지만 돈 이야기로 넘어가면 왠지 꺼려진다는 걸 알 수가 있어요. 사고가 멈추었다고 해도 좋을 정도죠."

"맞습니다."

"하지만 새로운 비즈니스 모델을 구축하라는 것이 사장님의 미션이지요? 그렇다면 이걸로는 안 됩니다. 단순히 '신제품의 콘셉트'에 지나지 않기 때문이에요. 차별화 상품을 만들어 수익을 높일 수 있도록 설정해야 합니다."

"옳은 말씀입니다."

"물론 '신제품의 콘셉트'도 좋아요. 단, 제품을 중심으로 새로운 사업을 이미지화할 수 있어야 합니다. 그리고 이 신발의 매출이 전체에서 차지하는 비율을 생각해서 신발 한 종류의 매출총이익을 올렸다고 치고 전체에 대한 이익 공헌이 얼마큼 되는지를 살펴보면, 그것은 아주 미미할 겁니다. 구체적인 수치를 모르고 이야기해서 죄송합니다만."

가타세 교수의 지적은 정확했다. 구구절절 옳은 말이다. 이 제품이 대성공을 거둔다 해도 레오리아스 전체에서 차지하는 매출 구성을 생각하면 매출총이익률을 높일 만큼의 공헌도나 영향은 그다지 기대할 수 없을 것이다.

"하지만 대부분의 사업가나 영업 담당자들도 마찬가지입니다. 마케팅에는 뛰어나도 비즈니스 모델의 영역까지는 잘 알지 못하지요. 그게 속상해요. 레오리아스가 이런 정도라면 아마 업계의 다른 회사들도 비슷한 상황일 겁니다."

"교수님은 모르는 게 없으시군요."

"아니, 그렇지 않아요. 이미 몇 천 명이 쓴 리포트를 읽고 상담을 해왔을 뿐이에요. 사업가뿐만이 아니라 일본 기업 전체가 그렇습니다. 특히 제조회사는 말이죠. 그래서 어디든지 같은 이유로 고민하고 있어요."

"네, 반성하고 있습니다."

스도는 겸연쩍은 듯 쑥스러운 웃음을 지었다.

"지금까지 하지 못했던 사고법을 몸에 익히려면 트레이닝을 해야 합니다. 어쨌든 지금 레오리아스에는 이익 구조를 개혁할 수 있는 새로운 발상이 필요해요."

"이익 구조를 바꾸라는 것이 바로 사장님의 지시였습니다. 하지만 저는 부끄럽게도 그 부분은 완전히 간과한 채 가치 제안만 생각하며 기대에 차 있었어요. 우뇌가 너무 설치는 바람에 다른 건 보이지 않았던 거예요."

사례 분석은 트레이닝에 불과하다

"그런데 스도 씨, 이것만큼은 꼭 말씀드리고 싶군요."

가타세 교수는 말을 계속했다.

"비즈니스 모델은 말이죠, 성공한 기업의 사례만 분석해서는 안 됩니다. 그건 트레이닝에 지나지 않아요. 학생들은 단지 사례를 조사하고 있을 뿐, 자신들이 처음부터 비즈니스 모델을 만들어내려고 한다면 그들도 당연히 해내지 못할 겁니다. 자동차 면허로 말하자면 그들은 지금 운전학원에서 강사에게 배우고 있는 단계인 거죠."

"그렇겠군요."

"연습 면허를 받으면 도로주행이 시작됩니다. 저희 세미나에서는 실제 기업과 산학 협력을 하고 있기 때문에 학생들도 언젠가는 자신의 아이디어를 실천할 때가 오겠지요. 그때 저는 옆에 앉아서 보조 브레이크를 밟는 역할을 할 겁니다."

오늘 가타세 교수가 가장 강조해서 말하는 순간이었다.

"스도 씨가 고안한 레오코아가 대성공을 거뒀다는 것을 잘 알고 있습니다. 한편으로 거의 죽어가던 브랜드에 부활의 가능성을 보여준 그 제품이 대단했다는 것도 알고 있고요. 학생들도 그렇고 저도 실제로 비즈니스의 당사자는 아닙니다. 그런 의미에서는 스도 씨를 존경하고 있어요."

"네? 가, 감사합니다!"

갑자기 칭찬을 들은 스도는 약간 자세를 가다듬었다.

"스도 씨, 자신이 비즈니스를 바꾸는 것과 다른 사람이 만든 것을 분석하는 것은 큰 차이가 있어요. 그러므로 학생들처럼 매끈하게 하지 못하는 것도 어찌 보면 당연한 거죠. 비즈니스에는 여러 가지 제약 조건도 있을 테고, 업계의 규칙이나 상도덕도 존재하니까요. 문제 해결에 접근하게 되면 또 연락 주십시오. 언제든지 문을 열어놓겠습니다."

"감사합니다. 아무쪼록 잘 부탁드립니다."

생각을 정리해서 언젠가 다시 가타세 교수에게 자문을 구하러 와야지.

스도는 그렇게 생각하면서 연구실을 나섰다.

경쟁 전략론을 넘어서는 사고법

경쟁 전략론에서는 하버드대학교 비즈니스 스쿨 교수인 마이클 포터(Michael Eugene Porter)의 기본 전략이 유명하다. 경쟁에서 이기려면 낮은 원가로 만들어 싸게 파는 '비용우위 전략(cost leadership strategy)'과 부가가치를 높여서 비싸게 파는 '차별화 전략(differentiation strategy)' 중 하나를 선택해야 한다.

비즈니스 모델에서는 고객가치에 대한 질문으로 충분하다. 다시 말해, 어떤 한 제품을, 그것을 사고 싶어하는 사람에게, 어떤 가격대로 팔 것인지가 가장 중요하다.

단순한 기능을 원하는 사람에게 싼 가격으로 팔 것인가, 아니면 최신 기능을 원하는 사람에게 비싼 가격으로 팔 것인가. 전략론에서는 양자택일의 결정을 강요한다. 하지만 이익을 염두에 두기만 해도 이야기가 달라진다. 싼 가격에 팔 때는 이익을 도외시해도 좋다는 말이다.

이를테면, 어떤 제품 A를 일단 적자로 판매하면서 얼마 지나지 않아 A에 연동해 사고 싶어지는 다른 제품 B가 발생하면 이때 매출이익을 충분히 포함시켜 판매함으로써 전체에서 이익을 얻는 구조를 만들어낸다. 이러한 발상이야말로 하이브리드 프레임이라고 할 수 있다.

지금까지는 제품마다 매출총이익을 설정하여 원가에 일률적인 비율을 올려 판매하는 방법이 주로 사용되어왔다. 전략론이나 회계, 특히 관리회계에서도 그러한 경향이 강했다. 하지만 요즘 채택되고 있는 과금 모델에서는 이러한 일률적인 매출이익 방식을 포기하고, 때로는 원가를 밑도는 가격으로 특정 제품을 판매하면서도 이익을 창출해내는 사고로 전환하게 되었다.

이에 따라 대규모 차원의 대량 생산으로 원가를 낮추지 않아도, 기업이 저가나 때로는 무료로 제품을 제공하는 방식이 생겨났다. 물론 그것만으로는 적자가 되고 말기 때문에 별도의 제품이나 지불 광고주를 찾아서 보충하는 방식을 취한다. 최근의 많은 스타트업은 이렇게 해서 거대한 대기업을 능가하는 실적을 거두고 패권을 장악하고 있다.

뮤제플래티넘이 파격적인 가격을 유지할 수 있는 이유도 이러한 방식에서 비롯된 것이며, 코스트코가 낮은 가격으로 제품을 판매할 수 있는 이유도 마찬가지다. 다른 수익원이 이익을 지탱해주고 있기 때문에 사용자에게 필요한 제품을 경쟁자보다 싸게 제공할 수 있다.

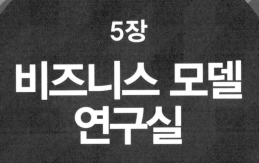

5장

비즈니스 모델 연구실

유니클로부터 라인까지

다시 모인 프로젝트 팀

가타세 교수를 만나고 온 스도는 이틀 뒤 프로젝트 팀원 다섯 명을 제2회의실로 모이게 했다.

"어땠어요 스도 씨? 모멘텀 건, 시제품까지 만들어 갔으니 분명 교수님이 놀라셨겠죠?"

마에다가 기대에 찬 목소리로 물었다.

"그게 말이죠, 여러분."

스도가 이야기를 시작하자 모두 빨려 들어가듯 귀를 기울였다.

"참패였어요."

"네?"

놀람과 한탄이 섞인 목소리가 터져나왔다.

"어떻게 된 건가?"

기요이 부장이 물었다.

"결론을 말씀드리자면, 가치 제안은 좋았어요. 참신하고 훌륭한 프로젝트라고 칭찬받았습니다."

스도의 말에 기요이 부장과 이와사의 얼굴에 안도의 표정이 배어나왔다.

"근데 뭐가 문제지?"

이시가미 부장이 대답을 재촉했다.

"생산 체제가 문제입니까? 원가의 실행 가능성이라든지."

다케코시가 중얼거렸다.

"아닙니다. 제가 비즈니스 모델에 대해 착각하고 있었어요."

"무슨 말이죠?"

이번에는 마에다가 물었다.

"비즈니스 모델은 단순한 상품기획이나 가치 제안이 아니었어요. 어떻게 확실하게 이익을 낼 것인가 하는 설계도가 나와야만 하는 거였어요."

"역시 원가 문제인가요?"

다케코시가 물었다.

"아니에요. 그보다도 우리가 이익 구조를 완전히 바꾸려고 했는지 아닌지가 문제라는 걸 알게 된 거죠."

"그러니까, 원가가 높더라도 가격을 높게 설정하라는 뜻인가?

그렇게 해서 판매하라는…….."

"기요이 부장님, 그렇지 않습니다. 그건 상품에만 해당하는 이야기예요. 제가 사장님에게 지시받은 내용도 다시 되새겨봤어요. 사장님은 이익 구조의 개혁이라고 말씀하셨어요."

모두 귀 기울여 듣고 있었다. 스도는 말을 이어나갔다.

"저는 제가 자신 있는 분야인 마케팅에서 날카로운 가치 제안이 없을까만 생각했던 겁니다. 하지만 이익에 대해서는, 단지 상품에 10퍼센트 정도 높은 수익을 더하기만 했어요. 물론 그렇게만 해도 매출총이익률은 올라갑니다. 하지만 회사 전체의 라인업 중 한 가지에 불과한 아이템이기 때문에 전체적으로는 이익이 미미하지요. 꼭 해야 할 일은 제품 단위가 아니라, 이를테면 신발 사업 전체를 단위로 해서 이익을 창출하는 것입니다. 이번 일을 계기로 신발 사업 전체로 확대해 회사의 이익 구조를 바꿀 정도의 프로젝트를 성공시켜야 하는 거죠."

모두 아무 말이 없었다.

"스도 씨, 그 사실을 깨닫게 되어 다행이네요. 세이토대학을 찾아간 보람이 있었어요."

마에다의 말이 고맙게도 침묵을 깨주었다.

"그렇습니다."

스도가 다부지게 말했다.

"그래서 지금부터는 하이브리드 프레임으로 연구해야겠어요. 그렇게만 된다면 비즈니스 모델의 개혁도 가능합니다."

모두 스도의 각오를 자신의 일로 받아들이고 있었다.

"앞으로 레오리아스의 미래를 책임지실 여러분! 닷새 후에 다시 모여주시겠습니까? 90분 시간을 주십시오. 그때 여러분과 함께 하이브리드 사고를 높여보려고 합니다. 어떠신지요?"

"물론이지. 모두 각자의 부문을 대표해서 온 거네. 비즈니스 모델을 바꾸어보자고. 자, 그러면 뭘 하면 될까?"

이시가미 부장이 가세했다. 스도도 웃으며 답했다.

"우선 그 책에 쓰인 하이브리드 프레임 부분을 꼼꼼히 읽고 와주십시오. 그리고 모두 함께 트레이닝을 해서 그 성과를 공유하도록 하죠. 그렇게 하면 이해 속도가 굉장히 빨라질 겁니다. 그리고 혼자 할 때와 달리 서로 확인도 할 수 있으니 효율적입니다."

모두 고개를 끄덕였다.

"그리고 여러분이 평상시에 실제로 접하는 제품이나 좋아하는 물건, 뭐든지 좋습니다. 특히 신기한 제품이나 서비스가 있으면 그중 한 가지를 골라서 하이브리드 프레임에 맞춰 정리해오시겠습니까?"

"그건 꽤 난이도가 높은걸. 하지만 알았네. 고작 질문 여섯 개잖아? 제대로 한번 해보지 뭐. 다들 어떤가?"

기요이 부장이 모두에게 동의를 구했다.

"그러면 5일 뒤, 다시 이곳 제2회의실에 모여주십시오. 그러고 보니 제2회의실, 어느새 연구실처럼 되어버렸네요. 이곳을 '비즈니스 모델 연구실'이라고 이름 붙일까요?"

유니클로의 제조형 소매업(SPA) 모델

닷새 후 '비즈니스 모델 연구실'에 모두 다시 모였다. 스도는 사람들을 격려하기 위해 전원의 탁자 위에 미리 준비해온 캔커피를 놓아두었다. 지금은 스도도 그 정도밖에 할 수 없지만 모두에게 충분히 마음이 전해졌다.

스도는 각자 조사해온 자료를 인원수대로 받아 모두에게 나눠줬다.

"다 받으셨죠? 그러면 순서대로 하시죠. 우선 나눠드린 자료 순서대로 진행하겠습니다. 다케코시 씨, 부탁드립니다."

"제가 유니클로라는 브랜드를 좋아하는 이유는 옷에 특별히 까다롭지 않기 때문입니다. 기능적으로는 쾌적하면 되고 모양은 딱히 신경 쓰지 않거든요. 게다가 저렴하기까지 하면 아주 그만이죠. 그렇다면 단연 유니클로입니다. 유니클로는 그런대로 좋은 제품을 저가에 판매한다는 이미지가 강하지만, 이들은 나름대로 착실하게 이익을 내고 있습니다.

대개 기업은 좋은 제품을 만들면 그만큼 원가에 반영되어 가격이 올라갑니다. 반면 제품을 저가로 출시하면 보통은 이익이 줄어들까 걱정을 하죠. 하지만 유니클로의 모기업인 패스트 리테일링(Fast Retailing)은 제대로 이익을 내고 있습니다. 그 수치를 우리 회사와 비교해보면 놀라울 정도예요.

우리 회사는 차별화 상품을 출시해왔는데, 지금까지의 상품으로는 대략 40퍼센트 정도의 매출총이익을 올리고 있습니다. 한편 그럭저럭 좋은 물건을 싸게 제공하는 유니클로는 매출총이익률이 50퍼센트입니다. 제대로 거둬들이고 있지요. 제조형 소매업, 즉 SPA(speciality store retailer of private label apparel)라는 방식을 택해 소매업을 하면서 제조회사도 겸하고 있기 때문에 이 수치가 실현될 수 있는 것입니다. 유니클로는 영업 이익률로 12퍼센트 정도를 반드시 얻고 있습니다.

다시 말해 저가에 판매하고 있지만 철저한 원가관리를 도모함으로써 이익을 창출하는 구조입니다. 이 방법을 가능하게 하는 토대는 스케일, 즉 규모입니다. 게다가 원재료까지도 가능한 한 자체 제작하려는 공급망이 이루어져 있지요.

이렇듯 유니클로의 가치 제안과 이익 구조는 특별히 이렇다 할 것이 없어 보이는데도 강렬하게 업계를 장악하고 있습니다. 비즈니스 모델 운운하기보다는 전략론의 왕도를 돌파하면 이런 결과를 낼 수 있다는 본보기를 보여주고 있지요. 꾸준히 앞을 보고 나아가면 결국 성공할 수 있다는 사실을 증명해주는 사례인 것 같습니다."

"다케코시 씨다운 주제 선택이었어요." 스도가 감상을 말하자 다케코시가 말을 이었다.

"하지만 우리가 이러한 방식을 추구하기에는 규모 면에서 턱없이 부족합니다."

"그렇습니다. 그런데도 모두 이런 방법을 추구하려고 하지요. 도요타 자동차도 분야는 다르지만 기본적으로는 유니클로와 매우 흡사한 방식을 채택하고 있습니다. 특히 이익 구조에 관해서는 거의 똑같아요." 스도가 말했다.

모두 말 없이 고개를 끄덕이고 있는 동안, 다케코시가 말을 덧붙였다.

"이는 장인정신으로 제조업계를 이끌어온 리딩 컴퍼니(leading company)가 성공을 거둔 좋은 사례입니다. 하지만 우리가 이 방식을 따라 한다면 손해를 볼 거예요. 시중에 나와 있는 비즈니스서를 보면 유니클로를 보고 배울 만하다고 쓰여 있지만 사실 이는 위험하기 짝이 없는 일입니다. 규모가 뒷받침되지 않는 회사가 저가 판매 정책을 쓴다면 매출이 일어난다 해도 이익이 없을뿐더러 자칫 적자까지 발생하는 상황만 벌어지거든요. 한때 레오리아스가 바로 이 상태였습니다. 또한 유니클로도 도요타도 처음부터 전 제품에서 큰 이익을 창출하지는 못했을 겁니다. 꾸준히 모델을 수정하면서 지금까지 성장해온 것이지요."

"다케코시 씨, 잘 알겠습니다. 규모를 조정하는 다케코시 씨는 이미 잘 알고 있었겠지만 분야가 다른 우리는 알 것 같으면서도 제대로 모르고 있던 관점이군요. 도움이 많이 되었습니다."

도표17. **유니클로의 비즈니스 모델**

이익		고객가치
모든 고객	**WHO**	저렴하고 품질이 좋은 평상복을 원하는 사람
모든 제품 (일률적인 이익)	**WHAT**	유행보다 품질을 중시한 의복
구입 시 (제품마다)	**HOW**	매우 저렴한 가격과 유명 연예인을 기용한 프로모션
좌뇌계		우뇌계

플라잉타이거 코펜하겐의 균일가 모델

자금부 마에다가 프레젠테이션을 시작했다.

"저는 최근 제가 빠져 있는 플라잉타이거 코펜하겐(FTC, Flying Tiger Copenhagen)에 관해 조사해왔습니다. 이 회사는 보통 수준보다 화려한 감각을 지향하는 북유럽풍 잡화를 균일가로 제공하고 있습니다. 일본에서는 우리 회사 근처의 아메리카무라 거리에 2호점이 생겨 화제가 되었지요. 현재는 도쿄의 쇼핑 명소 오모테산도에도 개점하여 고객 행렬이 이어지고 있습니다. FTC의 특징은 뭐니 뭐니 해도 다채로운 색상과 귀여운 디자인입니다. 특히 여성들이 좋아할 만한 매력적인 제품이 무척이나 많아요. 이러한 북유럽풍 디자인의 가치 제안은 이미 이케아(IKEA)에서도 본 적이 있습니다.

이 비즈니스 모델에서 주목할 만한 점은 과금 방법입니다. 100엔부터 2,000엔 정도까지 단계적이기는 하지만 가격대가 균일합니다. 덴마크 코펜하겐에서 개업할 때는 모든 제품의 가격이 균일하게 10크로네(Krone, 노르웨이와 덴마크의 화폐 단위. 10크로네=약 1,400원-옮긴이)로 출발했다고 해요. 제품마다 일정한 수익을 내는 방법이 아니라, 동일한 가격대에서 원가가 다른 제품을 제안합니다. 가격이 균일하니 고객은 알아보기 쉽지만, FTC 입장에서는 전부 이익이 다른 제품들인 거죠. 그 제품들을 조합하여 최종적으로 어떤 일정한 비율의 매출총이익률을 얻고자 하는 것입니다. 다시 말해, 이익이 남는 제품과 이익이 남지 않는 제품을 적절히 조합해 고객에게 제안하는 구조예요. 그중에는 당연히 특가상품도 있습니다.

단, 이때 특가상품은 고객을 매장 안으로 유도할 수 있을 만큼 임팩트가 강해야 합니다. 그와 동시에 이익이 남는 제품에도 관심을 갖게 하여 고객이 무의식중에 사고 싶어질 정도의 디자인 제안도 해야 하는 거죠. 어떻습니까?"

"이런 곳이 유행인가 보다 했더니만 비밀은 역시 균일한 가격에 있었군. 고전적이지만 훌륭해." 트렌드에 민감한 이시가미 부장이 입을 열었다.

"제안보다도 지불 방법에 비밀이 있는 느낌이네요." FTC 매장에 가본 적이 있다는 이와사가 말을 이었다.

"최근에는 술집에도 균일가격의 메뉴가 있던데, 전부 이익이 다르다니!"

기요이 부장도 자신이 가본 적 있는 균일가의 가게를 떠올렸다.

"그렇습니다. 중요 핵심은 그 원가에 있어요. 즉, 이익이 남지 않는 상품과 이익이 남는 상품을 조합한다는 방식인데요. 가령, 소고기덮밥 전문점이라면 소고기덮밥과 날달걀, 과연 어느 쪽이 더 이익이 높을까요? 그것과 마찬가지입니다. 우리 레오리아스로 말하면 줄곧 같은 이익률을 내는 상품만 제안해오지 않았습니까. 어패럴도 같은 이익률이고요. 우리는 어디서 이익률을 조절해왔나 생각해봤는데, 전혀 없다는 걸 깨달았어요."

마에다는 자신만만하게 말했다.

"그렇군. 그러한 방법도 필요하겠는걸. 지금까지는 그런 설정을 해본 적이 없어. 처음엔 특가상품에 끌려 고객이 되지만, 그 후 이 브랜드를 좋아하게 되어 결국은 이익이 높은 상품도 사게 된단 뜻이로군."

스도는 여러 가지 생각을 하게 되었다.

도표18. **플라잉타이거 코펜하겐의 비즈니스 모델**

이익		고객가치
모든 고객	WHO	최고는 아니지만 보통 수준보다는 화려함을 지향하는 사람
이익 혼합 (이익이 남는 제품과 이익이 남지 않는 제품이 혼재)	WHAT	기능보다 디자인을 중시한 필요충분한 제품
구입 시 (무의식중에 동시 구입)	HOW	균일한 저가와 트렌드에 맞춰 꾸며 놓은 점포

좌뇌계   우뇌계

잉크젯 프린터의 면도날 모델

이번에는 마케팅부 이시가미의 프레젠테이션이다.

"나는 집에서 사용하고 있는 잉크젯 프린터를 보고 왔지. 이것은 꽤 알려진 사례지만 다시 하이브리드 프레임으로 정리하니 깔끔하다고 할까, 이미 많은 글에서 읽은 내용인데도 표로 나타내니 한눈에 볼 수 있어 더 쉽게 이해가 가더군.

가치 제안은 '연하장이나 축하카드를 만들고 싶은 사람에게 집에서 손쉽게 작동할 수 있는 컬러 프린터를 아주 저렴한 가격에 제공한다'는 것이야. 프린터는 적자인 경우도 많다고 하네. 적자를 보더라도 판매가를 낮추는 거지. 그 대신 어디서 적자를 메울까? 모두 이미 알고 있겠지만 잉크로 돈을 버는 거라네. 게다가 소비자가 사용하면 할수록 회사에는 이익이 많이 남는 구조지.

그래서 프린터 광고는 직접 인쇄하고 있는 모습만 줄기차게 내보낼 정도라니까. 이 구조를 하이브리드 프레임으로 만들어보고 나서야 생각난 것이 있어. 이익을 낼 수 있는 제품을 지금은 팔지 못해도 나중에 팔 수 있다는 점이야. 아까 마에다가 발표한 플라잉 타이거 코펜하겐이나 화제가 되고 있는 소고기덮밥 전문점은 상품을 판매하는 시점에서 이익을 낼 수 있기 때문에 어떤 의미로는 계산대에서 바로 어느 정도의 이익금을 회수할 수 있네.

하지만 프린터의 경우는 소비해야만 비로소 이익이 생겨. 사용하는 동안에 이익이 발생하는 제품이 판매되는 구조지. 이익을 조합하면서 시간차를 두는 테크닉이 반영된, 아주 재미있는 과금 방법이라는 걸 깨달았네."

"프린터는 이제는 정말 비즈니스 상식이라고도 할 만한 소재인데, 이렇게 다시 보니 신선하네요. 게다가 균일가 모델 같은 혼합이윤에 시간 축 개념을 접목시켰다니 대단해요."

자금부의 마에다다운 반응이다.

"그렇군요. 시간차를 두고 이익을 취하면 돈을 받는 폭이 넓어지는군요."

도표19. **잉크젯 프린터의 비즈니스 모델**

이익		고객가치
모든 고객	**WHO**	연하장이나 축하카드를 만들고 싶다
잉크로 이익을 내고 본체에서는 이익을 내지 못한다 (혹은 적자)	**WHAT**	집에서 손쉽게 사용할 수 있는 컬러 인쇄
사용 시 (시간차 : 나중에)	**HOW**	고성능인데도 본체가 상당히 저렴하다
좌뇌계		우뇌계

스도도 수긍했다.

"어디선가 읽은 적이 있는데, 이거 말야, '면도날 모델'이라는 거 아니었어?" 그렇게 물어본 스도에게 마에다가 대답한다.

"맞아, 맞아요. 질레트사가 시작한, 바로 그거예요. 도산 전에 자포자기하는 심정으로 면도기를 무료로 나눠줬더니 나중에 교체할 면도날을 구하려는 사람들이 줄을 이루었다는 그 얘기 말이에요."

네스카페 바리스타의 면도날 모델

개발부 이와사의 프레젠테이션이 시작됐다.

"저는 지금 사무실에도 있고 집에도 있는 네스카페 바리스타에 뭔가 비밀이 숨어 있을 것 같아 조사해봤습니다. 우선 집에서 커피를 마시려면 어떻게 하나요? 많은 사람이 커피머신을 사용하겠지요. 가루 모양의 커피를 필터에 넣고 커피머신에 물을 붓고서 커피를 내립니다. 대부분의 가전 제조사도 커피머신을 만들고 있으며 그 비즈니스 모델은 다른 가전제품과 같이 제품 판매로 돈을 버는 방식을 취합니다.

다시 말해, 어떻게 고객의 목소리를 반영하여 좋은 제품을 제공할지를 연구하여 제품을 만듭니다. 고객이 중시하는 핵심 사항에 비용을 들이고 원가에 일정한 이익을 붙여 가격을 설정하는 방식이지요.

이보다도 더욱 편리성을 추구한 것은 인스턴트 커피입니다. 인스턴트 커피는 사람들이 좋아하는 커피를 손쉽게 마실 수 있도록 실현해준 상품이에요. 커피머신이나 필터, 심지어는 원두커피도 필요 없고 순서도 필요 없습니다. 그렇게 간편한 생활을 실현하기 위해서 인스턴트 커피가 탄생된 거죠.

네슬레 닛폰(Nestle Japan Ltd.)이 발매하는 네스카페 바리스타는 인스턴트 커피를 유행시킨 일본의 독자적인 커피머신입니다. 최근 카페 붐을 타고 네슬레 닛폰 골드브랜드의 소비 확대를 위해 제안한 상품이라고 합니다. 카페에서 마시는 커피만큼 고급스러울 필요는 없다고 판단한 고객을 위해 인스턴트 커피로 '카페에 가까운 맛을 낼 수 있다'는 필요충분한 가치를 세상에 내보내 크게 인기를 끌었죠.

마케팅 조사를 바탕으로 소비자가 구입하기에 부담스럽지 않도록 본체 가격을 9,000엔 정도로 설정했습니다. 5,000엔 정도면 살 수 있는 일반적인 커피머신과 비교하면 다소 비싼 감은 있지만 그 제품들과는 절대 경쟁하고 싶지 않은 거예요. 그래서 5만~10만 엔 정도 가격대인 카푸치노 머신의 대체제로 자리를 잡았습니다. 그만큼 바리스타는 파격적인 인상을 심어주었죠.

본체 가격은 거의 원가나 다름없기 때문에 당연히 본체 판매만으로는 충분한 이익을 낼 수 없습니다. 이 비즈니스 모델은 바리스타 본체로는 이익을 낼 수 없고 인스턴트 커피를 소비하게 함으로써 시간차를 두고 이익을 내고 있다는 점에서 매우 흥미롭습니다.

게다가 바리스타 안에 새로 채워 넣어야 하는 인스턴트 커피팩은 바리스타 전용입니다. 아까 이시가미 부장님이 발표하신 '프린터와 잉크' 또는 '면도기와 면도날'과 같이, 본체를 팔고 나면 그 다음에 소모품이 이익을 내는 설치형 이익 패턴을 채택하고 있는 것입니다. 그러니 이익 측면에서 보면 바리스타는 단순히 제품이 아니라 인스턴트 커피의 소비를 유도하는 프로젝트라는 것을 알 수 있습니다. 이 제품의 주요 목적은 인스턴트 커피의 새로운 소비 방법을 네슬레 닛폰이 직접 지휘하여 그 이름 그대로 커피전문가인 바리스타와 비슷한 수준의 카페 체험을 고객에게 선사하는 것이지요.

그래서 누구와 컬래버레이션 하느냐가 관건이 됩니다. 획기적인 제품이라는 점을 생각하면 당연히 성능을 팔아야 하므로 가전제품 판매점과 제휴를 맺어야 할 것 같지 않습니까? 하지만 처음부터 컬래버레이션 대상에서 가전제품 판매점을 과감히 제외시켰습니다.

바리스타는 어디까지나 인스턴트 커피를 적절하게 사용할 수 있는 도구라는 취지에서 시작했어요. 최종적인 이익의 원천도 커피 그 자체니까요. 그래서 대형 슈퍼마켓과 컬래버레이션 하는 것이 합리적이라고 생각한 겁니다. 애초에 뛰어난 성능이 아니라 인스턴트 커피의 적절한 사용법을 제안하는 기기라는 데 초점을 맞췄기 때문에, 바리스타를 직접 작동해 보여주고 시음까지 할 수 있는 공간이 필요했어요.

대형 슈퍼마켓의 식료품 코너야말로 고객이 제품의 가치를 가장 잘 느낄 수 있는 최적의 장소입니다. 단순히 좋은 제품을 만들어 판다는 기획이 아니라 고객의 입장이 되어 어떻게 하면 인스턴트 커피를 기분 좋게 소비할 수 있을지를 진지하게 연구했다는 사실을 알 수 있습니다."

"대단하네. 다른 상품들보다 흥미로운걸. 게다가 커피를 만드는 회사가 커피머신을 생산해냈다니 역발상이 재미있네. 이와사는 늘 이 커피를 마시고 있지?" 기요이 부장이 말하자 이와사가 자랑스러운 듯이 고개를 끄덕였다.

"앞으로는 여러 가지를 연구할 수 있겠네요." 마에다가 스도를 보면서 말했다.

"그렇지. 뭔가 다양한 비즈니스 모델의 결정체 같은 느낌인걸."
스도는 생각에 잠겼다.

도표20. 일반적인 커피머신의 비즈니스 모델

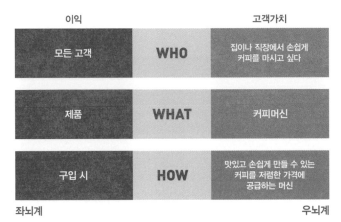

이익		고객가치
모든 고객	WHO	집이나 직장에서 손쉽게 커피를 마시고 싶다
제품	WHAT	커피머신
구입 시	HOW	맛있고 손쉽게 만들 수 있는 커피를 저렴한 가격에 공급하는 머신
좌뇌계		우뇌계

도표21. 인스턴트 커피의 비즈니스 모델

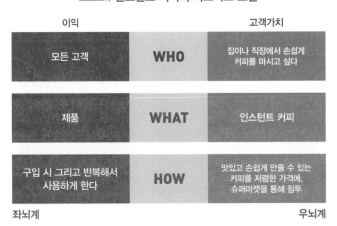

이익		고객가치
모든 고객	WHO	집이나 직장에서 손쉽게 커피를 마시고 싶다
제품	WHAT	인스턴트 커피
구입 시 그리고 반복해서 사용하게 한다	HOW	맛있고 손쉽게 만들 수 있는 커피를 저렴한 가격에, 슈퍼마켓을 통해 침투
좌뇌계		우뇌계

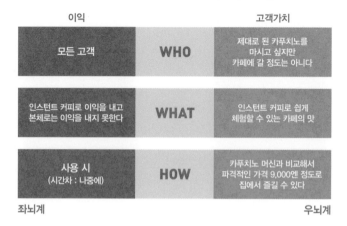

도표22. 네스카페 바리스타의 비즈니스 모델

이익		고객가치
모든 고객	**WHO**	제대로 된 카푸치노를 마시고 싶지만 카페에 갈 정도는 아니다
인스턴트 커피로 이익을 내고 본체로는 이익을 내지 못한다	**WHAT**	인스턴트 커피로 쉽게 체험할 수 있는 카페의 맛
사용 시 (시간차 : 나중에)	**HOW**	카푸치노 머신과 비교해서 파격적인 가격 9,000엔 정도로 집에서 즐길 수 있다

좌뇌계   우뇌계

구글의 삼자 간 시장 모델

"나는 누가 뭐라 해도 구글(Google)이네. 그도 그럴 것이 지금은 모르는 것투성이거든. 나이가 들면 정말 단어 하나도 따라가기가 힘들더라고. 그래서 매일 이걸로 뭔가를 찾아보고 있어. 나는 이 렇게 구글의 빅팬이지만 구글에 단돈 1엔도 내지 않아. 그런데도 무료로 얼마든지 검색을 할 수 있어. 게다가 중국지사와 함께 개발 업무를 할 때는 구글이 무료로 제공하는 구글닥스(Google Docs)로 문서를 작성해서 공유하고 있네. 출장을 가서는 구글맵(Google Map)을 사용하고, 집을 살 때도 구글어스(Google Earth)로 매물의

위치를 찾아보고 있지. 이 모든 것이 완전 무료야. 그렇다면 우리가 사용하는 서비스료는 대체 누가 부담하는 걸까?

감이 좋은 사람이라면 모두 알고 있겠지만, 다시 한 번 누가 어떤 방법으로 우리 사용자들의 무료 사용 부분을 받쳐주고 있는지를 확인해봤어. 아주 간단하네. 광고주야. 우리 사용자가 무료로 다양한 앱을 사용할 수 있는 건 모두 광고주 덕이더라고.

그 증거를 이야기해보겠네. 조사해보니 구글은 어느 대학원생이 박사과정 때 만들었는데, 이걸로 수익을 얻으려고 하지 않았던 모양이야. 하지만 사용자가 늘어나면 유지 관리도 필요해지지. 그래서 대체 누가 돈을 지불해주는 건지 생각해보았어. 그런 이해관계가 맞아떨어지는 사람이 바로 광고주였던 거야.

무료니까 일반 사용자들이 모두 사용할 수 있고 사용자가 점점 모이게 되지. 그러면 주목도나 노출 빈도가 높아져서 검색에 관련된 광고를 낼 경우 보는 사람도 자신이 원하는 광고를 쉽게 찾을 수 있는 거야. 그래서 광고주는 효과 높은 광고를 내보낼 수 있는 거지. 그걸로 텔레비전과 같은 효과를 구축하려 하다니 대단하지 않은가. 지금까지는 사용자가 어느 단계에서 돈을 지불하는 것이 비즈니스였지만, 구글의 경우엔 사용자에게 드는 비용을 사용자 이외의 누군가가 부담하게 되네. 꿈처럼 덧없을지도 모르지만 우리 비즈니스에도 이러한 구조를 도입할 수 있다면 재미있을 거라는 생각이 들었어."

"기요이 부장님, 이제 완전히 하이브리드 사고로 바뀌셨네요." 스도가 놀렸다.

"맞아. 벌써 사용자 이외의 과금이라든지, 이런 재미있는 걸 찾아오고 말이지." 이시가미 부장이 맞장구를 쳤다.

"사용자 외에 다른 사람에게 과금하는 방법을 삼자 간 시장이라고 하는데, 인터넷에서는 광고수입을 끌어들이는 것이 상당히 일반적이에요. 하지만 그 외의 사업자에게는 거의 보급되어 있지 않아요." 마에다가 설명했다.

"잠깐! 이것 말이야." 스도는 이전에 가타세 교수의 세미나에 참

도표23. **구글의 비즈니스 모델**

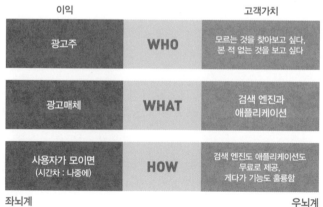

가했을 때의 자료를 보여주었다.

"이 학생, 후지모토의 자료 좀 봐봐. 마에다, 뮤제플래티넘이라고 알아?"

"그럼요. 저도 여자인 걸요."

"여기 말이야. 뭔가 이런 걸 하려 하고 있어. 우리의 주제도 그것과 같을지 모르겠어."

"스도 씨, 뭐예요? 스스로 목표 수준을 높이고 있는 건가요?" 마에다가 말했다.

"실은 저 두 가지 사례를 준비해왔습니다. 그럼 순서대로 발표해볼게요."

드롭박스의 프리미엄(freemium) 모델

영업부 스도가 프레젠테이션을 시작했다.

"저는 회사와 집에서 각각 다른 컴퓨터를 사용하고 있습니다. 제 컴퓨터로 여러 대를 사용하다 보니 데이터를 취급하기가 영 힘들더군요. 그래서 지금까지는 이동형 저장장치인 USB를 사용해서 작업을 했는데, 이게 큰 문제를 일으켰습니다. 실은 파일을 복사하지 않고 직접 USB에 접속해서 업데이트했더니 USB가 다 망

가졌지 뭡니까.

다른 사람에게도 이런 일이 자주 일어난다고 합니다. 컴퓨터를 잘 아는 친구에게 물었더니 절대 해서는 안 될 일이라고 하더군요. 그 안에 저장되어 있던 파일을 복구하지 못했고, 결국 눈물을 머금고 포기할 수밖에 없었어요. 그러고는 드롭박스(Dropbox)로 바꾸었습니다.

자료를 저장하는 애플리케이션인데요, 한번 설치하고 로그인해 두면 어디서 수정 작업을 하든 모든 컴퓨터에서도 그 폴더 안의 자료가 같은 상태로 보관됩니다.

그러니까 가치 제안은 USB와 같지만 작업을 컴퓨팅 서비스 사업자인 클라우드에서 해준다는 점이 다릅니다. 무엇보다 무료로 사용할 수 있다는 점이 상당히 매력적이지요. 사지 않아도 된다는 뜻이에요. 다만 2기가바이트(GB)까지만 가능합니다. 그래도 쓸 만하지요. 저도 2년 정도는 무료로 사용했어요. 그런데 이런저런 사진이나 동영상까지 저장했더니 결국 2GB로는 많이 부족하더군요. 그래서 드롭박스에서는 유료로 확장할 수 있는 옵션을 제공합니다.

99달러를 지불하고 연간 1테라바이트(TB, 1GB의 약 1,000배 용량)까지 사용할 수 있는 서비스입니다. 얼마 전에 저도 구입하고야 말았어요. 하지만 매년 사용료를 내야 하기 때문에 의외로 부담이 됩니다만 원치 않으면 도중에 중단할 수도 있어요.

이 과금 방법을 조사해 봤더니 '프리미엄(freemium)'이라고 부르더군요. 무료(free)로 이용하는 사용자가 대부분인데 사용하다 보면 용량이 부족해져 같은 서비스를 확장하는 데 대금(premium)을 지불하는 모델입니다. 두 가지 용어를 합해서 프리미엄(freemium)이라고 합니다.

또한 이 프리미엄(freemium)과 조금 전에 설명한 삼자 간 시장을 접목시킨 모델을 발견했어요. 우리가 모두 사용하고 있는 어떤 애플리케이션에서 볼 수 있습니다. 이것을 찾아냈을 때는 흥분해서 몸이 다 떨리더군요."

도표24. **드롭박스의 비즈니스 모델**

이익	WHO	고객가치
모든 고객		어떤 컴퓨터로든 같은 작업을 수행하고 싶다
업그레이드로 이익을 내고 애플리케이션으로는 이익을 내지 못한다	WHAT	업데이트된 파일과 작업 환경
사용 시 (시간차 : 나중에)	HOW	무료 사용, 동기화, USB메모리는 필요 없음

좌뇌계   우뇌계

라인의 프리미엄 + 삼자 간 시장 모델

"그것이 바로 라인입니다. 뭐니 뭐니 해도 지금 날아가는 새도 떨어뜨릴 기세로 인기몰이를 하는 라인을 하이브리드 프레임으로 표현해보았습니다. 여러분 모두가 잘 알고 계시는 메신저 앱이지요. 이 앱이 나오기 전에는 휴대전화로 문자를 주고받았지만 라인이 출시되어 유행하고부터는 이제 대부분 이 앱밖에 사용하지 않습니다.

저는 여자 친구와 일하는 시간대가 달라서 자주 만날 수 없기 때문에 라인을 많이 이용하고 있어요. 만약 이 앱이 없었다면 벌써 헤어졌을지도 몰라요. 단지 이게 무서운 것은 최근 범죄나 집단 따돌림에 이용되고 있어 약간의 부작용이 드러나고 있다는 점입니다. 하지만 이런 일까지 뉴스로 다뤄진다는 건 이미 라인이 전화를 대체할 정도로 생활하는 데 없어서는 안 될 인프라로 자리매김했다는 사실을 의미합니다.

그런데 한 가지 이상한 점이 있습니다. 왜 그 많은 사람이, 심지어는 중학생까지도 모두 이 라인을 사용하는 걸까요? 바로 무료이기 때문입니다. 전화를 대체할 만한 인프라인데도 사람들은 이 라인을 무료로 사용하고 있습니다. 저 역시 돈을 조금도 내지 않습니다. 그렇다면 대체 어떻게 이익을 창출하는 것일까요? 답은 의외로 간단합니다.

우선 이모티콘입니다. 이는 재미있는 캐릭터로 의사소통을 하는 수단인데요. 기호와 문자로 나타내는 이모티콘에서 시작되어 그림 이모티콘을 거쳐 최근에는 움직이는 이모티콘까지 등장했습니다. 기본적으로 몇 가지 종류를 무료로 사용할 수 있지만 더욱 재미있고 독창적인 표현을 하고 싶어서 유료로 구입하기도 합니다. 특히 여성들이 많이 산다고 합니다.

그 다음으로는 게임이 있습니다. 라인은 커뮤니케이션 수단일 뿐만 아니라 게임도 할 수 있는데요, 게임이 진행됨에 따라 수익을 취하는, 이른바 '프리미엄(freemium)' 타입입니다. 결국 이렇게 게임에서도 과금을 할 수 있지요.

마지막으로 공식 계정이나 광고주 이모티콘(sponsored stamp)으로 벌어들이는 수익이 있습니다. 다시 말해, 사업자가 라인을 통해 자사를 홍보하거나 제품을 판촉하고자 할 때 라인 측에 이용료를 지급합니다. 혹은 제조회사가 캠페인으로 브랜드 로고나 캐릭터로 움직이는 이모티콘을 만들어 제품을 판촉하는 경우 라인이 광고 수익을 얻는 것이지요. 이런 수익원들을 모아 정리한 도표가 바로 이 하이브리드 프레임입니다. 이렇게 해서 저 같이 무료로 사용하는 사람을 다른 사용자가 받쳐주는 구조가 이루어집니다."

"스도 씨, 정말 대단해요. 놀라운 걸요." 마에다가 감탄했다. 스도의 발표를 들으면서 아이패드로 구글에서 무언가를 찾아보던 마에다가 스도의 말이 끝나자 보충 설명을 곁들였다.

"조금 더 설명하자면, 2013년 2분기에 라인의 매출은 약 100억 엔이었습니다. 그중에서 게임 과금이 약 53퍼센트, 그리고 이모티콘이 약 27퍼센트를 차지했으며 나머지가 공식 계정 및 광고주 이모티콘이라고 합니다."

"보충 설명 고마워. 역시나 마에다는 좌뇌형 인간이야. 아! 이건 칭찬이야." 스도가 웃으며 말했다.

"그렇군. 나도 최근에 우리집 꼬마가 스마트폰만 만지고 있길래 뭘 하나 했더니만 이거였군. 항상 친구와 연락하면서 말이지." 기

도표25. **라인의 비즈니스 모델**

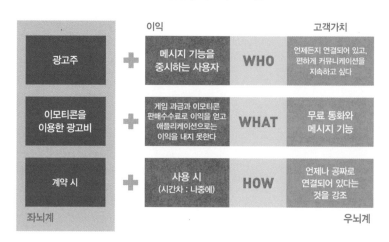

요이 부장이 난감하다는 표정을 지었다.

"그 정도는 이미 당연한 서비스예요. 이렇게 질 높은 서비스를 무료로 개방했다는 사실이 무엇보다도 대단한 거죠. 그 다음은 과금이 두 종류의 지불 주체에 의해 이루어진다는 사실도 상당히 흥미롭고요."

"맞는 말이네. 들어보니 과연 참고할 만한 내용인걸." 이시가미 부장이 말했다.

이익을 바라보는 시야가 트이다

"여러분! 오늘도 고생 많으셨습니다. 일단 신발을 떠나서, 주변의 다양한 비즈니스 모델을 조사하는 훈련을 해보면 상품 판매 외에도 새로운 아이디어가 떠오르지 않을까 싶었어요."

"그렇습니다. 솔직히 저도 이런 건 처음인데요, 무척 흥미로웠습니다."

감상을 얘기한 사람은 다케코시였다. 지금까지는 회사 일이니까 어쩔 수 없이 참가하는 것처럼 보였기에 이렇게 호의적인 발언에 모두 의외라는 표정을 지었다.

"저는 지금까지 다른 부서 분과 일을 함께해본 적이 거의 없었던 데다, 또한 있었다고 하더라도 제가 하는 일 외에는 잘 인정하지 않는 면이 있었습니다. 하지만 오늘 그 인식이 완전히 바뀌었습니다. 스도 씨, 그리고 여러분, 정말 감사합니다."

그리고 계속 말을 이어나갔다.

"왜냐면, 생산관리의 입장에서 볼 때 역시 유니클로의 SPA 모델이나 도요타의 저스트인타임(just in time) 생산방식이 최강이라고 생각하고 있었기 때문입니다. 하지만 그것은 생산체제에 국한된 관점이었어요. 비즈니스 모델은 고객 만족을 전제로 하되 회사도 제대로 이익을 얻어야 한다는 것, 또는 제품이 적자를 볼지라도 다른 어디선가 이익을 창출해야 한다는 것을 가르쳐주었습니다. 여태껏 눈앞에 있는 제품에서만 이익이 생기는 거라고 생각하던 저로서는 시야가 확 트였습니다."

다케코시의 말에는 진심이 들어 있었다. 모두의 마음을 하나로 엮어준 순간이었다.

"저도 이제껏 재무 담당으로서 데이터만 봐왔습니다만, 우뇌를 사용해서 고객을 만족시키는 일이 어떤 것인지 이번에 처음으로 알게 되었어요. 스도 씨를 비롯한 여러분이 이런 일을 해오셨구나 하고 말이죠. 저는 자금을 변통하거나 1년간의 수치를 조정하는 일을 맡고 있기 때문에 제 일이 이런 식으로 제품과 연결되어 있다는 사실을 깨달으니 가슴이 두근두근할 정도예요."

마에다의 소감도 다시금 모두의 마음속으로 파고들었다.

"그러면 여러분. 우리는 이러한 발상으로 이익 구조를 바꿀 수 있는 상품을 만들어야 합니다. 극단적으로 말해서 설령 제품에서는 적자를 보더라도 그 이외에 고객과의 접점을 통해서나, 혹은 제삼자가 수익을 가져다주는 모멘텀 프로젝트를 진행해야 하는 것입니다. 아무쪼록 지혜를 빌려주십시오. 그래서 모두 깜짝 놀랄 정도로 이익 구조를 바꿀 수 있는 모델을 창출하고 싶습니다. 잘 부탁드리겠습니다."

뜨거운 박수 속에 그날의 회의가 끝났다.

그때였다. 문이 확 열리더니 자금부의 오야마(大山) 부장이 회의실로 들어왔다.

"스도 씨, 그리고 마에다 씨. 잠깐 와보게나. 할 얘기가 있네."

이익
모델의
변화

　프로젝트 팀원들이 발표한 사례에는 무척 흥미로운 내용이 많았다. 특히 이익을 내는 독특한 방법을 조사한 사례가 많았다. 이익을 창출하는 방법으로 유명한 책이 에이드리언 슬라이워츠키(Adrian Slywotzky)의 『프로핏 레슨』과 크리스 앤더슨(Chris Anderson)의 『프리』다.

　이 책에 나온 '면도날 모델'은 『프로핏 레슨』에서는 '설치기반 이익 모델'이란 이름으로, 『프리』에서는 '직접 교차 보조금'이란 이름으로 소개되었다.

　또한 대개는 무료로 제공하고 나중에 많은 용량을 사용하는 유료회원에게 과금하는 '프리미엄(freemium)'도 무료 서비스의 일종으로 소개된 과금 방법이다. 보통 95퍼센트의 무료회원을 5퍼센트의 유료회원이 받쳐주고 있다.

온라인 게임은 대부분 프리미엄(freemium) 형태를 취한다. 이러한 과금 방법은 세세한 변화를 일일이 열거하면 현상적으로 다양하다는 사실을 확인할 수 있다.

이 장에서는 모두들 이익에 관해 많은 것을 알게 되었다. 다양한 이익 구조를 체계적으로 확인하는 방법을 이익 인덱스라고 한다. 내용은 간단하다. 이익 측의 Who-What-How에, 각각 변화를 주면 된다. 그렇게 하면 세상에 존재하는 모든 과금 방법은 아래의 여덟 가지 논리로 집약된다.

도표26을 살펴보자. 여러분 회사의 이익 논리는 이 중 어디에 해당하는가? 또는 어떤 이익 구조를 목표로 하는가? 바로 답할 수 있는가?

결론부터 말하자면, 경영학은 원래부터 실제 업계에서의 이익 창출 사고법도, 연구모임에서 다케코시가 유니클로의 사례를 들어 발표했듯이 대부분 논리 A만을 상정하고 있다는 것을 알 수 있다. 여러분의 회사는 그렇지 않은가?

이익 인덱스는 새로운 이익 창출 방법을 만들어내는 데 유익한 사고법이다. 경쟁 기업과는 다른 이익 구조를 창출하거나, 또는 지금까지의 이익 구조를 변혁하려고 할 경우 매우 유효한 프레임을 제시해준다.

가령 어떤 업계에서는 대부분의 다른 기업들이 논리 A를 채택

도표26. **여덟 가지 이익 논리**

	누구에게 (Who)	무엇을 (What)	어떻게 (How)
논리 A	전원에게서 이익을 얻는다	전 상품에서 이익을 얻는다	동시에 이익을 얻는다
논리 B	전원에게서 이익을 얻는다	전 상품에서 이익을 얻는다	시간차로 이익을 얻는다
논리 C	전원에게서 이익을 얻는다	이익을 얻는 상품과 이익을 얻지 못하는 상품	동시에 이익을 얻는다
논리 D	전원에게서 이익을 얻는다	이익을 얻는 상품과 이익을 얻지 못하는 상품	시간차로 이익을 얻는다
논리 E	이익을 얻는 상대와 이익을 얻지 못하는 상대	전 상품에서 이익을 얻는다	동시에 이익을 얻는다
논리 F	이익을 얻는 상대와 이익을 얻지 못하는 상대	전 상품에서 이익을 얻는다	시간차로 이익을 얻는다
논리 G	이익을 얻는 상대와 이익을 얻지 못하는 상대	이익을 얻는 상품과 이익을 얻지 못하는 상품	동시에 이익을 얻는다
논리 H	이익을 얻는 상대와 이익을 얻지 못하는 상대	이익을 얻는 상품과 이익을 얻지 못하는 상품	시간차로 이익을 얻는다

하고 있기 때문에 당사는 논리 D에서의 이익 창출을 목표로 한다는 방침을 세울 수 있다.

그리고 그때는 어쩔 수 없이 고객가치 제안도 수정하게 된다. 결국 이러한 수정이 여러 차례 반복되는 동안 새로운 비즈니스 모델이 생겨난다. 이는 틀림없는 비즈니스 모델 혁신의 묘미라고 할 수 있다.

어쨌건 이익 창출의 의사 결정에 있어 중요한 점은 '혁신적인 이익 창출 구조를 일정한 법칙 아래서 어떻게 만들어갈 것인가'이다. 고객 가치에 적합한 이익 창출 구조를 추구함으로써 더욱 더 독창적인 모양새를 갖추어나갈 수 있는 것이다.

6장
플랜 B

역경 속에서 빛을 발하는
기사회생의 비책

광고 선전비를 쓸 수 없다

자금부의 오야마 부장에게 불려간 스도와 마에다는 그대로 사장실로 안내되었다. 무로후시 사장은 소파에 앉아 있었다. 세 사람은 그 앞에 앉았다.

"사실은 말이야." 오야마 부장이 입을 열었다.

"두 달 전쯤에 은행에 신규 사업을 위한 추가 융자를 부탁해두었는데 오늘 정식으로 회신이 왔어. 더 이상 추가 융자를 해줄 수 없다고 하네."

스도와 마에다는 얼굴을 마주 보았다.

"그래서⋯⋯." 이어지는 오야마 부장의 말허리를 자르고 무로후시 사장이 말을 꺼냈다.

"얼마 전에 말한 비즈니스 모델의 개혁안 말인데, 신제품을 출시하면서 큰 매출을 일으키려고 구상하고 있는지 모르겠네만, 광고 선전비는 회사에서 지원하지 않을 걸세."

"네?" 순간 스도의 표정이 바뀌었다.

'새로운 제품을 시장에 투입하는데 광고 선전비가 없다고? 설마! 있을 수 없는 일이야!'

"스도, 미안하네. 이미 우리 회사에는 현금이 없어. 더 이상 지출하다가는 이익은 고사하고 자본금마저 모두 날리게 될 걸세. 경영자로서는 리스크를 안고서라도 한번 해보고 싶어. 하지만 만일 광고 선전비를 투입했다가 일이 잘못되기라도 하면 그때는 우리 회사의 존속 자체가 위험해. 아니, 사실상 파산하고 말겠지."

"그럼 어떻게……."

"현재 진행하고 있는 프로젝트지만, 가능하면 변동비 이외의 추가 비용이나 투자 없이 잘 해주길 바라네. 특히 광고 선전비는 한 푼도 책정해줄 수 없어."

'그건 말도 안 됩니다!' 하고 금방이라도 외칠 것 같은 스도의 귀에 대고 마에다가 얼른 작은 목소리로 속삭였다.

"진정해요."

"사장님, 대답은 하나밖에 없는 거네요. '알겠습니다'라고 말할 수밖에요."

"미안하네……."

"네, 그럼 알겠습니다." 스도는 밝게 웃으며 말을 계속했다.

"괜찮습니다. 우리 프로젝트 팀, 최강이거든요. 레오리아스를 누구보다 사랑하는 전문가들이 모였습니다. 그러니 반드시 해내겠어요!"

그렇게 말하고는 마에다의 손을 이끌고 사장실을 나왔다. 엘리베이터로 향하는 통로를 걸어가며 스도가 입을 열었다.

"이거 참 당황스럽군. 사운을 건 비즈니스 모델의 변혁, 하지만 비용을 투자할 수 없다니. 그런 게 가당키나 해?"

"회사가 그만큼 위태롭다고 하니, 그 프로젝트 오기로라도 어떻게든 해야겠죠?"

"아니 그걸로 부족해. 그 프로젝트로 반드시 회사를 살려야지."

스도는 깨달았다. 이게 바로 비즈니스 모델을 생각한다는 의미인가!

온몸이 떨리는 듯한 긴장감이 스도를 훑고 지나갔다.

기존의 자산을 최대한 활용한다

"기요이 부장님, 실은 보고드릴 일이 있습니다."

스도는 그렇게 말하고 연구개발비가 지원되지 않는다는 사실을 전했다.

"뭐야, 그런 거였어?"

기요이는 어안이 벙벙했다.

"있잖아, 스도. 레오리아스에는 지금까지 몇 번이나 이런 위기가 있었다네. 자네가 들어오기 전의 일이지. 그래도 말이야, 우리는 끄떡없이 연구개발을 계속해왔어. 자금이 없어도 어떻게든 머리를 짜내 버텨왔지. 자랑은 아니지만 이런 일쯤은 아주 익숙해져 있다네."

"하지만 모멘텀은 새로 개발할 밑창이 판매의 핵심이라 개발비 없이는 사실상 불가능합니다."

"걱정 말게나! 이럴 때를 대비해서 사실은 일종의 플랜 B를 확실히 마련해두었네."

"플랜 B요?"

"응. 이번 건은 기본적으로 이와사에게 맡기려고 생각하고 있었지. 그 친구에게 혼자 일을 주도하게 할 좋은 기회이기도 해서 말이야. 우수한 친구거든. 처음부터 아이디어를 내서 여러 가지를 시도해보더군. 나는 그 친구의 보조바퀴 같은 존재지. 그래서 그 친구가 넘어져도 문제없도록, 회사나 스도에게 폐를 끼치지 않게끔 나는 나대로 대비하고 있었다네."

"기요시 부장님……."

"밑창을 신규로 개발할 수 없게 된다면 오히려 내 계획이 빛을 발하지. 내가 옛 시절을 그리워하는 마음으로 따로 몰래 마련해 둔 게 있네. 바로 이 밑창이야. 봐주게나. 이건 '점프 어라운드' 때의 화석이야."

기요이 부장은 예전에 개발을 담당했던 점프 어라운드의 신제품 선정에서 탈락했던 밑창을 꺼내들고 보여주었다.

"이거, 신었을 때의 착용감을 중시해서 만들었거든. 공기가 이동하는 밑창이야. 시제품 상태긴 하지만 예전에 한번 만들어본 적이 있어. 하지만 공기 이동 기능에 너무 치우친 나머지 밑창이 둥글게 된 것이 결점이네. 신발을 놓아두면 밑창이 둥글어서 폭 쓰러지지. 물론 신발로서는 실격이야. 이런 제품을 세상에 내놓는다면 아마도 비웃음을 살 걸세." 기요이는 쓴웃음을 지었다.

"그래서 하는 말이네. 이것이 나의 플랜 B야. 실은 아무도 모르게 따로 시제품을 만들었지. 어떤가?"

"부장님! 부장님은 정말!"

스도는 시제품을 이리저리 만지며 들여다보고는 마에다를 불러 신발을 신어보게 했다.

"기요시 부장님, 이 신발, 걸을 땐 안정되지요?"

"그렇긴 하네만, 벗으면 신발이 넘어지거든. 벗어봐, 마에다."

"아, 정말이네. 뒤뚱, 하고 말이죠."

마에다가 신발을 세웠다가 눕혔다가 하면서 확인해보았다.

"벗어놓았을 때는 아무래도 상관없어요." 스도가 말했다.

"그리고 걷지 않고 서 있기만 해도 휘청거리거든."

기요이 부장의 말이 끝나자마자 스도가 뭔가 번뜩 생각난 표정을 지었다.

"부장님, 그거예요."

스도는 또 하나의 시제품을 신고서 감촉을 확인하려는 듯이 방안을 이리저리 걸어보았다.

"지금까지 사용하지 않던 근육을 써서 그런지 허벅지가 뻐근해지는데요. 이 밑창으로 평소에 쓰지 않던 근육, 특히 허리와 다리를 잇는 속 근육(inner muscle)을 단련해주는 신발을 만들 수 있지 않을까요?"

"그 말은, 체간(體幹)이 단련된다는 뜻인가요?" 마에다가 물었다.

스도가 고개를 끄덕였다.

"그런 발상이 있었군. 어디 한번 해볼까? 하지만 쉽진 않겠어."

"이 기능을 넣어 다시 수정하려면 비용이 많이 들까요?"

"실은 말이지. 이미 연구 개발은 끝났어. 남은 건 스도의 아이디어대로 조금 변형하는 것뿐이니까, 실질적으로 추가 비용은 거의 들지 않을 걸세."

"그럼 이 제품에 가치를 제대로 반영해 판매할 수 있다면 수익성 높은 상품이 된다는 뜻이겠네요?"

"그렇지. 상세한 수치는 마에다가 추산해보면 알겠지만, 다른 신발들과 같은 가격대라면 당연히 우리 쪽 수익이 높을 거야. 게다가 개발 기간도 거의 필요 없네. 검증 작업만 하면 되니까."

"그거예요! 일석이조로군요. 기존에 있던 자산을 최대한 활용한 제품입니다. 더구나 이거, 다른 회사에서 처음부터 만들려면 쉽지 않거든요. 투자해도 타산이 맞지 않으니까 인기를 끌 수 있다는 걸 알아도 쉽사리 덤벼들 수가 없을 겁니다. 고객가치를 제안하면서 이익도 확실히 실현할 수 있어야 하니까요."

"잘은 모르겠지만, 그런 거로군. 스도, 어떤가. 우리 개발자들은 말이야, 확실한 대책을 생각하면서 일하고 있다네. 우리가 회사의 전체적인 흐름을 멈추게 할 수도 있기 때문이지. 우리의 일은 가치를 제품으로 바꾸는 일이니까 말일세. 이와사에게도 최근 그렇게 가르치고 있다네. 자네도 보았듯이 그 친구 감각이 아주 뛰어나. 그가 디자인한 신발의 어퍼 부분은 훌륭해. 이와사가 고안한 디자인에 이 부활시킨 밑창을 사용하면 천하무적일 걸세."

기요이 부장이 일하는 마음가짐과, 개발이 지속될 수 있다는 안도감에 스도는 눈시울이 뜨거워졌다.

"부장님, 제가 좀 안아드려도 될까요? 사랑합니다, 부장님!"

"징그럽게 왜 이래, 저리 못 가!"

돈을 들이지 않는 마케팅

스도는 이번엔 마케팅부를 찾아왔다.

"저, 이시가미 부장님."

"어이, 우리 리더님, 어쩐 일이신가. 표정이 안 좋은걸. 여자 친구에게 차이기라고 했나?"

"뭐, 그럴지도요."

"뭐야?"

"실은 모멘텀 이야기입니다."

"무슨 일인데?" 이시가미 부장의 표정이 바뀌었다.

"돈이 없습니다. 광고 선전비."

"아니, 무슨 소리야? 스도, 이번에는 사장님이 특별히 지시하신 건인 만큼 자금을 전폭적으로 지원해주시는 거 아니었어?"

"그게 말이죠, 우리 회사가 지금 상당히 어려운 모양입니다. 사장님께 직접 들었어요. 자금이 없어서 도저히 광고 선전비를 지원할 수 없다고요. 하지만 이번 프로젝트는 꼭 성공시켜달라고 하셨습니다. 이시가미 부장님, 죄송합니다!"

스도는 깊숙이 머리를 숙였다.

이시가미 부장은 한동안 창밖을 내다보더니, 이윽고 스도 쪽으로 몸을 돌리며 말했다.

"잘 됐네. 모처럼 실력을 보여줄 때가 아닌가! 스도 군, 나를 단순한 광고쟁이로 보지 말게나. 나는 제조회사의, 게다가 '썩어도 준치'라는 레오리아스의 마케팅 핵심 인물일세. 방법은 얼마든지 있네."

"정말입니까?"

"단, 그저 만들어낸 상품을 연출해서 될 일이 아니라 근본적으로 무언가 생각해야 할 걸세. 그렇지 않으면 우리가 '비즈니스 모델 연구실'에 소속되어 있는 의미가 없잖은가."

"가, 감사합니다! 옳은 말씀입니다."

"이번에 마케팅부는 완성된 제품을 연출하는 것이 아니라, 어떤 솔루션을 선택해 전력을 다할 것인지를 폭넓게 연구해볼 생각이네. 단순한 광고나 마케팅이 아니라, 우리가 책임지고 홍보할 비즈니스를 창출할 계획이야."

"네."

"스도, 기억하게. 자네가 들어오기 전에 우리 레오리아스 사원들은 업계에서 비웃음 당하면서도 이 회사가 좋아서 지금껏 남아 있는 거라네. 신발 마케팅을 하고 싶어서가 아니야. 레오리아스의 마케팅을 하고 싶은 거라네. 고객들이 웃는 얼굴이 보고 싶어서, 그 생각만으로 지금까지 애써온 거지. 그래서 급여가 삭감되었을 때도 떠나지 않았던 거야. 모두 이 회사가 좋아서 열심히 하고 있어.

이 정도 위기쯤이야 어떻게든 이겨낼 거야. 그러니 더 정신 바짝 차리고 해보자고. 부탁할게. 팀 리더!"

"네, 잘 부탁드립니다. 부장님."

자급자족은 회계의 기본

스도와 프로젝트 팀원들이 여느 때처럼 제2회의실에 모였다.

"광고 선전비를 지원받을 수 없게 되었습니다만, 이 보고를 받은 기요이 부장님과 이시가미 부장님께서 벌써 대책을 마련해주셨습니다. 자금 지원 없이 해야 한다니 엄청 속상하지만, 어떻게든 이러한 역경 속에서도 힘을 모아 새로운 비즈니스 모델을 만들어내고 싶습니다."

스도는 다른 팀원들에게 그간의 일을 전했다.

"알겠습니다. 저희 SCM부는 가치 제안이 받아들여진 상태에서 생산에 들어가는 것이니 큰 영향은 없습니다. 다만 자금이 없다면 기획부터 납품까지 더욱 시간을 단축할 수밖에 없겠네요. 바로 일을 인계받아 속도를 올릴 수 있도록 조정하겠으니 그 점은 안심하십시오."

처음에는 이 프로젝트에 가장 마음 내켜 하지 않던 다케코시지만, 이미 팀에 없어서는 안 될 존재가 되었다는 사실을 모두 알고 있었다. 무엇보다 이 발언에서 팀에 대한 책임과 애정이 느껴졌다.

"스도 씨, 기요이 부장님에게 들었어요. 제가 디자인한 어퍼 부분과 기요이 부장님이 만드신 밑창을 조화롭게 결합하여 개발비를 낮추면서도 최고의 제품을 만들어낼 수 있도록 밤잠을 줄여서라도 해보겠습니다."

이와사도 적극적으로 나섰다. 기요이 부장의 지도를 받으면서도 자신의 존재감을 확실히 드러내는 이와사를 보면서 스도를 비롯한 모두가 모멘텀을 꼭 성공시키겠다는 의지로 가득 차올랐다.

"자금이 없으면 자급자족하면 돼요. 회계의 기본이거든요. 처음에 투입할 돈이 없는 것뿐입니다. 모멘텀이라면 자력으로 돈을 벌수 있어요. 그 돈을 다음 단계의 투자로 돌리면 되거든요. 비록 경험은 부족하지만 제가 갖고 있는 지혜를 최대한 짜내볼게요."

마에다의 미소에 마음이 편해진다. 무엇보다도 재무 담당자가 함께하니 이런 이야기도 들을 수 있는 것이다. 모두 든든하기가 이루 말할 수 없었다.

"돈이 없는 것을 핑계로 삼지 않는다. 그렇게 해나가세, 모두."

이시가미가 말을 이었다. 옆에서 기요이 부장도 웃음을 지었다.

"이로써 '모멘텀 제2막'이 시작되는군."

기요이 부장의 한마디에 모두 하나가 된 순간이었다.

모멘텀이 실패하는 악몽

그로부터 반년이 지나고, 드디어 신제품 모멘텀의 출시일을 맞이했다.

광고 선전비도, 개발비도 없는 상황에서 가까스로 완성한 신발은 워낙 원가 제약을 심하게 받은 탓에 겉모습은 상당히 싼 티가 났다. 그런데도 높은 가격을 책정했다.

"차별화 전략이라니 듣기만 해도 어이가 없구먼."

"완전 실패야."

소비자로부터 인정사정없는 비판이 쏟아졌고 동종업계에서도 비웃음거리가 되었다.

출시 첫날, 트위터에도 곧바로 악평이 올라오기 시작했다.

"아! 그때 제대로 했더라면! 어쩌다가 이렇게까지 되었을까."

무로후시 사장의 무서운 얼굴이 눈에 아른거린다. 아! 이제 다 틀렸다…….

띠리리리리링!!!

스도는 아이폰의 알람 소리에 놀라 후다닥 일어났다. 오랜만에 쉬는 일요일이었다. 이 날에 맞춰서 휴가를 낸 메구미가 집에 와 있었다. 스도는 소파에서 깜빡 잠들었던 모양이다.

"괜찮아?"

걱정스러운 표정으로 물어보는 메구미에게 스도는 "으응" 하고 대답했다.

그 이후로 자주 꿈을 꾼다. 모멘텀이 완전히 실패하는 꿈. 하지만 절대로 실패해서는 안 된다. 실패하는 상황을 몇 번이나 머릿속에서 상상해본 스도는 악몽을 떨쳐버리려는 듯 수차례 고개를 좌우로 흔들면서 타개책을 마련해야겠다고 생각했다. 그러자 예전에 읽었던 가타세 교수의 책이 문득 시야에 들어왔다.

'역시, 교수님께 상담을 청해봐야겠어.'

그날 모두 한마음이 되었던 것은 사실이다. 그렇지만 자금을 투자하지 않고 비즈니스 모델을 만들어야 한다니, 어떻게 해야 하는 걸까. 스도는 컴퓨터를 켜고 가타세 교수에게 메일을 보냈다.

획기적인 모델은 최악의 상황에서 탄생한다

다시 세이토대를 찾아간 스도는 가타세 교수의 연구실로 들어서자마자 인사도 대충하고, 돈이 없는 가운데서 비즈니스 모델 개혁을 진행하고 있다는 사실을 간략하게 설명했다.

"아, 그렇게 되었군요."

"지금 이러한 상황입니다. 어쩌다 보니 비즈니스 모델 변혁의

리더를 맡고 있습니다만, 과연 생각한 대로 출범할 수 있을지 불안해졌어요."

"스도 씨, 잘하고 계신 거예요."

"네? 무슨 말씀이신지요?"

"대부분의 중소기업은 말이죠, 그런 겁니다. 모두들 그렇게 해서 모델을 바꾸고, 또 다음 단계로 올라가는 거예요. 만일 그렇게 할 수 없다면 도태될 뿐이니까요." 가타세 교수는 별일 아니라는 듯이 대답했다.

"당사자는 필사적이란 말입니다." 스도가 퉁명스럽게 대답했다.

"하지만 스도 씨, 우리가 태어나면서부터 어른인 건 아니잖아요."

"네? 무슨 말씀이신지?"

"똑같아요. 대기업도 처음부터 대기업이 아니었거든요. 개인 사업을 시작했을 거고 그러다가 나중에 법인이 된 거죠. 오랫동안 중소기업으로 있으면서 그때부터 활로를 찾아내 '승리의 방정식'을 쓸 줄 아는 대기업으로 성장한 겁니다. 물론 벤처기업으로 시작해 단번에 큰 매출을 올려 대기업으로 급성장한 회사도 있지만, 마찬가지예요. 어느 단계에선가 비즈니스 모델을 전환했던 겁니다."

"네, 잘 알겠습니다. 하지만……"이라고 말하려는 스도를 가타세 교수가 막아섰다.

"그런 회사는 돈이 있었다고요? 꼭 그렇지만은 않습니다. 기사회생의 묘안은 평화롭고 안정된 때는 잘 생기지 않거든요. 질레트 면도기의 창시자인 킹 질레트도 그랬잖아요? 세계 최대의 인터넷 서점이자 종합쇼핑몰인 아마존도 마찬가지고요. 모두 죽을 만큼 어려운 상황을 겪고 기사회생의 기회를 잡아 획기적인 비즈니스 모델로 전설이 된 거죠."

"전설이요?"

"네. 물론 그런 기업은 극히 적을지도 모릅니다. 하지만 지금까지의 레오리아스는 그러한 기업이 되고자 발버둥질하지 않았던 겁니다. 그래서 현재의 상황에 맞닥뜨린 거죠. 지금 바꿔야 합니다. 마침 좋은 기회예요."

"역시! 전환기란 말씀인가요? 확실히 연 매출이 300억 엔에 달하던 시기가 있었어요. 제가 입사하기 전입니다만 그때 저는 외부인 입장에서 굉장하다고 감탄만 했어요. 하지만 그 당시에도 이익 구조를 조금도 바꾸지 않았던 겁니다. 그저 트렌드에 몸을 맡긴 채, 더 심하게 말하면 고객의 눈치만 보면서, 앞으로 나가지 못했던 거죠. 그러니 실적도 떨어질 데까지 떨어질 수밖에요."

"날카로운 통찰이에요. 레오리아스 사장이 스도 씨를 높이 평가하는 이유를 알겠군요. 그렇기 때문에 지금이 좋은 기회이고, 더구나 돈을 들이지 않는 혁신이 효과를 발휘할 때인 거죠."

가타세 교수가 보내는 최고의 응원이었다. 이 말을 들은 스도는 기분이 한껏 좋아져 온몸에 열정이 마구 샘솟는 것을 느꼈다.

　"자, 스도 씨. 오늘은 모처럼 오셨으니까 특별히 개인 수업을 해 드릴게요. 새로운 이론을 가르쳐드리겠습니다. 오늘은 제품이라는 틀에서 사고를 해방시켜드리죠."

비즈니스 모델의 현장 검증

완성된 비즈니스 제안을 그대로 성공으로 이끌 수 있다면 더없이 좋겠지만 그만큼 기술 환경이 발달하고 경쟁이 치열해진 시대에는 불가능에 가까울 것이다. 그래서 예전처럼 치밀하고 거창한 사업계획을 세우기보다는 최초의 아이디어를 바탕으로 우선 시작부터 한 후에 직접 실천하면서 문제점을 보완해가는 편이 더 현실적이다.

획기적인 아이디어라는 건 쉽사리 생겨나지 않는다. 특히 고객가치 제안에 관련해서는 어지간한 천재가 아닌 한, 세상을 깜짝 놀라게 할 만한 아이디어는 나오지 않을 것이다.

하지만 상관없다. 우선 새롭게 고안해낸 비즈니스 모델을 가동시키면 된다. 그것이 버전 0이다. 버전 0에서 출발해 더 흥미로워지도록 버전 1을 목표로 하자. 그리고 버전 2, 버전 3을 새로 고쳐 만들고 최종적으로는 모든 부분이 하나로 연결된 버전(이를테면 버전 5)이 완성되면, 그 다음은 책상 위에서 하지 말고 실제 행동으로 옮긴다. 비즈니스 모델은 어디까지나 가설이므로 이야기가 자연스럽게 연결되면 일단 현장에서 움직이며 검증하는 것이 좋다.

그 다음은 목표를 향해 힘차게 달리면서 버전을 바꾸어가면 된다. 이는 최초의 계획, 즉 플랜 A와는 다른 것이므로 플랜 B라고 부른다. 이 이론 체계는 존 멀린스(John Mullins)와 랜디 코미사(Randy Komisar)의 『플랜 B 착수(Getting to Plan B)』라는 책에 상세하게 쓰여 있으므로 관심 있는 사람은 참고하면 좋을 것이다.

정리하자면, 비즈니스 모델은 실제로 현장에서 움직이는 것이 전제가 된다. 줄곧 책상 위에서만 하는 일이 아니다. 좋은 아이디어가 생기면 작은 규모여도 좋으니 바로 시작해야 한다. 이는 에릭 리스(Eric Ries)가 제창한, 기업가가 주목할 린스타트업(Lean Startup) 사고와도 일치한다.

7장
이익 혁신

기업의 목표와
고객의 목표를 일치시켜라

과잉만족 이론

이제부터 가타세 교수의 특별 강의가 시작된다. 스도는 노트를 꺼내들고 마음을 가다듬었다.

"스도 씨, 준비되셨나요?"

가타세 교수는 화이트보드를 스도에게 잘 보이게 돌려놓았다.

"우선 중요한 것은, 제품을 물건이 아니라 고객에 대한 솔루션으로 인식하는 일입니다. 그래서 그 제품이 정말로 고객의 용건을 충분히 해결하고 있는지를 분석하는 일이죠. '해야 할 일'에 관해서는 스도 씨도 이미 잘 알고 계실 겁니다. 그러면 이제 한층 더 깊이 들어가보겠습니다. 고객의 용건을 분명히 확인해서 해결되지 않은 부분이 많다면, 그것은 좋은 기회가 있음을 의미합니다. 제가 쓴 책에 소개한 것이 이 도표입니다.

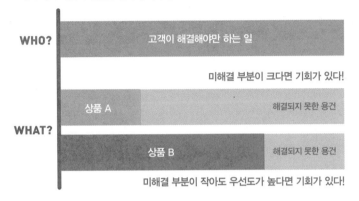

도표27. **미해결된 용건에 기회가 있다**

고객이 아직 해결하지 못한 일에 주목하라

WHO?
고객이 해결해야만 하는 일

미해결 부분이 크다면 기회가 있다!

상품 A
해결되지 못한 용건

WHAT?
상품 B
해결되지 못한 용건

미해결 부분이 작아도 우선도가 높다면 기회가 있다!

이는 고객이 용건을 해결하지 못하고 있는 상황에 주목한 것인데 그중에서도 중요한 것은 '해결되지 않은 일'이 무엇인가 하는 점입니다. 가령 고객의 용건에 대해서 기존의 상품 A가 솔루션을 제시하지 못할 때 이는 타사에게 기회가 있다는 뜻입니다. 아니면, 상품 A를 판매하고 있는 회사에서 그 사실을 알아차렸다면 자사의 상품을 업데이트할 기회인 셈이지요.

이번에는 상품 B를 보십시오. 고객의 용건을 무척 많이 해결하고 있는 것처럼 보입니다. 이 경우 시장에서 이 상품이 팔리고 있기는 하지만, 그렇다고 약점이 없는 것은 아닙니다. 이 상품이 고객이 중요하게 여기는 용건의 핵심을 충분히 해결하지 못하고 있다면 타사가 치고 들어올 기회가 있는 것이지요. 고객이 중시하는 용건은 점점 바뀝니다. 그러면 아무리 성능 좋은 상품이라도 중요도가 높은 용건의 핵심을 따라잡지 못하는 경우도 생기지요.

게임업계의 예를 하나 들어볼까요? 지금 대학생들이 중학생일 때쯤에는 소니의 플레이스테이션(Playstation)이라는 고성능 게임기가 팔리고 있었죠. 그런데 그 후 성능은 뒤처지지만 조작하기 쉬운 놀이를 제안한 닌텐도의 위(Wii)가 등장했어요. 그러자 플레이스테이션2는 고성능인데도 우선도 면에서 밀려 상황이 역전되었답니다.

그런데 현재는 어떤가요? 게임기도 거치형이 아니라 휴대형으로 바뀌는 추세입니다. 설령 기능이 뒤떨어지더라도 거치형보다 휴대형 제품이 인기를 끌게 되었어요. 그런 전용 게임기의 기능이 뛰어나다면 후발업체들이 파고들어 갈 틈이 조금도 없을 것 같지만, 여기에도 맹점이 있었던 거지요. 스마트폰 시대의 막이 열리자 전용 게임기보다 성능은 떨어지더라도 짬짬이 시간이 날 때마다 즐길 수 있는 요소가 중요해진 거예요.

이처럼 고객의 취향이나 심리 변화를 얼마나 재빨리 알아차리느냐가 '해결하지 못한 용건'이라는 개념에서 중요한 관건이 되는 겁니다. 여기까지 이해되시나요?"

가타세 교수가 쭉 이야기를 마친 후 스도에게 물었다.

"네, 이해했어요. 저희는 제조업체인 만큼 제품 자체로만 승부하려고 해왔으니까요."

"그 결과 어떤 일이 있어나는지 아시겠어요?"

"스펙 경쟁인가요?"

"그렇습니다. 스펙 경쟁에 몰두하다 보니 정작 고객을 나 몰라라 방치하는 일까지 생기는 거지요. 이것이 하버드대 크리스텐슨 교수가 강조한 '과잉만족(overshooting) 이론'입니다. 스펙을 높여서 가격을 올리지만, 고객은 누구도 이에 관심이 없습니다. 반면에 낮은 스펙이지만 편리한 상품이 나타나면 그쪽으로 쏠리는 거죠. 하지만 기업은 고객의 이러한 요구에 그다지 신경 쓰지 않고 과도한 스펙 향상에만 더욱 투자를 지속하다가 결국에는 후발기업에 완전히 밀리는 겁니다."

고객의 활동 체인

"지금까지 말씀드린 내용을 이해하신 것 같으니 스도 씨가 궁금해하시는 점에 대답이 될 만한 툴(tool)을 소개해드리죠. 한마디로, 어떻게 고객의 변화를 파악하느냐 하는 것입니다."

가타세 교수가 계속 말을 이어갔다.

"고객이 용건을 해결하지 못하는 상황이 어떤 경우인지를 생각해볼까요? 용건 해결에는 제품 자체보다도 제품을 둘러싼 주변 상황이 영향을 크게 미칩니다. 여기에는 구입 단계, 용건 해결 단계, 그리고 지속 단계라는 세 가지 단계가 있습니다.

어떤 용건을 해결하기 위해 그 제품을 선택하고 싶지만 우선은 구입 단계에서 여러 가지 비용이 발생합니다. 즉, 구입할 때 불편한 점이 있지요. 이것을 간단히 하기만 해도 고객의 평가는 상당히 높아집니다. 가령 기존 제품은 훌륭하지만 일부러 멀리 있는 판매점까지 사러 가야 한다면 이 불편한 여건이 일을 해결하는 데 걸림돌이 되는 것이죠."

"그렇군요."

"게다가 문제를 해결할 때도 장애가 있습니다. 쉽게 말해서 사용하기 어렵다는 점입니다. 기술 중심의 회사는 지나친 차별화를 위해 제품에 기능을 너무 많이 집어넣습니다. 이는 고객이 원하는 핵심을 이해하지 못할 때 일어나는 현상이에요. 뭐든지 좋으니 마구 집어넣으면 고객에게 높은 평가를 얻을 것이라 믿는 경향이 있지만, 그건 큰 오산입니다. 그 결과, 오히려 사용하는 데 불편하기도 하거든요."

"그렇죠."

"그것이 무엇에 사용되느냐, 어디에 도움이 되느냐, 어떤 일을 해결해주느냐 하는 핵심을 파악할 필요가 있어요. 더군다나 문제를 해결한 뒤에는 유지와 관리라는 과제가 있습니다. 문제를 해결해도 그 후 계속 유지하기 위해서는 수선이나 폐기, 또 업그레이드할 필요가 생기거든요. 고객이 그다음 용건으로 눈을 돌리기 때문입니다. 그때 유지관리나 교체가 어렵다거나 폐기가 번거롭다면 이것 또한 제품을 사용하는 데 방해가 되지요. 중요한 것은 모든 면에서 고객의 입장이 되어야 한다는 사실입니다. 구입할 때부터 사용할 때는 물론, 다 사용하고 난 뒤까지 고객의 입장에서 생각해야 해요. 이 일련의 활동을 한눈에 볼 수 있게 나타낸 것이 바로 '고객의 활동 체인'이라는 프레임워크입니다."

가타세 교수는 컴퓨터 모니터를 돌려 스도에게 활동 체인의 화면을 보여주었다.

도표28. **고객의 활동 체인**

구입 단계					용건 해결 단계			지속 단계		
문제 인식	테마를 정한다	키워드를 인식한다	해결 방법을 찾는다	구입	사용	익힌다	용건· 해결	유지 관리	폐기	업그 레이드

"그러네요. 사기 전에도 여러 가지 문제가 있을 뿐더러 고객은 단순히 그 상품만을 사는 게 아니었군요. 구입한 상품을 사용해서

용건을 해결한 뒤에도 그 상태를 계속 유지하는 단계가 있었어요. 이렇게 보면 구입한 이후에 오히려 활동 시간이 많으니 결국은 구입한 다음이 관건이라는 뜻인가요?"

"그렇죠. 이것도 좀 보시겠어요?"

가타세 교수는 화이트보드에 도표를 그렸다.

도표29. **기업의 목표와 고객의 목표를 일치시켜라**

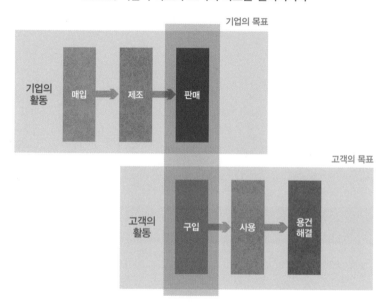

우선 '기업의 활동'란에 왼쪽부터 '매입 → 제조 → 판매'라고 적었다.

"이것은 레오리아스의 활동입니다. 어떤가요? 맞습니까?"

"부품을 사고, 제품을 만들어 판다. 맞는데요."

"그리고 상품이 팔리면 회사에 돈이 들어옵니다. 어떻습니까?"

"네, 그렇습니다."

왜 이런 당연한 질문을 하는 걸까.

"그리고 목표는 분명 이 '판매'인 거죠?"

"네, 그렇습니다. 거기서 매출이 일어나고 그때까지 들어간 비용도 회수하게 되니, 남은 돈이 이익이 되는 거죠. 기업 활동은 이로써 완벽해집니다."

"스도 씨, 바로 그게 문제입니다."

"네, 대체 뭐가 말입니까?"

"이것은 레오리아스의 활동이자 목표입니다. 그럼 이번에는 고객 입장에서 보시죠. 자, 어떻습니까?"

가타세 교수는 그 도표의 아래에 '고객의 활동'란을 새로 덧붙였다.

'판매'의 아래에 오도록 줄을 맞춰 왼쪽부터 '구입 → 사용 → 용건 해결'이라고 적어 넣었다.

"레오리아스가 상품을 판매한 순간에 고객은 상품을 구입한 겁니다. 레오리아스가 판매해서 목표에 도달했다고 기뻐하고 있을 때 어떤 일이 일어났나요?"

"아!" 스도는 비로소 알아차렸다.

"그렇습니다. 재무적으로 본 레오리아스의 '목표'는 고객에게는 '시작' 단계인 거죠. 그 뒤에 따르는 하나의 기준인 고객의 '목표'는 '용건의 해결'입니다."

'이게 어떻게 된 거야? 여태껏 이것도 모르고 있었단 말인가?'

고객은 자신의 용건을 해결하려고 레오리아스의 제품을 산 것인데, 그걸로 용건이 해결되었는지 아닌지는 생각조차 해보지 않았다. 고객이 제품을 산 다음에 어떤 일이 일어났는지, 우리는 완전히 잊고 있었던 것이다.

소매업도 사정은 마찬가지일지 모른다. 엑시비션 스포츠 매장의 안조 다이치 점장에게 이런 이야기를 하면 어떤 표정을 지을까.

"스도씨, 어떻습니까? 고객에게 제품만으로, 게다가 구입한 순간에 솔루션을 제공하는 것은 애초에 불가능합니다. 구입 시점에서 고객과의 교류가 시작되면 그때부터 성의껏 그들과 마주해나가야 해요. 그래야 고객이 원하던 용건이 해결되는 겁니다."

스도는 무슨 뜻인지 잘 모르겠다는 표정을 지었다.

"스도 씨는 아이폰과 아이패드를 사용하고 계시죠? 스도 씨가 아이폰을 산 순간에 생활이 편해졌나요?"

"확실히 생활이 달라졌습니다만……."

"그것은 아이폰이 좋은 제품이다, 또는 좋은 물건을 샀다는 데서 오는 기쁨인가요?"

"아닙니다. 사용하면서 편리하다고 느끼고, 또 생활이 달라지고 있기 때문입니다. 이동 중에도 회사의 메일을 확인할 수 있고 신칸센 티켓을 사거나 숙박도 예약할 수도 있고요. 게다가 보고 싶었던 영화를 보거나 음악을 다운로드해서 들을 수도 있으니까요. 일반 휴대폰을 쓰던 시절과는 완전히 다른 편리함과 즐거움이 생겼습니다. 마치 작은 컴퓨터를 가지고 다니는 것 같아요."

"애플리케이션을 구입해서 원하는 자료를 다운받아 용건을 해결하고 있다는 거네요."

"네, 그렇습니다."

"바로 그 뜻입니다. 결국은 본체를 산 후 그 제품을 계속 사용하면서 용건을 해결하는 것이지요. 단지 스마트폰 기기만 산 게 아니라, 그 후 넓어진 세계를 샀다고 해도 과언이 아닙니다. 그러고 나서 또 돈을 들이면서 점점 빠져들기 마련이니까요."

스도는 그제야 이해가 되었다. 중요한 것은 레오리아스가 제품을 판매한 후다.

"애플의 광고 방송을 생각해보세요. 그들은 그저 단순히 물건을 팔고 있는 것이 아닙니다. '그 제품이 있는 생활'에서는 과연 어떤 일들이 일어나는지를 보여주고 있어요. 당연히 그 제품을 갖고 있지 않은 사람은, 자신의 현재 생활과 그 제품을 구입했을 때의 생활이 극명하게 비교가 되어 상품의 가치를 쉽게 알 수 있지요."

자칫하면 툴 자체만을 보게 되는데, 그것은 '해결되지 않은 용건'이라는 개념이 있어야 비로소 제대로 이해할 수 있다. 즉, 고객의 활동 체인이라는 툴은 제품 자체만이 아니라 서비스 면에서도, 용건이 해결되지 않으면 고객이 불만을 갖게 될 부분을 찾아내는 기능을 한다.

"이 활동 체인 말인데요, 고객의 상황을 알고, 파악하는 데 의미가 있습니다. 아시겠죠?"

그렇다. 그건 알고 있다.

"하지만 고객의 활동을 적절하게 파악하지 못하면 체인을 잘못 그리게 됩니다. 고객의 활동 자체를 제대로 이해하지 못하는 상황이 벌어지지요. 그래서 오늘 이렇게 강의를 해드리는 겁니다."

솔루션 커버리지

"교수님, 좀 더 깊이 알고 싶은데, 뭔가 좋은 방법이 없을까요?"

"간단합니다. 솔루션 커버리지를 사용하면 되거든요."

"커버리지요?"

"네, 커버리지(coverage)는 커버할 수 있는 범위라는 의미입니다.

즉, 고객의 활동 체인 중 어느 부분까지를 회사가 솔루션으로서 커버할 수 있는지, 그리고 어느 부분에서 과금, 즉 이익을 내고 있는지를 확실히 하는 것입니다.

비즈니스서를 예로 들어 생각해 볼까요? 제가 어떤 용건을 상정하고 비즈니스 모델에 관한 책을 썼는데, 만일 제 책이 최고라며 모두 이 책을 읽는다고 가정해봅시다. 그렇다고 해서 비즈니스 모델을 변혁하고 싶어 하는 사람들의 용건이 해결될까요?"

"교수님의 책이 최고라고 해도 말인가요? 아니, 해결되지 않습니다."

"왜 그렇죠?"

"그러니까, 책을 읽기만 해서는 실제로 어떻게 응용해야 할지 완전히 알지 못할 뿐더러, 진정한 자신의 기술로 만들기까지는 시간이 걸립니다. 그래서 저도 이렇게 교수님의 특별 강의를 듣고 있는 거고요."

"그렇습니다. 그건 레오리아스 제품도 마찬가지예요."

"레오피트나 레오코아가 아무리 최고라고 한들 스포츠화를 신기만 한다고 고객의 용건이 해결되지는 않는다는 거죠?"

"아까 말한 스마트폰을 생각해봐도 똑같습니다. 아이폰을 비롯한 애플사 제품에는 거의 설명서가 들어 있지 않습니다. 사용법은 스스로 익히라고 하는 듯합니다. 스도 씨는 어떻게 했나요?"

"창피하지만 저는 해설서를 샀습니다. 남들보다 빨리 일반 휴대폰에서 스마트폰으로 바꾼 편이었는데, 어떻게 사용하는 건지 도통 알 수가 없어서 책을 읽고 공부했어요."

"거봐요. 해결되지 않은 용건을 무언가 다른 솔루션으로 해결하셨잖아요."

"아!" 스도는 그제야 알아차렸다.

"그러고 보니 윈도우즈(Windows)에서 맥(Mac)으로 바꿨을 때도 똑같은 상황이었어요. 서점에서 교재를 사서 봤거든요. 더 거슬러 올라가 윈도우즈를 처음 사용할 때도 컴퓨터 자체가 막 도입되기 시작한 시기라 사용법을 전혀 몰랐어요. 그래서 『할 수 있다, 윈도우』 같은 책을 사기도 하고 나중에는 컴퓨터 강좌도 들었습니다."

"그래요. 제품이 제시한 솔루션으로 용건을 완벽하게 해결할 수 없을 때는 다른 솔루션으로 보완하기 마련입니다. 컴퓨터를 처음 다룰 때는 '인터넷을 사용하고 싶다'거나 '재미있는 프레젠테이션을 하고 싶다'는 것이 용건이겠지요. 가령, 재미있는 프레젠테이션을 하고 싶다는 용건이라면 더욱 해결하기 어렵습니다. 발표할 내용의 흐름이나 틈틈이 넣을 농담, 게다가 알아듣기 쉬운 대사의 표현력 등은 컴퓨터만으로 해결하지 못하기 때문이죠."

"그렇군요! 시야가 탁 트이는 것 같습니다."

"다시 비즈니스서 이야기로 돌아가볼까요. 스도 씨가 '레오리아스의 비즈니스 모델을 개혁하겠다'는 용건을 해결하기 위해 선택한 솔루션은, 우선 비즈니스서를 읽는 일이었지요. 그 밖에는 강연회나 연수, 대학원 공개강좌를 수강하는 방법도 있겠지요. 나아가 귀사의 사장이 컨설팅을 의뢰하거나 스도 씨를 비즈니스 스쿨에 다니게 하는 선택지도 있었을 겁니다."

"네, 맞습니다."

"이런 일들을 활동 체인 표에 적용해보죠. 우선은 각 솔루션이 각각의 고객 활동에 대해 수단을 제공하고 있다면 ○ 표시를 합니다. 그러면 세상의 솔루션이 각각 어느 포인트에서 고객에게 도움이 되는지를 알 수 있어요."

스도는 고객의 활동 체인을 의아하다는 듯 들여다보았다. 그리고 가타세 교수가 도표 안에 ○ 표시를 하는 모습을 지켜보았다.

"모두 비즈니스 모델을 개혁하려는 용건을 해결하기 위해 선택되고 있습니다. 비즈니스서는 가장 간단한 솔루션이지만, 읽고 이해한 후 실천하여 자신의 기술로 만드는 활동까지는 보장해주지 않습니다. 단지 스스로 공부하고 익히기 위한 방법일 뿐이죠. 그 내용을 사람이 직접 설명하는 것이 강연회와 세미나고요. 기본적으로는 '읽다 = 알다'라는 활동을 담당하고 있어요. '이해한다'라는 활동을 더한 것이 바로 연수입니다. 연수에서는 훈련과 일을 통해 그 내용을 이해할 수 있는 구성으로 되어 있습니다."

"네, 그렇습니다."

"가장 중요한 것은 책의 내용을 실제로 일에 응용해보고 성과로 연결해가는 활동입니다. 이에 관해서는 특히 독자의 이해와 관계 없이, 상품으로서 돌연 해결책을 제공하기도 하지요. 이것이 컨설턴트가 제안하는 솔루션이며 이때 컨설팅으로 인한 수익이 발생합니다."

"네, 이해했습니다."

"마지막으로 비즈니스 스쿨은 가장 넓은 범위를 커버합니다. 다만, 비즈니스 스쿨에서는 교수의 도움을 받을 수도 있지만, 실제로는 자신의 힘으로 끝까지 해내야 합니다. 목표를 달성하면 자산이 되지만 시간도 노력도 상당히 들지요."

"그 말씀은 솔루션의 수비 범위가 다르면 과금 범위도 달라진다는 뜻인가요? 그래서 공존할 수 있는 거로군요."

"그렇습니다. 각각의 상품과 서비스에는 고객이 행하는 일련의 활동 중에서 기대되는 역할이 있어 이익을 내는 것이죠. 즉, 비즈니스에서 문제를 해결하는 방법이 비즈니스서를 선택하는 일이라고 생각하면 그 활동 체인 중에서 다른 서비스가 눈에 들어오기 시작합니다."

"그렇게 해서 모든 사람이 세상을 살기 좋게 만들어가는 거네요. 솔루션을 다시금 생각해보고 있자니 세상의 모든 이치를 알 것

도표30. **고객의 활동 체인에 솔루션을 표시하라**

	구입 단계					용건 해결 단계				지속 단계	
	비즈니스에서 문제인식	테마를 정한다	키워드를 인식한다	해결 방법을 찾는다	구입	배운다	이해한다	현장에서 시험해본다	계속 시도한다	응용한다	자신의 기술로 만든다
비즈니스서					○						
강연회						○	○				
공개강좌						○	○				
연수						○	○				
컨설팅								○	○	○	
MBA						○	○	○	○	○	○

만 같아요."

"스도 씨, 감탄하는 건 아직 일러요. 지금부터 한층 더 깊이 들어갈 겁니다."

과금 커버리지

"지금은 활동 체인에 ○표시를 했습니다만, 그렇다고 해서 솔루션을 커버하면서 그때 과금하고 있느냐, 아니냐는 또 별개의 문제입니다."

"그건 무슨 뜻이죠?"

"어떤 해결책을 제안하더라도 실은 그 시점에서는 돈을 거둬들이지 못하고 다른 곳에서 이익을 내는 경우가 있습니다. 그래서 이번에는 어디서 과금이 이루어지고 있는지를 보여드리죠. 이른바 '과금 커버리지'입니다. 아까 표시한 ○표 중에서 과금되고 있는 부분을 ●표시로 바꾸어 보겠습니다."

"아, 그런 거였군요."

"사실 출판사는 서적을 판매하고 있는 것이 아니라 비즈니스상의 문제를 해결하기 위해 존재하는 겁니다. 그러면 출판사가 독자의 비즈니스에 관련한 문제를 해결해줄 수 있는 일이 과금 포인트가 되는 거죠. 그 증거로 출판사가 비즈니스서를 연수나 강연회에 제공한 다음에 출간하는 형태도 자주 볼 수 있어요."

"그 말씀은, 고객의 용건에 해결되지 못한 부분이 생기는 걸 알고서 다른 서비스를 새롭게 준비한다는 뜻인가요?"

"그렇습니다. 게다가 나중에 보충하는 것이 아니라 처음부터 넣어두는 거죠. 사실은 그런 것이야말로 비즈니스 모델의 진짜 묘미인 거죠."

"놀랍군요."

"스도 씨가 취급해온 제품은 어떤 용건으로 선택되고 있나요? 그 용건을 분명히 확인했을 때 고객의 활동 체인은 어떻게 이루어지던가요? 그중에서 레오리아스가 커버할 수 있는 부분은 없습니까? 그것이 새로운 솔루션이며 과금 포인트인 거죠."

"교수님, 대단하십니다. 저도 이제 좀 알 것 같아요."

"혹은 그 활동이 오랫동안 방치되고 있다면 신흥 벤처기업이 그 활동을 커버하기 위해 느닷없이 치고 들어올지도 모르거든요. 이 사례로 말하자면, 가령 '키워드를 인식한다'는 부분을 추구하는 웹 서비스가 생겨나고 있어요. 비즈니스서나 잡지, 웹 기사의 가치를 찾아내서 콘텐츠를 제공하는 큐레이션 서비스(curation service)도 등장했어요.

최근에는 주제별로 뉴스를 모아 무료로 제공하는 '구노시

(Gunosy)'나 경제 뉴스를 공유하는 '뉴스픽스(NewsPicks)' 같은 애플리케이션도 있어요. 이러한 서비스는 이미 확보해놓은 콘텐츠를 추려서 소개할 뿐이므로 자산이 없는 개인이나 소규모 회사도 충분히 할 수 있습니다."

"분명 그렇겠군요."

"실은 이러한 서비스가 옛날부터 있었어요. 고급 프렌치 레스토랑에 여자 친구와 갔을 때를 떠올려보세요."

"아! 소믈리에!"

"그렇습니다. 소믈리에는 고급 와인 중에서 고객에게 맞는 와인을 골라주고 보수를 받지요."

"듣고 보니 확실히 그렇군요. 저희 같이 물건을 만드는 사람과는 다른 부분에서 수익을 내는 직업이 있었네요."

"이러한 서비스를 제공하는 기업은 출판사와 협력하여 함께 기획하고 출판사가 과금하는 방법도 가능할 것입니다. 이를테면 키워드가 무엇인지는 출판사도 알고 싶겠지요? 이때 아마존 같은 인터넷 서점이 인터넷 검색의 키워드에 관한 통계를 내면, 현재 많은 사람이 어떤 일에 흥미와 관심을 갖고 있는지 정보를 손쉽게 얻을 수 있어요. 이렇게 고객의 활동을 파악하면 다양한 솔루션이 떠올라 그 아이디어가 그대로 과금 포인트로 이어질 것입니다."

스도는 비로소 지금까지 공부해오던 내용이 하나로 이어졌다.

"아! 룸바 로봇 청소기와 다이슨 청소기를 병용하면 메구미처럼 깨끗한 것을 좋아하는 사람의 용건도 완벽히 해결할 수 있다는 말이군요."

스도는 예전의 청소기 사례를 떠올렸다.

"이쯤에서 정리해볼까요? 비즈니스에 따라 알맞은 활동 체인을 적고 업계에서 누가 그 부분에 대한 해결책을 제시하고 있는지, 경기 결과표처럼 ○ 표시를 합니다. 그러면 어느 단계에서 미해결 용건이 발생하는지를 파악할 수 있지요. 다른 사업자가 같은 용건을, 좋은 의미에서 힘을 합해 해결하려는 상황도 알 수 있고요. 그리고 그때 수익을 거둬들이고 있다면, 즉 과금하고 있다면 ● 표로 바꿈으로써 사업자가 과금 포인트를 조금씩 벗어나고 있다는 사실도 이해할 수 있습니다. 그러면 솔루션과 과금, 양쪽을 다 알 수 있기 때문에 저는 이것을 '비즈니스 모델 커버리지'라고 부릅니다."

"교수님, 뭐라고 감사의 말씀을 드려야 할지 모르겠습니다."

"감사라고 할 것까지 있나요. 그 대신, 잘되면 성공 사례로 책에 쓰게 해주십시오. 제가 여러 회사에 자문을 해드리는 것은 제가 관여한 사례를 점점 늘리고 싶은 마음도 있기 때문이거든요."

"네, 그러시군요. 물론입니다. 어떻게 해서든 사장님의 허락을 받아놓겠습니다. 잘되면 교수님의 작품인 걸요."

도표31. 비즈니스 모델 커버리지

	구입 단계					용건 해결 단계			지속 단계		
	비즈니스에서 문제인식	테마를 정한다	키워드를 인식한다	해결 방법을 찾는다	구입	배운다	이해한다	현장에서 시험해본다	계속 시도한다	응용한다	자신의 기술로 만든다
비즈니스서					●						
강연회						●	○				
공개강좌						●	○				
연수						●	●				
컨설팅								●	●	○	
MBA						●	●	●	●	●	●
큐레이션	○	○	○	●							

252

스타워즈가 찾아낸 솔루션의 진공지대

"그런데 스도 씨, 영화 좋아하세요?"

"네, 휴일에는 가끔 여자 친구와 영화관에 가서 할리우드 대작을 몇 편씩 볼 정도로 좋아합니다."

"그럼 「스타워즈(Star Wars)」도 좋아하나요?"

"예전부터 광팬인걸요. 신 3부작(에피소드 1~3)을 보고 나서 구 3부작(에피소드 4~6)을 보았을 정도로요."

"그러면 「스타워즈」가 어떻게 돈을 벌었는지도 잘 아시겠네요?"

"아니, 그건 잘 모릅니다."

"할리우드 영화 중에서 극장 흥행 수익만으로 제작비를 충당하는 영화는 다섯 편 중 한 편꼴이라고 합니다. 엔터테인먼트 비즈니스의 대가인 에즈라 보겔(Ezra Feivel Vogel) 교수가 밝힌 데이터에 의하면, 극장 흥행으로 창출되는 수익은 비디오나 DVD, 텔레비전 등의 수입 총액으로 보면 고작 전체의 20퍼센트에 불과합니다. 여기에 라이센스 비즈니스를 고려하면 그 비율은 더욱 작아지지요."

"그건 무슨 의미인가요?"

"즉, 이제 할리우드 영화는 영화관에서 나오는 수익보다 그 외의 수익을 목적으로 프로젝트를 편성하고 있답니다. 영화관은 입장료가 일률적으로 결정되어 있기 때문에 가격을 바꿀 수 없어요.

그래서 단순히 관객 동원 수가 수익의 핵심이 됩니다. 영화관의 수입만으로 생각하면 흥행 수익에서 배급 수익, 즉 영화관 몫을 제하고 제작비를 얼마나 회수하느냐가 영화사의 관심사지요. 하지만 관객의 눈이 높아짐에 따라 제작비가 높아집니다. 그러면 영화관에서 나오는 흥행 수익으로는 이익을 회수하기가 어려워지지요.”

　“타산이 맞지 않는다는 뜻이군요.”

　“그렇습니다. 이러한 영화업계에서 조지 루카스(George Lucas)가 제작한 영화 「스타워즈」는 공격적인 이익 모델을 채택했지요. 원래 「스타워즈」는 루카스 감독이 주인공에게 루크라는 자신의 이름을 붙일 정도로 깊은 애정을 담은 작품입니다. 여기서 만약 ‘관객이 영화를 보고는 속이 후련해져서 일상으로 돌아갈 수 있도록’ 하려는 용건을 목표로 삼을 경우, 활동 체인은 아래와 같습니다.

도표32. **활동 체인**

구입 단계					용건 해결 단계		
엔터테인먼트	영화를 본다는 선택	SF물	볼 영화를 결정한다	티켓을 산다	본다	감동한다	속이 후련해져서 일상으로 돌아간다

　하지만 루카스도 당시는 햇병아리였어요. 한낱 도전자에 지나지 않았죠. 배급사로서는 신인 감독이던 루카스에게 돈이 많이 드

는 공상과학 영화(Science Fiction Film)의 제작을 맡기고 배급하는 것은 리스크가 너무 크다고 생각했던 것입니다. 그래서 루카스는 영화관에서의 흥행 수익은 필요 없다며 모든 권리를 20세기폭스 영화사(Twentieth Century-Fox Film Corporation)에 양도했어요. 폭스 사는 그 조건을 수용하고 「스타워즈」를 많은 영화관에 배급해 개봉했지요. 여기까지의 활동 체인에 관련해서 20세기폭스와 루카스필름에서 제시한 솔루션과 과금 포인트를 정리하면 다음과 같습니다.

도표33. **20세기폭스와 루카스 필름**

	구입 단계					용건 해결 단계		
	엔터테인먼트	영화를 본다는 선택	SF물	볼 영화를 결정한다	티켓을 산다	본다	감동한다	속이 후련해져서 일상으로 돌아간다
20세기 폭스					●			
루카스 필름						○	○	○

루카스는 영화의 콘텐츠라는 솔루션을 제공했지만 전혀 과금하지 못하고, 영화관에서 볼 수 있다는 솔루션과 과금 부분에 대한 권리를 모두 폭스사에 넘겼지요. 여기까지 보면, 루카스는 전혀 돈

을 손에 넣을 수 없습니다.

　루카스는 어리석었던 걸까요? 아닙니다. 사실 그는 더욱 중요한 과금 포인트를 파악하고 그 후의 할리우드 비즈니스 모델을 만들어냈어요."

"그게 어떤 거죠?"

"루카스는「스타워즈」시리즈를 계약할 때, 영화에 관련된 굿즈(goods)를 판매할 수 있는 머천다이징(merchandising) 권리를 취득했던 겁니다. 루카스는 예산이 큰 SF영화에서, 영화관의 흥행 수익만으로는 자금을 회수할 정도로 이익을 얻을 수 없다고 생각했던 거죠. 반대로 20세기폭스는 캐릭터가 그렇게 잘 팔릴 거라고는 예상하지 못했어요. 결과적으로 영화는 대히트를 기록했지요. 캐릭터의 피규어와 관련 굿즈가 폭발적으로 인기를 얻어 날개 돋친 듯 팔렸다는 것은 모두 알고 있는 대로입니다.

　이때 영화관 흥행 수익 외에 창출된 모든 이익이 루카스의 손에 들어가는 이익 논리가 실현되었지요. 최초의 3부작만으로도 40억 달러, 6부작을 통틀어 150억 달러의 수익을 올렸다고 합니다. 덧붙이자면 흥행 수익은 6부작을 합해서 45억 달러였으니 루카스는 굉장한 수완가였던 거지요."

"루카스 감독이 머리가 엄청 좋군요."

"영화 감독이면서 제작자인 루카스가 영화 자체에 관한 수익을 포기한 겁니다. 오직 그에게는 자신의 영화가 영화관에서 상영된다는 사실 자체가 중요했지요. 영화 수입을 희생해서 그 다음의 수입을 기다리거나, 혹은 그 외의 솔루션으로 고객만족을 실현하기로 한 것입니다."

"그렇군요."

"영화를 보고 감동하면 반드시 그 세계관에 빠지게 됩니다. 특히 아이들은 장난감을 갖고 싶어 하죠. 지금은 상식이 된 얘기지만 당시에 그러한 심리를 단번에 꿰뚫어본 제작자는 없었던 겁니다. 작품에 마음을 쏙 빼앗겼는데 집에 가지고 돌아가서 놀 수 있는 장난감이라는 솔루션이 없다는 사실이 마니아인 루카스에게는 문제였던 것 아닐까요? 다시 말해, 그곳에 '솔루션의 진공지대'가 있다는 사실을 알아차린 거죠.

루카스는 영화를 보고 속이 후련해지면서 끝나는 것이 아니라, 그 후에 영화의 팬이 된다는 활동체인을 간파했던 겁니다. 결국은 '마니아가 되기'까지 솔루션이 반드시 필요하다고 말이죠. 그 시점에서 과금하는 편이 더 큰 이익을 만들어줄 것이라고 예상했던 겁니다.

이것은 현재 할리우드 영화의 주요 비즈니스 모델이 되었습니다. 영화를 보는 사람에게서 수익을 얻지 않고 캐릭터를 열렬히 사랑하는 사람에게 캐릭터 관련 상품을 팔아 돈을 버는 이익 논리를

도표34. **스타워즈 팬의 활동 체인과 비즈니스 모델 커버리지**

	구입 단계					용건 해결 단계			지속 단계		
	엔터테인먼트	영화를 본다는 선택	SF물	볼 영화를 결정한다	티켓을 산다	본다	감동한다	속이 후련해져서 일상으로 돌아간다	팬이 된다	푹 빠진다	다음 작품을 본다
20세기 폭스					●						
루카스 필름						○	○	○	●	●	●

이 단계에서 과금한다

선택하고 있습니다."

"대단하네요."

"게다가 이 이익 논리에는 그 다음으로 이어지는 것이 또 있습니다. 관객에게 캐릭터가 인기를 얻게 되면 다시 속편 영화가 히트할 수 있는 연결고리가 생기고, 그 결과 영화 자체로도 이익을 내게 되어 다시 더 큰 스케일의 작품이 탄생하는 선순환이 이루어지지요.

이러한 방법론은 디즈니에서도 채택하고 있습니다. 미국 디즈니에서는 우선 영화로 캐릭터를 등장시켜 인기를 얻으면, 그 다음은 시간차를 두고 디즈니랜드를 비롯한 테마파크에서 영화의 배경과 캐릭터를 무대로 한 체험관이나 놀이 시설을 만들어 지속적으로 이익을 창출합니다."

"듣고 보니 확실히 그러네요."

"디즈니는 2012년에 마블 코믹스(Marvel Comics)를 사들여 여기서도 머천다이징 비즈니스를 전개했어요. 2012년에 공개된 영화 「어벤저스(The Avengers)」의 세계 흥행 수익은 15억 1천만 달러입니다. 한편, 관련된 캐릭터 상품의 매출은 2012년에 394억 달러로 파격적인 기록을 남겼지요. 이러한 결과는 영화에서 독립 채산을 목표로 삼지 않는다는 명쾌한 이익 논리에서 시작되었습니다. 어느새 영화가 캐릭터의 마케팅으로 활용되고 있어요. 영화 자체가 그 후에 상업화될 캐릭터의 예고편이 된 셈이죠. 최종적으로 각종 캐릭터 상품이 과금 대상이 되어 지속적으로 이익을 가져다줍니다. 과금 포인트는 그 외에도 사운드트랙, 노벨라이즈(영화, 만화, 게임 등을 소설화하는 일-옮긴이), 만화, 게임 등 다양합니다. 엔터테인먼트 비즈니스는 이러한 선구적인 모델을 빠른 단계로 구축하고 있답니다.

"정말 흥미롭군요."

플레이스테이션과 닌텐도가 직면한 도전

"일본에서도 이런 식으로 시야를 넓혀 활동하는 도전자들이 있는데, 알고 계신가요?"

"일본에도요?"

"일본의 게임업계입니다. 게임업계는 매년 선두주자가 교체될 정도로 활발하게 움직이고 있어요. 순서대로 한번 살펴볼까요? 우선 게임을 하는 사람의 활동 체인을 적어보겠습니다. 여러 가지로 예측할 수 있겠지만 하루 중의 엔터테인먼트나 시간 때우기 용으로 게임에 열중하는 고객을 상정해보겠습니다."

도표35. **게임을 즐기는 사용자의 활동 체인**

구입 단계					용건 해결 단계		
엔터테인먼트	게임이라는 키워드	여가시간	게임으로 생활을 풍요롭게	구입	사용한다	레벨업	즐긴다

"역시! 우선은 게임 자체보다도 엔터테인먼트에서 접근한다는 점에 수긍이 가요. 아까 말씀하신 영화와 똑같네요. '게임'을 키워드로 해서 솔루션을 찾기 시작한 사람이 짬 나는 시간을 유용하게 사용하고 싶어 한다는 거죠?"

"그렇습니다. 최종적으로는 게임에 몰두하기가 목표겠죠."

"금방 이해가 되네요. 저희 회사에도 사회인이 되고서도 줄곧 게임을 하고 있는 사람이 있으니까요."

"그리고 게임기를 구입하는 거죠. 게임기 제조사로는 소니나 닌텐도, 그리고 마이크로소프트 등이 있지만, 최근의 소셜 게임(social game, PC나 휴대 전화의 소셜 미디어로 제공되는 게임의 총칭-옮긴이)은 기존의 스마트폰을 게임기로도 사용하게 만들었지요."

"저도 전용 게임기는 사지 않지만 스마트폰 게임은 자주 해요. 특히 라인에서 제공하는 '포코팡' 같은 거요."

"그렇죠? 지금 대학생들도 대부분 전용 게임기는 없을 테지만 스마트폰으로 게임을 하고 있어요. 저도 가끔 하는 걸요."

이렇게 말하며 가타세 교수는 아이폰을 꺼내 '퍼즐 앤 드래곤'이라는 게임 화면을 보여주었다.

"아무튼 그 다음엔 게임 소프트웨어를 다운로드하거나 구입하는 '사용한다'의 단계로 넘어갑니다. 그러다가 '레벨업'을 하고 '즐기는' 거죠. 현재로선 이 단계가 목표겠지요."

"네, 이미지가 그려지네요."

"그러면 이것을 비즈니스 모델 커버리지로 나타내볼게요. 우선 닌텐도나 소니도 마찬가지입니다만 대부분의 게임 제조회사가 게임기 본체로 돈을 벌려고 하지는 않습니다. 이것도 일종의 면도날 모델이지요."

"네, 본체 가격을 보면 알 수 있어요. 고성능 기기를 그런 저렴한 가격에 판매하면 적자일 게 뻔합니다."

"그렇습니다. 대신 소프트웨어가 비쌉니다. 그리고 외부 전문 기업이 소프트웨어를 출시하면 닌텐도나 소니에도 돈이 들어오게 되는 구조입니다. 이는 닌텐도가 TV 게임용 시절에 실시하기 시작한 과금 모델인데, 매우 뛰어난 방법이라고 평가받았지요."

"그렇군요. 하지만 지금은……."

"맞아요. 닌텐도와 소니의 쌍두체제를 모바일 게임군이 토벌하고 있는 셈이지요. 바로 그리(Gree)와 디앤에이(DeNA)가 그 주인공입니다. 그들은 일반 휴대폰으로 간단하고 손쉬운 게임을 무료로 제공했습니다. 그 게임 과정에서 레벨업이나 스테이지를 올라가면서 과금을 하는 방식을 취하고 있지요. 이른바 프리미엄(freemium)입니다."

"네, 알고 있습니다."

"가장 큰 전환기는 경호(Gungho)의 '퍼즐 앤 드래곤'입니다. 이들은 이미 소프트웨어로 판매될 정도의 질 높은 게임을 무료로 제공하고 있어요. 게임의 진행에 맞춰 과금하므로 과금 방식은 같습니다. '퍼즐 앤 드래곤'의 높은 품질은 그 후 휴대형 게임기인 닌텐도 3DS에 들어가는 유료 소프트웨어로 판매되고 있다는 점에서도 잘 알 수 있지요."

"네, 알고 있습니다. 부서 연구모임에서 저도 공부했거든요."

"게임기 제조회사와 소셜게임 회사의 가치 제안은 여기까진 거의 비슷합니다. 게임을 제공하고 여유 시간을 엔터테인먼트로서 즐기게 하는 것이죠. 다른 점은 과금 방식입니다. 게임 소프트웨어로 이익을 얻을 것인가, 아니면 게임이 진행됨에 따라 이익을 얻을 것인가의 차이입니다. 요즘은 게임 진행에 따라 과금되는 평균적인 금액이 게임 소프트웨어 한 대분을 넘어서고 있습니다."

"그건 몰랐네요."

"그 밖에 애플의 비즈니스 모델이 있으니 참고로 말씀드리죠.

이 회사도 아이패드(iPad)와 아이폰(iPhone), 그리고 아이팟 터치 (iPod touch)로 즐길 수 있는 게임을 제공하고 있습니다. 하지만 게 임회사와 달리, 게임을 전개하는 앱스토어(AppStore)에서는 이익을 내지 않고 본체에서 확실히 과금하고 있습니다. 즉, 게임을 저가로 제공하고, 더욱이 플랫폼에서의 이익은 기대하지 않고 본체에서 높은 수익을 얻는 방식이지요. 이렇게 보면 가치 제안은 같더라도 각각 과금 포인트, 즉 높은 수익을 창출하는 포인트는 저마다 다릅 니다. 이 점이 각 비즈니스 모델을 다르게 하는 요소입니다."

"과연! 그렇게 생각하니 모든 것이 한눈에 보입니다."

"그런데 말이죠, 스도 씨. 여기에 이해할 수 없는 비즈니스 모델 이 등장합니다."

"그게 뭐죠?"

과금 포인트가 없는 게임

"그게 바로 마지막에 표시한 '함대 컬렉션'입니다."

"아, 저 그거 알아요. 최근 회사 동료가 빠져 있는 게임이에요. 컴퓨터 브라우저의 양대 산맥인 아이이(IE)와 크롬(Chrome)으로 하는 온라인 게임 말이죠? 매력적인 미소녀 캐릭터가 전함의 함장이 되어 지휘하는 게임이요."

"잘 알고 계시는군요."

"저는 잘 모릅니다만 요즘 중년 남성들이 열광하고 있어요. 아무래도 캐릭터에 감정이입을 하는 모양입니다. 게다가 돈을 지불하지 않고도 충분히 즐길 수 있다고 해요. 게임을 빨리 진행하고 싶을 때야 돈을 내기도 하겠지만, 그런 경우가 아니고는 무료로 즐길 수 있어서 좋다는 평을 얻고 있어요."

"그렇습니다. 이것을 비즈니스 모델 커버리지에 대입해볼까요? 보시면 다른 사례와 가치 제안은 같습니다만, 어떻습니까?"

도표36. **게임의 비즈니스 모델 커버리지**

	구입 단계					용건 해결 단계		
	엔터테인먼트	게임 이라는 키워드	여가 시간	게임으로 생활을 풍요롭게	구입	사용 한다	레벨업	즐긴다
게임기 제조사					○	●	○	○
소셜 게임					○	○	●	○
iPhone iPad iPod					●	○	○	○
함대 컬렉션					○	○	○	○

"앗! 과금 포인트가 없네요."

"맞습니다. 게임으로 즐길 수 있게 하는 것을 목표로 하고 있어서 가치 제공으로 끝납니다. 그래서 많은 사람의 마음을 사로잡는 것이지요. 즉, 이미 게임이라는 단위에서는 기본적으로 과금을 하지 않습니다. 물론 과금 포인트는 준비되어 있지만, 사용자가 돈을 내지 않아도 끝까지 게임을 할 수 있어요. 다시 말해, '프리미엄(freemium)'을 깨뜨린 겁니다. 대체 어떻게 된 거냐 하면 말이죠."

가타세 교수는 검색창에 '함대 컬렉션'이라고 쳤다. 그러자 화면에 나타난 것은 게임이 아니라 애니메이션과 책이었다.

"원래 출판사인 가도카와(角川) 게임스가 개발하고 디엠엠닷컴(DMM.com)이 배포하고 있는 게임입니다. 따지고 보면 게임은 그 이후의 팬을 만들기 위한 장대한 예고편이지요. 그래서 게임 내에서 과금하지 않고 게임 외의 다른 콘텐츠에서 과금하여 수지를 맞춰나가는 전략이에요. 현재 사용자는 100만 명이 넘는데, 기사에 의하면 가도카와 게임스는 게임 자체로는 거의 돈을 벌지 못한다고 해요."

"네?"

"그래서 '함대 컬렉션'에는 마니아 만들기에 목표를 두고 지속 단계까지를 상정하고 있습니다. 구체적으로는 연재만화, 만화책, 소설 등 가도카와 그룹의 전문 분야인 출판물입니다. 더욱이 애초부터 애니메이션도 상정되어 있던 것 같아요. 이러한 멀티미디어 전개를 최초로 시행하고 거기서 과금하려고 한다는군요.

이렇게 게임으로 팬을 만들고 게임 외의 출판물이나 기타 미디어에서 과금하는 방식으로 과금 포인트를 설정하고 있습니다. 이에 관해서는 관계자가 다양한 견해로 이야기하고 있는데, 얼핏 게임이 주요 제품으로 보이지만 그 이외의 과금 포인트를 늘려 전체적으로 이익을 창출하려고 하는 사례입니다. 어쨌든 게임 이외의 수익이 커지는 것은 사실이니까요."

"놀랍군요. 그렇게 해서 사용자들도 순수하게 게임을 즐길 수 있다니!"

"그렇습니다. 여기서 게임은 앞으로 이끌어낼 소설과 애니메이션의 판촉 수단인 거죠. 즉, 주요 제품을 판촉 수단으로 격하한 셈입니다. 하지만 이 콘텐츠는 팬을 만드는 데 중요한 역할을 하기 때문에 게임을 주요 제품으로 취급하고 있는 제조회사와 비교해도 손색이 없어야 합니다."

"그거, 확실히 『프리』에는 나오지 않았던 이론 아닌가요?"

"물론 게임이라는 토대를 솔루션이나 과금의 단위로 보면 이 비즈니스 모델은 보이지 않아요. 이것을 지속 단계까지 확대해야 비로소 보이는 겁니다. 그래서 과금 방법이라기보다는 비즈니스 모델을 설정하는 '사업 단위'의 문제가 되지요."

도표37. 함대 컬렉션과 대체 솔루션의 비즈니스 모델 커버리지

	구입 단계				용건 해결 단계				지속 단계		
	엔터테인먼트	게임이라는 가이드	여가 시간	게임으로 생활을 풍요롭게	구입	사용한다	레벨업	즐긴다	세계관에 침투한다	열렬한 팬이 되다	마니아의 영역으로
게임기 제조사					○	●	○	○			
소셜 게임					○	○	●	○			
iPhone iPad iPod					●	○	○	○			
함대 컬렉션					○	○	○	○	●	●	●
공략본*							●	●			
잡지			●	●							

※ 참고로 공략본은 용건 해결 단계에서 솔루션과 과금을 실현하고, 게임 잡지는 구입까지 유도하여 솔루션과 과금을 실현한다.

"사업 단위란 말씀이죠? 역시 발상의 전환이네요. 지금까지 중심이 된 제품, 더구나 완성된 제품을 보조 수단으로 격하시킨다! 그리고 다른 단위로 확대하여 거기서 기다리고 있던 서비스로 과금한다! 복잡한데요. 제품을 만드는 현장에서는 절대 도입할 수 없을 것 같은 내용이에요."

"맞아요. 하지만 서비스업에서 일어난다는 것은 차츰 제조업으로 확대될 수도 있다는 의미이지요. 제조업에서도 서비스 요소가 커지고 있으니까요."

"그런데 질문이 하나 있습니다. 이거 결과적으로 '포켓몬'과 같은 거 아닌가요?"

"그런 데까지 생각이 미치다니, 스도 씨 정말 열심히 들어주셨어요. 하지만 실은 완전히 달라요."

포켓몬 모델의 비밀

"'포켓몬'에 대해서는 어느 정도 알고 계신가요?"

"제가 중고등학생 때 유행했으니까요. 부끄럽지만 실제 게임도 해봤거든요. 아침 프로그램을 보면서 캐릭터 주제곡을 부르기도 했어요. 어쨌든 게임으로 성공해서 애니메이션과 만화로도 나왔고 또 게임이 잘 팔리니 영화가 만들어지는, 이런 사이클로 계속 인기를 누리고 있지요."

"그래요. 결과적으로 라인업 된 제품은 '함대 컬렉션'이나 다른 게임들과 마찬가지예요. 하지만 이 두 가지는 결정적으로 다른 부분이 있습니다."

"뭐가 다른 거죠? 저는 차이를 잘 모르겠는데요."

"처음부터 상정하고 있었느냐 아니냐가 다른 부분입니다."

"처음부터요?"

"아까의 방법론을 취한다면 '함대 컬렉션'은 애초에 이익 포인트를 뒤로 미루어왔어요. 그래서 품질 좋은 게임도 무료로 제공할 수 있었던 겁니다. 게다가 게임할 때 돈을 들이지 않아도 끝까지 게임을 마칠 수 있게 되어 있어요. 말이 길어졌는데, 그것은 뒤에서 순서를 기다리는 과금 포인트가 처음부터 설정되어 있었기 때문에 실현 가능했던 겁니다."

스도는 한마디라도 놓칠세라 부지런히 메모를 했다.

"반면 '포켓몬'은 어떨까요? '포켓몬'은 처음부터 게임으로 이익을 낼 작정이었어요. 그런데 인기 있는 콘텐츠라는 것을 알고서 나중에 추가로 애니메이션이 시작되었고, 그러고 나서 다시 한 번 게임으로 돌아가는, 당초 상정하지 않았던 사이클이 생긴 거죠. 그래서 모든 과금 포인트에서 이익을 얻을 수 있는 겁니다."

"아!" 스도의 머릿속에서 모든 내용이 연결되기 시작했다.

"그런 거군요. 처음부터 이익을 내는 포인트를 뒤로 미룰 작정이라면 최초의 제품을, 적자를 각오하고라도 박리로 판매할 수 있다는 뜻이군요. 나중에 이익을 취하면 되니까요."

"그렇죠. 잘 파악하셨어요. 하지만 '만약에 히트하면 그때 다음 과금을 상정하겠다'는 방식이라면 지금 현재의 제품에서 확실히 이익을 취해야 합니다. 다음으로 미루게 되면 제품 단위의 원가 계산이 필요해지므로 소규모 기업은 가격에서도 인기 면에서도 밀릴 수밖에 없거든요."

"그렇군요. 규모가 작은 저희 같은 회사가 가격으로 승부하거나, 극단적으로 말해서 깜짝 놀랄 만한 박리로 상품을 판매하려면 장기간으로 내다보아야 하겠네요."

"그렇습니다. 왜냐하면 대기업은 저가로도 제대로 이익을 내며, 아무래도 손해는 보지 않게 되어 있어요. 이런 발상을 소규모의 도전자가 흉내 냈다가는 고객의 구매의욕은 불러일으키겠지만 이익을 갉아먹기 때문에 결과적으로 회사는 망할 겁니다."

"그런 이치군요. 저는 원가를 최저로 낮추지 않는 이상 가격을 내릴 수는 없다고 생각하고 있었습니다. 하지만 그것은 이미 대기업의 경쟁 규칙을 따라 했던 거네요. 그렇게 해서 레오리아스가 이길 리는 없고요."

"어떻습니까? 포인트는 '솔루션'과 '과금 포인트', 그리고 그것을 보는 '사업 단위'입니다. 이로써 비즈니스 모델이 결정됩니다. 제품만이 아니라 앞으로의 과금 포인트까지 상정한다면 '한때 손해를 보더라도 장래에 큰 이익이 되어 돌아오도록 하라'는 말이 가능해지지요."

스도는 이해하면서도 한 가지 궁금한 것이 있었다.

"그런데 제품을 만드는 일 말인데요. 변동비, 즉 원재료비가 들어가니까 처음에 현금이 나가거든요. 아무래도 처음에 '손해를 본다'는 발상은 좀처럼 불가능합니다."

"그렇게 말씀하실 거라고 생각했어요. 잘 압니다. 그러한 발상은 재무적으로 튼튼한 기업이 하면 괜찮아요. 그런 무모한 일을 지금의 레오리아스로서는 할 수 없다는 것도 잘 알고 있습니다."

"다행입니다. 조금 안심이 되는군요."

탈품절의 비즈니스 모델

"스도 씨는 애초에 사장님에게 어떤 미션을 받으셨지요?"

"사장님은 새로운 사업 구조를 생각해내고 이익 구조도 바꾸길 원한다고 하셨습니다."

"그런 지시를 받고 스도 씨는 어떤 일에 열중하셨나요?"

"모멘텀 개발입니다."

"그건 나름대로 잘 설정하신 가치 제안이라고 생각합니다. 하지만 저는 뭐라고 했지요?"

"제품 라인업의 한 가지이므로 우연히 수익이 높은 제품을 개발했을 뿐이라고 하셨죠."

"그렇습니다. 당장 이익률이 높다고 해도 얼마 못 가서 경쟁업체가 모방할 테죠. 무엇보다도 대기업은 레오리아스가 가까스로 열어놓은 시장을 빼앗으려고 할 거예요. 엄청난 규모를 내세워서 말이죠. 그러면 그 제품은 다시 이익을 낮춰야 할 거고 레오리아스는 머지않아 다시 똑같은 이익 수준으로 되돌아가고 말 겁니다.

선두주자 우위 현상이 오래 지속되지 못한다는 것은 레오리아스의 역사가 증명하고 있어요. 레오리아스가 아무리 획기적인 가치 제안을 한다 해도 대기업이 유명 스포츠 스타나 연예인을 내세워 광고 선전비를 쏟아부으며 더 저렴한 제품을 시장에 내놓을 것이 뻔하거든요. 브랜드 인지도에서도 뒤떨어지고 있기에 이때는 당연히 지게 됩니다. 그래서 지금 이 상태가 된 거고요. 물론 이 부분은 스도 씨가 가장 잘 알고 계시겠지요. 그런데 어느 사이엔가 대기업의 경쟁 규칙으로 싸우고 있어요. 왜 그럴까요?"

"그건, 업계 관행이라고 해야 할까요? 그리고 그 관행을 벗어나기 위해 많은 비즈니스서를 읽고 있지만, 쓰여 있는 내용은 대개 '원가로 이길까, 차별화로 이길까' 이런 정도에 머물러 있기 때문에 그 규칙에 따라온 것이 사실입니다."

"하지만 그것이 대기업의 논리라는 것쯤은 이제 확실히 아셨지요? 따라서 비즈니스 모델이 필요한 겁니다."

"비즈니스 모델, 그렇군요. 지금까지의 사례 분석이나 오늘 교수님이 말씀해주신 비즈니스 모델 커버리지를 통해 정리가 되었습니다. 뭐랄까, 단편적이던 것이 점점 퍼즐 조각처럼 맞춰져 이어지는 느낌입니다."

"다행입니다. 그러면 이제 해야 할 일은 무엇일까요?"

"현재의 가치 제안으로 모멘텀이라는 제품을 판매하는 데 있어 처음부터 제품 이외의 솔루션을 준비하는 일, 그리고 고객이 구입한다는 사실보다 그 이후에 어떤 과금 포인트를 설정할지 연구하는 일입니다."

"그렇습니다. 다만 이것도 잊지 마십시오. 그 연구를 '지속 단계'까지 연장해보면 그때 비로소 고객과의 새로운 관계성이 보인다는 사실 말입니다. 또는 다른 제삼자의 지불주가 나타날 가능성도 있습니다. 어느 쪽이든 제품을 '전부 팔아버려서는' 안 됩니다. '탈품절'의 비즈니스 모델이 도전자를 다음 단계로 이끌어주니까요. 물론 거기에는 나름대로의 솔루션과 그 솔루션을 실현하기 위한 시스템도 필요합니다. 힘내십시오."

이야기를 나누는 동안 90분이 지나 차임벨이 울렸다.

"자, 그럼 전 세미나에 들어가야 해서요."

"교수님, 오랜 시간 감사합니다. 정말 뭐라고 감사의 말씀을 드려야 할지 모르겠어요."

"아닙니다. 겨우 90분인데 괜찮아요. 어때요, 스도 씨. 시각이 좀 달라졌지요?"

"네, 이제 비즈니스가 전혀 달라 보입니다."

"그러시다니 저도 기쁩니다. 세미나에 가볼게요. 또 나중에 경과를 알려주십시오."

스도는 몇 번이나 감사 인사를 하고 가타세 교수의 연구실을 나섰다. 스도는 그 길로 한큐(阪急) 전철을 타고 엑시비션 스포츠 고베점의 안조 점장에게로 향했다.

데모션 효과

이 장에서는 스타워즈와 함대 컬렉션을 예로 들었다. 이 두 사례에는 주 수익원이 되어야 마땅한 주요 제품을, 단지 더 크고 깊이 있는 세계로 가기 위한 입구로 격하시켰다는 공통점이 있었다. 이것을 나는 '데모션(demotion) 효과'라고 부른다. 이름에서 드러나듯 메인 상품을 부수적인 가치로 격하시켜 한때 손해를 보더라도 나중에 더 큰 이익을 얻는 효과를 노린 전략이다.

할리우드 영화에서는, 영화 자체로 이익을 완결시키지 않고 나중에 출시하는 상품군을 포함한 전부를 사업 단위로 하고 있다. 눈앞에서 영화 단위로 싸우는 상대에게는 쉽게 이길 수 있다. 그런데도 영화에 왜 그렇게 많은 예산을 쏟아붓는 것일까. 대개 도전자의 입장에서는 예산을 많이 들이지 못하므로 규모가 작은 상품을 만들어 적게 번다는 연결 고리에 빠진다고 한다. 하지만 비즈니스 모델의 감각이 있는 사람이라면 처음부터 관계자를 끌어들여 높은 수익을 상정하여 다방면으로 경쟁하면 좋을 것이다.

'함대 컬렉션' 게임에서도 과금 포인트를 점점 뒤로 미루고 당장 게임 자체로는 이익을 얻지 않고 있다. 하지만 전체로서는 이익을 내는 신기한 구조다. 어디서 이익을 남길 것인지는 이미 알았을 것이다. 그런데 모두 제품의 판매로만 돈을 벌려고 한다.

하지만 막강한 브랜드를 소유한 회사에 정면으로 도전하면 비용 경쟁에서 결국 지고 만다. 물론 그만큼 가격을 유지할 수 있으면 좋겠지만 인터넷이 지금처럼 생활의 일부가 되어버린 세상에서는 라이벌의 재빠른 반격을 피할 수 없다. 그러니 사람들이 몰입할 수 있는 세계관을 안정적으로 만들어내는 회사에 기회가 생긴다. 그리고 그러한 일련의 세계관을 경영 용어로 표현하면 '사업 단위'가 된다. 그리고 나는 더욱 명확하게 '이익완결 단위'라고 부른다.

솔루션의 정신이자 이익의 정신. 특히 이익을 어디서 완결시키느냐 하는 데서부터 일련의 솔루션 시리즈를 구성해보면 경쟁의 규칙을 바꿀 수 있다. 도전자 기업은 대기업의 경쟁 전략에 휘말리지 말아야 한다. 이러한 비즈니스 모델 발상이야말로 도전자 기업의 논리다. 그 사실을 알고 있기에 최근에는 대기업도 패권을 빼앗기지 않으려고 비즈니스 모델을 중요시하고 있다.

8장

비즈니스 모델 창조

솔루션을 제공하고
가치를 보증하라

고객은 망설인다

스도는 엑시비션 스포츠 고베점으로 향했다. 매장에 도착하자마자 계산대에 있는 직원에게 말을 건넸다.

"안조 점장님 계십니까? 레오리아스의 스도라고 합니다."

얼마 안 있어 안조 점장이 모습을 드러냈고 두 사람은 가볍게 인사를 나눴다.

"죄송하지만 매장을 한 번 더 둘러봐도 될까요? 새로운 아이디어가 떠올라서요."

"그건 괜찮지만, 근데 무슨 일인가요? 신제품?"

"아뇨, 제품이 아니고요. 비즈니스 모델입니다."

"잘 모르겠지만, 둘러보시죠. 신발 코너에 담당이 있으니 불러 드릴게요."

"아닙니다. 오늘은 중심 코너부터 보여주세요. 그리고 나서 스포츠 제품 코너를 비롯해 전반적으로 둘러볼 생각이니, 제게 신경 쓰지 마시고 일 보십시오."

중심 코너는 매장의 한가운데에 마치 섬처럼 위치해 있으며, 여기에는 스포츠 느낌이 덜 나는 의류용품이 진열되어 있다. 그리고 스포츠 제품을 벽 주변에 둥글게 둘러싼 모양으로 배치해놓았다.

굉장히 광범위한 의류용품을 취급하고 있기 때문에 유니클로의 대체제로 선택하는 고객도 많다. 또 계산대 앞쪽에는 단백질 등의 건강식품도 진열되어 있다. 이렇게 복합적인 상품을 다루는 스포츠 매장은 모멘텀이 가지고 있는 콘셉트에 딱 알맞은 조건이다. 운동을 그리 열심히 하지 않는 고객이 오다가다 자주 들르기 좋은 가게이기 때문이다.

보통 스포츠 매장에서는 열광적인 스포츠 팬들을 주 고객 층으로 삼지만, 엑시비션 스포츠 매장은 그렇지 않은 사람들이 스포츠복 느낌의 옷을 사러 오기도 하고 또는 스포츠를 시작하려는 고객도 많이 찾아온다.

그 증거로 매출 구성의 대부분을 초심자를 위한 상품이 차지하고 있다. 그러한 의미에서는 '스포츠를 지금부터 시작한다'는 가치를 충실히 전달하고 있는 점포임에 분명하다. 모멘텀은 '열심히 스포츠를 하지 않는 사람에게 계기를 만들어준다'는 콘셉트의 신발이다. 틀림없이 엑시비션의 고객에게 딱 맞을 것이다.

스도는 신발 코너가 아니라 가운데 있는 중심 코너를 중점적으로 살펴보았다. 어린 아이를 데리고 온 엄마가 카트에 아이를 앉히고 쇼핑을 하고 있었다. 그녀가 보고 있는 것은 어린이용 티셔츠였다. 그리고 자신의 티셔츠와 스웨터도 둘러보고 있었다. 서른 중반으로 보이는 그 여성은 약간 보동보동한 인상으로 운동은 할 것 같지 않았고, 주로 집에서 입는 편안한 옷을 좋아하는 듯했다.

그 여성을 조금 뒤쫓아보았다. 재고 상품 판매대에 놓인 신발을 집어 들고 있다. 이 상품 판매대에는 신제품에 밀려 이월된 상품이 저렴한 가격에 진열되어 있었다. 중심 코너에서 조금 떨어져 있는 그 코너에서 여성은 자신의 사이즈에 맞는 신발을 본다. 유명 브랜드인데 2990엔! 파격적으로 할인된 가격이다. 하지만 이러저리 만져보다가 결국 카트에 집어넣지 않았다. 다른 고객도 마찬가지로 같은 동선을 따라 걸으며 옷부터 신발까지 쭉 둘러보았지만 파격적으로 저렴한 그 신발은 사지 않았다.

'그렇군. 문제는 가격이 아니다. 쓸모가 없다면 아무리 싸도 사지 않는다. 가치가 없는 것이다.'

스도는 그렇게 확신하고 자신이 파악한 내용을 아이폰에 음성으로 녹음했다. 즉, 그들은 운동을 할 마음이 없는 것이다. 그렇다면 더욱 더 모멘텀에 승산이 있을지도 모른다.

우선은 모멘텀이 제공할 수 있는 가치부터 생각해야 한다. 스도는 그 밖에도 깨닫게 된 점들을 음성으로 남겨 놓았다.

'기능의 차이를 모른다.'

'판매점에 설치해 놓은 제조회사의 POP 광고는 기능과 소재를 강조하고 있다.'

'고객은 제품에 어떤 장점이 있는지 잘 알지 못한다.'

매장 점원에게 도움을 청하지 않고 느긋하게 매장을 돌아다니는 사십 대 여성 고객들은 대부분 의류, 특히나 가족과 자신의 것을 사기 위해 매장을 찾고 있다. 그리고 우선 특가품 신발이 놓인 진열대를 보지만 한 사람도 사지 않는다.

한편 스도는 신발 코너에 오는 같은 세대의 고객을 관찰한다. 신발은 점원이 고객을 직접 대할 일이 많기 때문에 소매업에서는 매장 직원이 어떻게 고객을 대하느냐에 따라 매출 차이가 많이 난다. 엑시비션의 담당자인 오카야마는 고객을 대하는 데 능숙하고 매장의 제품 라인업에서 최적의 솔루션을 선택해 고객에게 권하기로 유명하다. 그래서 오카야마에게 안내를 받고 제품 설명을 들은 고객은 대부분 그 제품을 구입한다.

한 여성이 신발 매장으로 들어섰다. 워킹화를 사러 온 모양이다.

"괜찮으시면 맞는 사이즈를 찾아드릴 테니 필요하실 때 불러주세요."

오카야마가 말을 건다. 그 상냥한 목소리에 여성이 대답한다.

"걷기 편한 신발이면 좋겠는데요."

"감사합니다. 그렇다면 이런 디자인은 어떠신가요? 몇 사이즈를 신으세요?"

국산 워킹화 한 켤레를 집어 들어 권한다. 고객의 발 모양을 살피면서 가장 적당한 신발을 함께 고른다.

"이거랑 이건 뭐가 다르죠? 어퍼 부분이라든가 가죽, 또는 밑창이 다르다고 쓰여 있긴 하지만 무슨 말인지 전혀 모르겠어서 고르기가 힘드네요."여성 고객이 서서히 마음을 연다.

"감사합니다. 소재가 표기되어 있습니다만 이쪽 구두는 새로운 밑창을 사용해서 무지외반증이 생기기 않도록……."오카야마는 손님을 대하는 솜씨가 뛰어났다.

제조사는 제품의 특징을 소재나 기능으로 커뮤니케이션하는 경향이 있다. 하지만 그것만으로는 고객에게 장점이 제대로 전달되지 않는다.

오카야마는 제조사가 제공한 POP 광고에 의존하지 않고 자신이 POP를 직접 만들어 사용하고 있다. 거기에는 고객이 알고 싶어 하는 핵심을 간추려 비교표를 만들어놓았다. 분명 고객의 용건을 우선적으로 고려하여 판매하고 있는 것이다.

그럼에도 고객들은 POP 광고를 잘 보지 않기 때문에 오카야마는 매장에 있을 때 적극적으로 고객에게 말을 붙였다. 그녀의 내면에는 현장의 다양한 정보가 지식으로 쌓여 있었다. 이미 만물박사다. 취급 상품이 많아 복잡한데도 그 많은 관련 정보가 명확히 정리되어 있었다.

'그야말로 전설의 판매사원이군.' 스도는 혼자 중얼거렸다.

그러는 사이에 여성 고객은 8,000엔이나 하는 그다지 유명하지 않은 브랜드의 신발을 구입했다. 특가품인 2,900엔짜리 신발을 사지 않은 손님에게 오카야마가 대응하여 두 배 이상 비싼 상품을 판매한 것이다.

손님이 돌아가자 오카야마는 스도를 발견하고 해맑은 표정으로 웃으며 말을 건넸다.

"스도 씨, 오랜만이에요."

"오카야마 씨, 대단하네요. 전부 봤어요. 대체 어떻게 된 겁니까? 그리고 오카야마 씨는 손님이 질문을 하면 꼭 처음에 '감사합니다'라고 말하던데, 왜 그런 거죠?"

"우리 상품에 관심을 가져주고, 제게 물어봐주니까 당연히 감사하죠. 그 마음을 담아서 감사하다고 한 거예요. 회사에서 그렇게 하라고 한 건 아니지만요. 저는 5년 넘게 이런 식으로 매장에서 일하고 있는 걸요."

"어쨌든 대단해요. 저렇게 비싼 신발을 민첩하게 제안해서 사게 만들다니 말예요."

"아니에요. 평범한 판매 방법인데요 뭐,"

"평범하지 않아요. 모든 제조사가 고민하고 있는 일을 오카야마 씨가 담담히 해내고 있는 걸요."

"그 정도 연령대 손님들은 기능이나 브랜드, 또는 소재 같은 거 별로 신경 안 쓰거든요. 자신의 생활을 얼마나 바꾸어줄 것인지를 생각할 뿐이에요."

"그래도 우리 제조사 측은 기능 같은 것만 생각하잖아요."

"운동 경기를 하는 사람에게는 그렇겠죠. 그럴 때는 기능이나 사양이 중요하잖아요. 브랜드도 신경을 쓸 거고. 그도 그럴 것이 막상 시합을 하려고 축구 경기장에 섰을 때 잘 알지 못하는 스포츠화를 신고 있으면 심리적으로 불안할 테니까요."

그렇게 말하고 오카야마는 해죽 웃었다.

"그렇군! 고마워요 오카야마 씨. 그리고 한 가지 더 물어볼게요. 어째서 손님이 망설이지 않고 신발을 산 거죠?"

"아! 그 신발, 저도 사서 신고 있어요. 그래서 신었을 때의 감상을 말해주었지요. 저도 스도 씨 못지않은 신발 마니아니까요. 실은 월급을 모아 두었다가 제품을 할인할 때 여러 가지를 사서 신어 보거든요. 손님이 고민하는 건, 오늘 그 상품을 사서 돌아갔을 때 생활이 바뀔 정도의 값어치가 있느냐 없느냐니까 그걸 알려주면 돼요. 신발을 좋아하는 제게는 이 일이 천직이에요."

그 순간 스도는 충격을 받았다. 다시금 깨달은 것이다.

'고객이 망설인다……'

그렇다!

스도는 아이폰을 한 손에 들고 자신이 깨달은 내용을 녹음했다.

'스포츠 브랜드는 직접 경기에 참가하는 사람들에게만 눈을 돌리고 있었다. 모멘텀이 가치를 제안해야 할 40대 전후의 여성 고객들에게는 전혀 다른 방식으로 접근해야 한다. 상품을 히트시킬 열쇠는 거기에 있다. 알기 쉽게 해주는 것.'

그리고 계속 말을 이었다.

'고객은 망설인다. 이것을 사도 될까? 만일 그 제품이 가치 제안대로 분명 효과를 낼 수 있을 거라고 생각하면 살 것이다. 그 확신이 서지 않기 때문에 사지 않는 것이다.'

비즈니스 모델의 사고방식을 체계적으로 몸에 익힌 스도에게는 정보가 잘 정리되어 머릿속에 쏙 자리 잡았다.

매장 관찰을 마치고 집으로 돌아가니 메구미가 와 있었다.

"스도, 어서 와."

"응. 다녀왔어. 오늘은 어떻게 왔어?"

"어떻게 오기는! 요즘 자기가 너무 바빠 혹여 건강이라도 해칠까 걱정돼서 온 거지. 저녁 챙겨주려고. 그리고 솔직히 요즘 만날 시간이 없으니까 보고 싶어 온 거야."

그러고 보니 최근에는 메구미와 데이트도 하지 못했군.

"고마워. 그리고 미안해. 남자 친구 노릇도 제대로 못하고."

"괜찮아. 바쁘지 않을 때도 늘 이랬는데, 뭐." 메구미가 슬쩍 눈을 흘겼다.

"설마! 지금은 아주 중요한 시기라서 그래. 빨리 이 프로젝트를 성공시킬 수 있도록 열심히 할게."

스도는 저녁 식사를 준비하고 있는 메구미를 보면서, 이 프로젝트가 일단락되면 가장 먼저 그녀와 여유로운 시간을 보내야겠다고 마음먹었다.

모멘텀이라는 제품

'비즈니스 모델 연구실'에 스도와 다섯 명의 팀원이 모였다.

이제는 모멘텀을 콘셉트를 넘어선, 확실한 가치 상품으로 업그레이드하고 이에 수반된 여러 사항을 결정해야만 한다. 게다가 잊어서는 안 될 일은, 광고 선전비에 투자할 자금이 없다는 사실이다. 팀원들에게는 다른 시각에서 어떻게 이익을 내야 할지, 그리고 어떠한 서비스를 하면 좋을지에 관해 생각해오도록 미리 과제를 냈다.

이미 시제품도 준비되어 있으며 기요이 부장과 이와사 팀이 세세한 부분까지 수정을 마친 상태다. 이제 나머지는 스도가 리더십을 발휘해 어떻게 비즈니스 모델로 통합해갈지에 달려 있다.

"여러분, 고생 많으셨습니다. 이번 일주일간, 물론 돈이 없다는 유감스러운 공지도 있었습니다만, 그것을 계기로 저는 많은 걸 배웠습니다. 이런 어려운 상황이야말로 비즈니스 모델을 변혁하기에 더없이 좋은 기회라고 생각합니다. 우선은 가타세 교수에게 조언을 구하러 다녀왔습니다. 그곳에서 배운 내용들은 저의 사고 회로를 180도 바꿀 정도로 강렬했습니다. 그 내용을 근거로 정리해온 사고법을 프레젠테이션 하겠습니다."

스도가 발표를 시작했다.

"우리는 얼마 전에 '적극적으로 운동하지 않는 사람'을 타깃으로 하여 '신기만 해도 날씬해지는 신발'이라는 가치를 모멘텀에 부여했습니다. 그 자체는 지금까지 어느 스포츠 브랜드도 시도하지 않았던 일입니다. 스포츠 브랜드의 아집이라고 할까요, 그런 고정관념 때문에 기존 제품과 반대되는 개념의 제품을 내지 못했다고도 볼 수 있지요.

그런 의미에서 보면, 물론 모멘텀도 레오리아스라는 브랜드의 붕괴를 초래할 우려가 있지만, 그렇게 되지 않을 거라는 확신 또한 있습니다. 즉, 이것은 운동의 스위치를 켜는 계기이면서 지금까지의 기존 제품으로 향하는 동선인 것입니다."

"우리도 그렇게 이해하고 있네." 기요이 부장이 말했다.

스도는 기요이 부장의 말에 웃는 얼굴로 대답을 대신하고는 말을 이어나갔다

"지금까지는 '운동을 하고 싶어 하지 않는 층'을 대상으로 한 제품이 없었고, 고객들은 우리가 출시한 좋은 제품을 외면해왔던 겁니다. 이러한 상황은 다른 경쟁업체도 마찬가지입니다. 그래서 이제 모멘텀은 운동 초급자까지도 아우를 생각입니다. 그런 의미에서는 획기적인 상품인 것이 확실합니다.

이러한 고객을 대상으로 했을 때 '편하게 다이어트가 되는' 제품을 구매하는 층이, 어떤 사고 회로로 구입 단계에 다다랐는지를, 엑시비션 스포츠 매장에 가보거나 주부층의 이야기를 들으면서 생각해보았습니다. 그것이 바로 이 도표입니다."

스도는 가타세 교수에게 배운 활동 체인을 보여주었다.

도표38. 손쉽게 날씬해지고 싶은 사람의 활동 체인

구입 단계					용건 해결 단계		
날씬해지고 싶다	성과가 중요	아무 데도 가지 않고	쉽게 살이 빠진다	구입	사용 한다	효과적으로 사용한다	성과가 나타난다

"이것을 '고객의 활동 체인'이라고 합니다. 가타세 교수의 책에 소개되어 있기 때문에 여러분도 이미 알고 계실 거예요. 사실 저는 이번에 교수님께 직접 이 개념에 대한 설명을 들었습니다. 이 구조는 책에서 읽은 것보다도 더 깊은 통찰을 하게끔 하더군요. 그리고 제가 여기에다 모멘텀의 고객이 생각할 법한 내용을 일련의 활동으로 정리해보았습니다."

"이 활동 체인은 대체 어떻게 쓴 건가? 교수의 책에는 자세히 설명되어 있지 않으니 그 부분을 알려주게나."

마케팅부 이시가미 부장은 이 구조가 쭉 신경 쓰였던 모양이다.

"그리고 또 하나, 모멘텀은 아직 발매되지 않았는데 어떻게 활동 체인을 적을 수 있다는 거지?"

"이시가미 부장님, 중요한 점을 짚으셨네요. 우리는 물건을 만드는 사람입니다. 그래서 아무래도 물건을 중심으로 생각하는 경향이 있지요. 신제품이니까 고객이 아직 제품을 보지 못했다고 생각하는 게 당연합니다. 하지만 실은 그렇지 않습니다. 제품을 아직 보지 못했지만 그들에게는 해결해야 할 용건이 존재하거든요. 사용자들은 다른 상품을 선택해서 그 용건을 해결하고 있습니다."

실은 스도도 직접 활동 체인을 만들어보다가 벽에 부딪쳐 가타세 교수에게 이시가미 부장과 똑같은 질문을 했다. 그래서 스도는 이시가미 부장의 질문에 확실한 이론으로 대답할 수 있었다.

"우리는 스포츠 브랜드입니다만, '아무 데도 가지 않고 쉽게 살을 빼고 싶다'는 고객의 용건은 다른 솔루션으로 해결되어왔던 것이죠. 예로, 홈쇼핑 상품을 보면 많이 나옵니다. '레그 매직 엑스(Leg Magic X)나 전기식 복근 머신처럼 실내에서 가능한 운동기구가 바로 그겁니다. 예전 같으면 러닝머신도 마찬가지겠지요? 혹은 군대식 다이어트 프로그램인 빌리스 부트 캠프(Billy's Boot Camp)나 코어 리듬(Core Rhythms) 댄스 다이어트 역시 격한 운동이긴 해도 '아무 데도 가지 않고'라는 조건에는 꼭 들어맞습니다. 조금 덜 격한 방법으로는 '롱브레스(Long Breath)' 같은 것도 있어요."

"과연! 우리는 동종업계의 움직임밖에 보지 않았으니 말이야."

"혹은 광고에서 보는 건강보조식품은 어떻습니까? 그거야말로 지금의 생활을 그대로 유지하면서 완벽하게 날씬해지려는 거죠."

"맞아."

"더욱 흥미로운 것은 더 이상 다이어트를 할 기력도 없을 때 '날씬해 보이는 속옷'이나 다이어트 효과가 있는 의복 같은 게 많이 팔리고 있더군요. 거들도 마찬가지고요."

"아, 그거 우리 와이프도 입더라고."

기요이 부장의 말에 모두 웃음을 터뜨렸다.

"어쨌든 홈쇼핑에서는 그런 상품을 계속 내보내고 있어요. 그런 방송의 고객들이 아마 그대로 모멘텀의 고객이 될 것입니다."

"옳거니! 그렇게 하면 되겠네. 기막힌 방법이야! 신제품 척척 내도 되겠는걸."

이시가미 부장이 말하자 기요이 부장은 "그렇게 간단하진 않아" 하고 머리를 긁적이며 대답했다.

"그럼, 이 도표에 솔루션을 넣어보겠습니다. 즉, 모멘텀을 대체할 수 있는 다른 제품들의 가치 제안입니다. 그들이 접근할 수 있는 고객의 활동에 차례로 ○ 표를 기입하는 거죠. 그리고 어디서 이익을 얻고 있는지, ○ 표를 검은색으로 전부 바꾸면 비즈니스 모델을 알 수 있습니다. 바로 이것입니다!"

도표39. **손쉽게 다이어트하고 싶은 사람의 비즈니스 모델 커버리지**

	구입 단계					용건 해결 단계		
	날씬해지고 싶다	성과가 중요	아무 데도 가지 않고	쉽게 살이 빠진다	구입	사용한다	효과적으로 사용한다	성과가 나타난다
운동 기구					●	○		
건강 보조식품					●			
트레이닝 DVD					●	○		

비즈니스 모델 커버리지

"이 도표에는 운동기구를 비롯한 각 제품들이 솔루션을 제공하고 있는 상황과 과금 부분이 명확히 나타나 있습니다. 모든 솔루션은 구입 시, 즉 회사가 제품을 판매할 때 이익을 얻지요. 어떤 의미에서는 그 이상의 과금은 존재하지 않습니다. 이를테면, 홈쇼핑으로 판매되는 운동기구는 어떤 방법으로 구입을 유도하는지 보여줍니다. 얼마나 효과가 있는지는 모르겠지만 사용해보고 마음에 들지 않으면 일정 기간 내에 반품할 수 있기 때문에, 그 점은 '사용'에 대한 가치를 강조하고 있습니다. 그리고 건강보조식품의 경우는 구입하는 방법밖에 없습니다. 게다가 트레이닝 DVD는 운동 방법을 친절하게 가르쳐주므로 가치 제안이 그곳에 있습니다만, 이 역시도 구입 시의 과금으로 끝납니다. 이렇게 각각의 솔루션과 과금 포인트를 한눈에 알 수 있습니다."

"오! 도표를 보니 알기 쉽네요. 그럼 우리의 모멘텀은 어떤 구조로 되어 있나요?"

개발부의 젊은 사원 이와사가 물었다.

"이와사 군, 기다려봐. 지금부터가 핵심이니까."

스도가 이와사에게 미소를 지으며 말했다.

"여기까지가 이른바 제조사로서 생각할 수 있는 솔루션입니다.

하지만 용건이 정말로 해결되었는지, 또한 그것이 지속되어 한층 더 높은 단계의 욕구로 바뀌지 않았는지, 제품을 만드는 회사는 대부분 이런 데까지 생각하지 않았습니다."

"그렇다는 건?" 기요이 부장이 선뜻 이해하지 못해 물었다.

"원래 고객의 활동 체인을 보시죠. 바로 이렇습니다."

스도는 다음 슬라이드를 보여주었다.(도표40 참조)

"실은 용건 해결 단계 후에 또 다음 단계가 있어요. 그것이 지속 단계입니다. 그때부터 날씬해지는 기쁨을 알고 예뻐지고자 하는 세계로 들어가죠. 그리고 완전히 사로잡혀서 운동을 본격적으로 시작합니다. 이런 체인으로 연결될 것입니다."

"그렇군. 이거 스도 씨가 예전에 연구 모임에서 프레젠테이션 했던 '레오리아스의 기존 제품을 고객이 구입한다'고 했던, 그 내용 아니에요?" 마에다가 물었다.

"맞아. 활동 체인을 사용하면 고객의 용건과 행동을 확실히 설명할 수 있게 되지. 더군다나 목표는 용건 해결이 아니야. 가타세 교수에게 그걸 배웠어."

"스도 씨, 상당히 발전했네요!" 마에다가 놀라며 말했다.

"글쎄. 그만큼 고객은 우리들이 모르는 데서 용건을 해결하기 위해 애쓰고 있는데, 제조사도 소매점도 모두 고객이 구입하는 데만 신경 쓰는 바람에 솔루션을 기대할 여지도 없게 됐어. 솔루션을

도표40. **지속 단계까지 포함한 확장판 활동 체인**

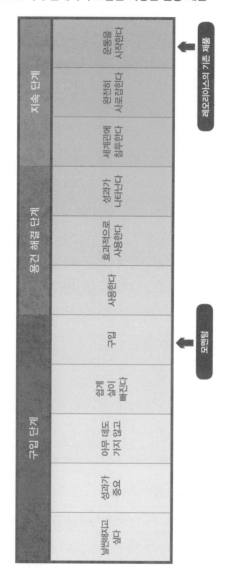

제공하지 못한다는 것은 과금 기회도 잃는다는 뜻이거든. 특히 이 '쉽게 살이 빠진다'는 카테고리는 성과가 나오는 단계까지 강조하지 못해. 뭐, 약사법 관계로 쉽게 주장하지 못하는 것도 이유겠지만, 그보다는 지속 단계까지 생각하지 못하고 있는 거지. 이 말은 체인이 도중에 끊어졌다는 뜻이기도 해. 역으로 생각하면 이것은 우리에게 기회가 아닐까?"

"과연, 그렇군요. 제품을 만드는 기업은 역시 다 팔고 난 다음에는 책임을 지지 않겠다는 의식이 있으니까요. 우리도 가능하면 원가에 많은 이익을 붙여서 팔아 치우고 싶어 했고요." SCM부의 다케코시다운 발언이었다.

"다케코시 씨, 대단해요. 그럼 서비스업에서 힌트를 얻어 볼까요. 아까 말한 솔루션에 헬스클럽을 추가해보았습니다. 그러면 이런 결과가 나옵니다."

스도는 슬라이드를 넘겼다. 그리고 확장판 비즈니스 모델 커버리지를 보여주었다.(도표 41 참조)

"서비스업의 경우에는 줄곧 고객을 직접 대하고 있기 때문에 구입, 즉 계약 이후에도 솔루션을 계속 제공해야 합니다. 그리고 고객이 계약 갱신을 해야 지속적인 과금이 성립되므로 효과적으로 사용할 수 있도록 지원하여 지속적인 이익을 창출해야 하지요. 그래서 담당제를 채택하고 있는 거고요."

도표41. 확장판 비즈니스 모델 커버리지

	구입 단계						용건 해결 단계		지속 단계		
	날씬해지고 싶다	성과가 중요	아무 데도 가지 않고	쉽게 살이 빠진다	구입	사용한다	효과적으로 사용한다	성과가 나타난다	세계관에 침투한다	완전히 사로잡힌다	운동을 시작한다
운동기구					●	○					
건강보조식품					●						
트레이닝 DVD					●	○					
헬스클럽					●	●	●	○	○	○	○
모멘텀					○	○	○	○	○	○	○

"역시! 그렇게 생각하니 단골이 저절로 생기는 게 아니라 회사에서 단골을 끌어들일 수 있는 가치 제안을 하면서 능숙하게 과금을 해나가는 그림이 그려지는군." 이시가미 부장이 말했다.

"헬스클럽도 그렇습니다만, 최근에는 치과도 같을지 모르겠어요. 치석을 제거하러 가면 지속적으로 치료받아야 하는 부위를 알려주잖아요. 물론 강제적으로 치료를 하는 건 아니지만 자신이 스스로 더 관리하고 싶어 계속 다니게 되지요. 치과도 미용관리실 같은 식인 거죠. 치과의사나 위생사들도 아주 상냥하고 기품이 있고요. 그런 작전이 숨어 있었네요."

마에다는 더 많은 사례와 비교하면서 스도의 말을 이해하려고 애썼다.

"이런 형태의 헬스클럽이라면 지속 단계까지 대응할 수 있어요. 모멘텀도 이와 같이, 고객이 '운동 스위치'를 켤 때까지 고객과 함께 할 수 있는 가치 제안을 해야만 합니다. 어디서 과금할지는 나중에 생각하기로 하고 솔루션의 제공, 즉 ○표시는 마지막까지 표기되어야 해요. 그렇지 않으면 기존의 레오리아스 제품에는 다다를 수 없기 때문입니다. 가치 제안을 해도 고객이 용건을 해결할 수 없다면 실패인 거죠. 따라서 사양이 아니라 가치를 인식시켜야 합니다."

"말뜻은 잘 알겠네. 제품 수준은 어떤가요? 기요이 부장님."

이시가미 부장이 기요이 부장에게 물었다.

"밑창은 완벽하게 마무리되었네. 효과도 검증하고 있고. '살이 빠진다'고 단언하는 것은 검증이 필요하니 시간이 더 걸리겠지만, 그에 준하는 표현이라면 가능하지. 진짜로 효과를 볼 수 있을 테니까. 그 다음은 어퍼 부분인데."

"그거라면 문제없습니다. 일상생활에 아주 잘 어울리는 세련된 디자인으로 했어요. 그때부터 상당히 공을 들였거든요. 밑창과 조화를 이루면서도 투박하지 않게 신경 쓴 데다, 자그마하게 보이는 마술도 사용했으니까요. 보고 싶으시죠? 바로 이겁니다."

이와사가 제품을 꺼내보였다.

"우와! 멋지네요!" 맨 먼저 소리를 지른 사람은 마에다였다.

"이거, 저도 갖고 싶은 걸요. 사무실용으로 신고 싶어요."

"그렇죠? 사실은 연령대가 더 높지만, 어퍼 부분의 디자인만큼은 자신 있습니다. 의외로 젊은 사람들이 더 갖고 싶어 할걸요."

"정말 근사해."

스도도 바로 말이 나오지 않을 만큼 감동했다.

"감사합니다. 제품으로서는 완벽하게 완성될 거라고 저도 확신하고 있었습니다. 그런데 그 이상의 제품이 나왔습니다."

이와사가 쑥스러운 듯 웃음을 지었다. 스도는 솔직히 말해서 이와사의 감각에 놀랐다. 이거라면 경쟁할 수 있겠다 싶었다. 그때 기요이 부장이 말했다.

"게다가 이 밑창이라면 보통 신발과 비슷한 원가로 만들 수 있네. 어퍼 부분에 인조 가죽을 사용하기 때문에 값이 비싸지만 그래도 정가 1만 엔 정도로 팔 수 있지. 일반적인 워킹화가 1만 엔이 조금 못 되잖아. 그보다 조금 더 비싼 정도면 딱 적당할 거야."

이 말에 스도는 물론 이시가미 부장과 마에다의 표정까지 굳어졌다.

"아니에요, 기요이 부장님. 모멘텀은 다른 방식으로……." 스도가 말했다.

제품 밖에서 가치를 공유하는 솔루션

그렇게 말하고 나서 스도는 다시 한 번 비즈니스 모델 커버리지를 보여주었다.

"어떠세요? 기요이 부장님. 이번 제품은 사양을 내세워 판매할 계획이 아닙니다. 어디까지나 가치를 판매하는 거예요. 그렇다면 어떤 용건을 받아들이고 어떤 솔루션과 비교하느냐에 따라 가격이 결정될 것입니다. 고객가치인 거죠. 다시 말해 지불 의욕과 가격의 차액입니다.

"아, 그랬지. 물론 기억하고 있네. 뭐, 이게 물건만 만드는 사람의 한계인가!" 기요이 부장은 쓴웃음을 지었다.

"물론 싼 것보다 더 좋은 건 없지만, 이번에 출시할 모멘텀은 제품 개발 프로젝트로 끝나서는 안 됩니다. 이익 구조를 바꾸려는 프로젝트예요. 그 때문에 모멘텀이라는 '가치 제안의 장치'가 있는 거고요. 그 이상으로 우리가 어떤 솔루션을 내세워 이익을 창출해가느냐, 그것이 바로 비즈니스 모델이 될 겁니다."

기요이 부장은 마음을 열고 스도의 말을 받아들였다.

"그래서 여러분, 제품 외의 솔루션에 관해서 조사해오기로 하셨는데, 어떻던가요?"

스도가 물었다.

마에다가 발표 내용을 기록하기 위해 화이트보드 앞으로 나갔다. 그러고는 '액세서리', '기능성 의류' 등 지금까지 레오리아스에서 다루던 상품을 적어 넣었다. 팀원들은 자신이 생각해온 아이디어를 하나씩 말하기 시작했다.

'걷기 교실', '피팅', '자세교정' 등 순수한 서비스도 제안되었고 개중에는 '고민 상담연구소'라는 뜻 모를 주제까지 들어 있었다. 아무런 제한을 두지 않았기 때문에 브레인스토밍처럼 각자 메모를 보면서 자유롭게 말하고 그것을 마에다가 기록했다.

모두 서비스 부분을 의식한 발표였다. 스무 가지 정도의 의견이

나왔을 때, 더 이상 능률이 오르지 않자 스도가 일단 여기서 멈추자고 제안했다.

"과연! 지금까지 제품을 만들 때는 전혀 고려하지 않았던 관점이네요. 여기서 확인하고 싶은 게 있습니다. '액세서리'와 '의류'는 어느 분이죠?"

"접니다." 다케코시가 낸 의견이었다.

"지금까지 레오리아스는 작은 제품을 만들어 왔습니다. 그저 로고를 붙였을 뿐인 넥스트랩(neck strap)이나 드링크병 같은 거죠. 티셔츠도 출시해왔지만 단지 로고뿐이었어요."

다케코시의 말을 들으며 다섯 명은 고개를 끄덕였다.

"하지만 이번에 제가 말씀드린 액세서리는 '운동을 하지 않는 사람들'을 타깃으로 한 '양말'과 '깔창', 그리고 '기능성 속옷'입니다. '모멘텀'이 생활에 녹아든다면 그에 필요한 부속 상품군도 필요하니까요. 모멘텀을 신을 때 물론 보통 양말을 신어도 되지만, 뭔가 양말에도 기능성을 갖춰 함께 제안하고 싶어요."

"그렇지." 기요이 부장이 중얼거렸다.

"그래서 다른 부서에 지금까지 기능성 양말이 없었는지를 알아보았죠. 신고 있기만 해도 평발이 개선되는 기능성 양말이 있긴 하더군요. 하지만 색상도 다양하지 않고 모양도 단조롭습니다. 그러니 이번 모멘텀에 맞춰 세련된 디자인으로 다시 만들어 내놓는다면 과금 포인트가 더욱 늘어날 것으로 보입니다. 같은 이치로 '입고 있기만 해도 자세가 바로잡혀 살이 찌지 않는' 속옷을 생각했고요. 그 다음은 모멘텀을 신기 시작하면 더욱 효과에 신경 쓰이기 마련이니까 그 효과를 높여주는 깔창을 판매하는 것이죠. 어떻습니까?"

"역시. 이렇게 되면 이제는 신발만으로는 해결되지 않는 거군. 옳은 말이네." 이시가와 부장이 말했다.

"그렇습니다. 모멘텀은 이미 단순한 하나의 제품이 아닙니다. 통일 브랜드로서 제안하는 방식이죠. 우리는 '신기만 해도'라는 가치를 공유할 제품을 다양한 방면으로 전개하면 되지 않을까 생각합니다." 다케코시가 설명했다.

"다케코시 씨, 고맙습니다. 훌륭하군요. 한 가지, 그 제품들을 함께 판매할 때 이윤은 어떤가요? 원래 액세서리도 의류도 이윤이 높아서 바람직한 품목이지요. 하지만 부속품으로서 판매한다면 신발 판매 수량의 몇 십 퍼센트 정도에 머무를 겁니다. 이 경우 이익률은 어느 정도입니까?"

"그렇습니다. 확실히 말해서 생산 단위수량이 적어서 큰 이익을 기대할 수는 없습니다. 하지만 잘하면 지금까지의 의류보다는 높은 이익을 취할 수 있을 거예요. 우리의 기존 라인업에도 비슷한 제품들이 이미 있습니다만, 지금까지는 기능 면을 강조해서 판매했기 때문에 실패했지요. 그 제품들을 세세한 부분까지 수정해서 '모멘텀' 브랜드로 통일해 가치를 제안한다면 개발비가 그다지 들지 않으므로 이익을 낼 수 있습니다."

다케코시가 대답했다.

"다케코시 씨, 감사합니다. 역시 대단하네요. 기요이 부장님과 같은 방법으로 수익을 높이고자 하다니요. 그 의견도 반영합시다. 다시 말해, 사용하면서 '신기만 해도 날씬해진다'는 솔루션을 전개할 수 있다는 거네요. 흥미롭습니다."

"네. 다만 신발이 가치를 내세우기는 가장 쉽습니다. 선진 기술이 적용될 거고 레오리아스로서도 점프 어라운드나 레오피트의 형제자매 상품이라 의미 있는 제품이니까요. 그렇게 되려면 결국 신발로 어떻게 가치를 인식시키느냐가 가장 중요합니다."

'신발이 판매되기 시작하면 그에 수반해서 부속 상품도 팔린다는 거지. 면도기와 면도날 전략으로 과금 포인트가 늘어날 테니 말이야.'

닌텐도로 할 것인가, 애플로 할 것인가. 스도는 지금까지 배운 과금 방법을 되새겨보았다. 아니, 모든 방향에서 과금할 수도 있다는 생각이 들었다.

서비스가 따라오는 제품

다음은 서비스 부문으로 의제를 바꾸었다.

'걷기 교실', '피팅', '자세 교정'이라는 말은 모두에게 중복되어 나왔다.

"이러한 내용도 제품과는 별개로 훌륭한 제안입니다. 지금까지 없었던 관점이에요."

스도는 감탄한 모양이었다. 하지만 여기서 어조를 달리 했다.

"다만, 이러한 제안을 제품만 만들어온 우리가 어떻게 실현할 수 있을까요? 만일 그러한 강의를 어디선가 개최하게 된다면 그때는 광고 선전비가 들겠지요. 지금까지도 이벤트는 열어왔지만 부족한 비용을 전부 우리가 부담해왔습니다. 이번에는 전혀 돈을 들일 수 없습니다."

"그렇지만 모멘텀의 장점을 알리려면 전도(傳道)를 해야 합니다. 전도사가 기능을 가치로 번역해주어야 비로소 세상에 알릴 수 있으니까요. 그런 일을 하는 데는 강습이나 교실이 확실히 효과가 있어요." 이와사가 말했다.

"우리가 걷는 방법을 가르쳐주는 교실을 연다면 그걸로 이익을 낼 수 있을까? 역시 캠페인을 벌여야겠지." 스도가 말했다.

"엑시비션 스포츠에서 무척 신선한 방법으로 판매를 하고 있던

데, 알고 계십니까? 그곳은 체인점인데 손님을 대하는 일을 중요시하면서 제대로 가치를 전달하고 있어요. 그렇죠? 스도 씨." 마에다가 끼어들었다.

"아, 그랬지."

"제 동창 한 명도 그 회사에서 일하는데, 자발적으로 걷기 교실을 열어 고객에게 가치 제안을 하고 있어요. 워킹 연합국이라는 동아리까지 하더라고요. 우리가 그 회사에 선행 판매를 약속한다면, 아마도 모멘텀의 가치를 전달할 수 있는 교실을 열어줄 거라고 생각합니다. 스도 씨 어떻게 생각해요?"

"그렇군, 마에다. 안조 씨에게도 부탁하겠지만 전국적으로 할 수는 없을까? 상품 부문장이며 집행 임원인 가토 씨에게 부탁해볼게. 고객과의 커뮤니케이션 장치로서 이 상품을 사용하게 할 거야. 고객이 모멘텀을 사면 거기에 올바른 걷기 교실까지 따라온다는 말이지? 처음부터 그 과금 포인트도 상정해둔다면 꽤 흥미로운 상품이 되겠는걸."

"오호, 서비스가 따라오는 제품이라! 걷기 교실이 제공되는 신발은 역시 획기적이야. 마케팅할 만하겠군."

이시가미 부장은 무언가 아이디어가 떠오른 모양이다.

고민연구소와 고객 데이터 관리

"그리고 또 하나, '고민연구소'라는 게 있던데, 이건 뭔가요?"

스도가 질문하자 마에다가 바로 손을 들었다.

"네, 저예요. 모멘텀은 스포츠 브랜드로 보자면 완전히 새로운 고객 층을 타깃으로 하고 있습니다. 즉, '운동을 하지 않는 사람'이지요. 스포츠 브랜드로서 안티테제 같은 이 고객 층은, 어느 스포츠 브랜드에서도 겨냥하지 않았습니다. 자기부정이 될 것 같은 타깃이기 때문이죠.

하지만 레오리아스는 굳이 그곳을 파고들었습니다. 그 사람들의 라이프 스타일에 대한 연구도 지금 이렇게 하고 있고요. 지금부터 연구개발을 하는 데는 더구나 데이터의 증명도 필요합니다. 만일 '걷기 교실'을 제품에 덧붙여 판매할 수 있다면 그거야말로 고객의 아이디(ID)를 관리할 수 있다는 뜻이 되지요."

"무슨 뜻인가?" 이시가미 부장이 날카롭게 캐물었다.

"즉, 고객을 회원으로 등록해서 항상 그들의 고민을 지켜보는 거예요. 지금 무슨 일로 고민하고 있는지, 그리고 어떤 솔루션을 원하는지를 들어볼 수도 있고요. 이를 데이터로 만들거나 회원제로 운영한다면 레오리아스는 운동하고 싶어도 할 수 없는 여성이나 반드시 예뻐지고 싶어 하는 여성의 고민을 집약하는 데이터베이스를 확보할 수 있어요. 그리고 그 데이터를 우리 회사가 활용하는 것은 물론이지만 만일 우리 회사보다도 탁월하게 솔루션을 낼 수 있는 회사에 제안해서 판매할 수 있다면 그것만으로도 수익원이 되지 않을까요?"

순간 회의실이 아주 조용해졌다.

모두들 마에다의 말을 이해하는 데 시간이 걸렸다. 잠시 동안의 침묵 뒤에 탄성이 터져 나왔다.

"마에다, 천재야! 과연 대학원 출신다워! 역시 좌뇌형!"

"감사합니다." 마에다는 기쁜 듯 보였다.

"대단해, 마에다. 그런 걸 생각해내다니!"

스도가 말했다.

"하지만 여러분, 그렇게 하려면 시간이 걸립니다. 어디까지나 모멘텀이 고객들 사이에 상당히 침투해서 걷기 교실이나 의류의 동시 판매도 실현되고 여러 각도에서 움직이기 시작해 고객이 늘어났을 때의 이야기예요."

"우리 회사와는 관계없다고 생각하던 빅데이터를 이런 형태로 활용할 수 있다니 꿈만 같네요." 다케코시가 눈을 빛냈다.

"감사합니다. 그러면 데이터베이스의 준비와 커뮤니티 운영에 관해서도 담당자와 의논해서 진행시키겠습니다."

마에다가 뿌듯한 표정으로 말했다. 그리고 덧붙였다.

"우선은 모멘텀을 사용해서 엑시비션 스포츠에 교실을 열게 되겠지만 그곳에서도 데이터를 수집하고 싶습니다. 아이를 데리고 온 주부 층이 어떤 용건을 갖고 있는지 우리는 항상 알 필요가 있기 때문이지요."

마에다는 준비해온 조릿대를 꺼내 들었다.

"뭐야 그게?"

이시가미 부장이 툭 웃음을 터뜨렸다.

"이거 조릿대예요. 칠월칠석에 소원을 적어 매다는 조릿대. 여기에 여러분, 소망을 적잖아요? 모멘텀을 신어본 사람에게도 조릿대에 원하는 걸 적게 하는 거예요. 그러면 어떻게 될까요? 자신의 목표라든지 지금의 문제라든지, 그런 것들을 적을 겁니다. 물론 몸매에 관한 고민 이외의 것도 당연히 나오겠지만 그런 것들마저도 어떤 힌트가 될 거예요. 어떻습니까?"

"자네 대단해. 의욕이 넘쳐나는군."

"감사합니다. 뭔가 최근 스도 씨에게 영향을 받아서 우뇌가 어느 정도 움직이기 시작한 것 같아요."

"최고!" 스도는 마에다에게 나지막하게 중얼거렸다. 그리고 돌아다보며 소리를 높여 말했다.

"감사합니다. 그러면 여러분, 모멘텀에 관련해서 이러한 주변 솔루션의 제안이 나왔으니 당장 형태로 갖추어나갔으면 합니다."

어떻게 대체 솔루션과 차별화할 것인가

"이번에는 모멘텀 자체의 가치 제안에 관해서 결론을 짓고자 합니다. 남아 있는 문제는 가치 제안의 마지막 단계입니다. 어떻게 어필할 것인가, 대체 솔루션과의 차이를 어떻게 보여줄 것인가 하는 부분이지요. 상세하게는 가격대, 그리고 인상적인 광고 문구와 정식 명칭을 포함한 표현 방법입니다. 게다가 결정적으로 광고 선전비가 없습니다. 이시가미 부장님, 지혜를 빌려주십시오."

"스도 군, 그렇게 말할 줄 알고 대책을 제대로 마련해왔네. 아까의 솔루션과도 관련이 되네만, 우선 가격대를 결정하고 싶어. 모멘텀 라인의 가격은 바로 14,000엔이네."

"뭐라고? 자네 미쳤나? 지금 시장에 나가 있는 워킹화 시세는 1만 엔이 채 안 되는데……. 게다가 우리 회사의 브랜드 인지도가 한껏 약해져 있는데, 지금 시세보다 4천 엔 이상 높게 책정하다니, 제정신인가?"

기요이 부장이 즉각 비난하고 나섰다.

"기요이 부장님, 우리 스도 군에게 배웠지 않습니까. 업계의 상식을 뒤엎자고, 그리고 고객의 입장에 서자고요. 그래서 깨달은 겁니다. 우리 회사에는 돈도 없어요. 그래서 저도 공부한 거예요. 14,000엔 선으로 갑시다."

이시가미 부장이 진지한 눈빛으로 되받았다. 스도는 가만히 듣고만 있었고, 마에다는 어수선한 분위기를 걱정스럽게 주시하고 있었다.

이시가미 부장이 다시 입을 뗐다.

"왜냐하면, 그래도 싸기 때문입니다."

"무슨 뜻이지?"

"기요이 부장님, 잘 들어주십시오. 이미 모멘텀의 대체 솔루션은 다른 워킹화가 아닙니다. 워킹화에 어떤 기능을 추가시킨 '차별화 상품' 같은 게 아니라는 뜻이에요."

"잘 모르겠네."

"저는 대체 상품이라고 말하지 않았어요. 기요이 부장님, 대체 솔루션이라고 말한 겁니다. 그렇게 생각하면 신발 이외의 것이 솔루션이 됩니다. 게다가 이 신발은 매일 신습니다. 매일 신으면 효과는 나겠지요? 기요이 부장님."

"물론이네. 여성이 매일 움직일 때마다 발목과 엉덩이를 받쳐주는 데 이상적인 부하가 걸리지. 당연히 효과를 볼 수 있어."

"그렇다면 말이죠, 아까 스도 군이 보여준 커버리지에 적용해보면, 대체 솔루션은 헬스클럽인 겁니다. 워킹화도, 운동기구도 아닌 거죠. 그렇지요?"

"음, 그건 그러네만……."

"그렇다면 헬스클럽입니다. 게다가 이 신발이 헬스클럽보다 좋은 점이 있어요. 헬스클럽은 도중에 언제든지 그만둘 수 있다는 점이죠. 원체 바빠서 요가나 헬스클럽에도 가지 못하는 여성을 타깃으로 하는 만큼 그녀들에게 모멘텀은 헬스클럽보다 좋은 솔루션이 될 겁니다. 게다가 다른 일을 하면서 살을 뺄 수 있잖아요. 평상시 생활에 이 제품만 추가하면 자신도 모르는 사이에 몸이 바싹 죄어지는 거예요."

"그렇군. 하지만 그게 14,000엔과 무슨 관계가 있지?"

"실은 요가나 필라테스, 그리고 헬스클럽에 다니려면 한 달에 비용이 얼마 드는지를 조사해봤습니다. 그랬더니 전부 합해서 2만 엔 정도 들더군요. 입회비, 월 회비, 그리고 그곳에 가서 쓰게 되는 음료비나 그 밖에 드는 푼돈까지 따지면 대략 그 정도는 들어요. 만약 바겐세일처럼 그 금액의 70퍼센트 가격으로 판다면 경쟁력이 있다고 생각합니다. 그래서 14,000엔이 적당하다는 계산이 나온 거죠. 어떻습니까?"

"알아들었네. 하지만 이시가미 부장. 그렇게 되면 이익률이 너무 커질 걸세. 지금까지의 레오리아스로 보면 엄청난 수치야. 그거, 메가 브랜드(mega brand)와 같은 정도 아닌가. 물론 메가 브랜드 계열은 큰 규모를 이용해 원가를 낮춰 그만큼의 이득을 남기는 거지만."

"그렇죠. 어차피 이익 구조를 바꾸려면 그 정도는 해야지요. 그렇죠? 게다가 이쪽은 가격을 올리는 건데, 만일 성공하면 스포츠 업계는 뒤바뀔 겁니다. 하지만 어쩌면 알아차리지 못할 수도 있어요. 그도 그럴 것이 운동을 하지 않는 사람에게 파는 신발이니까요."

"옳은 말이군. 하지만 아직도 조금 염려되는 부분이 있네."

"뭐예요, 기요이 부장님 겁쟁이시네요. 자, 추가 정보를 알려드리죠. 홈쇼핑에서 판매하는 다이어트 기구가 대략 얼마인 줄 아세요? 엄청난 이익을 챙기고 있더라고요. 홈쇼핑 방송을 쪽 둘러봤거든요. 그랬더니 대개 15,000엔 정도 하더군요. 역시 그들도 알고 있는 거지요. 헬스클럽의 약 75퍼센트로 가격을 설정한 겁니다. 고객의 몫을 25퍼센트 정도 남겨주는 거예요. 그렇다면 모멘텀이 14,000엔에 팔리지 않을 리가 없어요. 우리가 이윤을 많이 남긴다고는 아무도 생각하지 않을 테니까요."

"음, 역시. 그도 그렇겠네."

기요이 부장에게 이시가미 부장의 말이 먹혀들었다.

"기요이 부장님, 이런 걸 밸류 프라이싱(value pricing)이라고 합니다. 지금까지 우리가 해온 것처럼 원가에 이윤을 더해 가격을 결정하는 방식이 아니라, 고객이 그 솔루션에 얼마까지 돈을 지불할 수 있느냐로 결정하는 거지요. 가치로 생각하는 방식이에요. 보세요, 가타세 교수의 책에도 쓰여 있어요. 이 지불 욕구(WTP) 말입니다. 읽으셨잖아요, 기요이 부장님?" 이시가미 부장이 장난을 치며 말했다.

이시가미 부장은 이 프로젝트가 시작되고 나서 가타세 교수의 책을 숙독하고 어떻게든 프로젝트에 공헌하고자 애썼다. 특히 광고 선전비가 지원되지 않는다는 말을 들은 그 순간부터 그의 프로 정신에 불이 붙었던 것이다. 그래서 새로운 지식과 방법론은 받아들이려고 그 책을 매일 밤마다 공부해서 현실에 접목시킨 것이다.

절대로 좌절하지 않는 헬스클럽

"하지만 이시가미 부장, 광고 선전비도 사용할 수 없는 상황에서 어떻게 고객에게 제품을 각인시키지? 어떻게 우리가 설정한 가격에 판매한다는 말인가?"

기요이 부장이 묻자 이와사가 말을 받았다.

"저도 그게 걱정입니다. 원가와 가격을 비교해보면 상당히 큰 이익이 우리 회사로 들어오는데, 그만큼 고객에게 비싼 금액을 부담하게 하는 거니까요."

"맡겨주게나."

이시가미 부장의 말엔 확신이 있었다.

"이에 관해서는 몇 번이나 말했지만, 가치를 파는 거라네. 그 대체 솔루션이 필라테스나 핫요가, 그리고 헬스클럽이지. 오히려 그러한 솔루션보다도 간단한 데다 도중에 좌절할 일도 없다는 점을 강조하면 될 걸세. 따라서 캐치프레이즈를 이렇게 만들어봤어.

'절대로 좌절하지 않는 헬스클럽!'

이 문구라면 헬스클럽을 다니다가 문제가 생긴 사람이나 헬스클럽에 다녀볼까 하고 관심을 갖고 있는 사람까지도 끌어들일 수 있을 거야. 게다가 도중에 좌절하고 포기하는 사람이 많은 것 또한 사실이니까. 이런 대비 효과를 내세워 광고 문구를 준비하고 자연스럽게 고객이 발견할 수 있는 마케팅 방법을 취하는 거지."

"굉장하네요, 고객이 발견하게끔 한단 말이죠."

이와사가 감탄하며 물었다.

"그렇다네. 그래서 처음에는 대량으로 생산하지는 않을 거야. 한 켤레당 원가를 계산해도 14,000엔으로 가격을 설정할 필요가 있지. 안 그런가? 다케코시 군."

"네. 그렇습니다. 하지만 소매가격이 14,000엔이라면 소매에 대한 가치는 60퍼센트인 8,600엔입니다. 그렇다면 우리도 원가를 50퍼센트쯤이나 그 이하로 한다면 60퍼센트 이상의 매출총이익을 얻을 수 있을 겁니다."

냉정한 다케코시도 평소와 달리 들떠 있었다.

"대체 솔루션은 헬스클럽, 광고 메시지는 '절대로 좌절하지 않는다', 가격은 경쟁 솔루션의 약 70퍼센트인 14,000엔. 처음에는 적은 수량을 생산하고 인터넷과 매장 앞에서 고객의 눈에 띄게 기다린다. 이 사항들을 기본적인 전략으로 정하고자 합니다."

모두 감탄하며 듣고 있었지만 스도만은 달랐다.

"하지만 이시가미 부장님. 그것만으로는 충분하지 않습니다. 인터넷이든 매장 앞이든 우선은 인지도를 높이는 것이 중요해요."

"그 문제라면 이미 이야기 된 게 있네. 이 계획을 예전부터 교류가 있는 경제 프로그램의 프로듀서와 경제신문 기자에게 살짝 비쳤더니 굉장히 관심을 보이더군. 왜 굳이 스포츠 브랜드가 스포츠를 하지 않는 사람을 타깃으로 한 제품을 선보이는지, 어떤 기술로 실현할 것인지, 그리고 과연 빛을 잃은 브랜드 레오리아스는 이를 계기로 부활할 수 있을지, 반드시 밀착 취재하도록 해달라더군."

"부장님과 친분이 있다고 하면, 혹시 밤 11시에 방송되는 경제 프로그램? 새로운 제품이나 기술을 소개하는 그 코너 말입니까?"

"응, 그 코너 맞네. 그뿐만이 아니야. 그 방송국의 다른 프로그램에서도 함께 취재하게 해달라고, 실은 벌써 여기저기서 서로 끌어가려고 야단이지."

"굉장해요! 부장님은 인맥이 엄청 막강하시네요."

"아니, 그렇지 않아. 가치 제안이 훌륭한 거지. 나는 지금까지 제품을 계속 연출해왔어. 하지만 '가치를 사게 한다'는 발상을 내본 적은 없었지. 솔직히 말해서 최근에는 레오코아를 제외하고 좋은 제품이 없었어. 그러니까 텔레비전도 미디어도 상대해주지 않았던 거야.

하지만 말이야, 이번 프로젝트만큼 가치 제안을 만들어내면 우리가 광고하지 않아도 매체에서 퍼블리시티(publicity. 신문, 잡지의 기사나 방송 매체 등을 통해 자연스럽게 홍보 활동을 하는 것-옮긴이)나 보도로 채택해주지. 애정과 열의를 쏟아 상품을 만들었으니 사실은 당연한 거지만 말이야. 세상의 많은 소비자의 용건을 깔끔하게 해결할 수 있는 가치 제안이라면 미디어에 살짝 정보를 흘리기만 해도 순식간에 달려드는 거라네. 다만 스도 군, 한 가지만 더 영업부인 자네의 힘을 빌리고 싶네."

"어떤 일인데요?"

가치를 올바르게 전달할 판매 채널

이시가미 부장은 스도에게 이야기를 꺼냈다.
"이번 모멘텀을 대대적으로 대량 판매점에 도매로 넘기면 아마

가치가 붕괴할 거야. 알고 있겠지? 그래서 엄격한 기준으로 공급하고 싶네. 즉, 상품의 가치를 소비자에게 올바르게 전해줄 소매점과 우선은 손을 잡고 싶은 거야."

"이시가미 부장님, 그 점은 저도 말씀드리고 싶었던 겁니다. 저도 같은 의미에서, 싸게 판다는 이미지가 있는 도매점에는 모멘텀을 제공하지 않을 작정이었어요."

"네? 판매 채널을 한정한다고요? 그러면 매출이 오르지 않을 텐데요." 마에다가 말했다.

"아니, 처음에는 그걸로 괜찮아. 이 신발에 적합한 판매 방식을 채택해서 반드시 정가로 판매할 소매점에만 유통을 시키려고 해. 그러기 위해서 이시가미 부장님이 신발 가격을 고액으로 설정한 거고. 우리에게 필요한 건 매출이 아니라 이익이거든. 기껏 잘 만들었는데 판매가 부진하다고 싸게 파는 건 안 될 일이지."

"그렇군요. 하지만 매장을 한정하는 것은 좀……." 마에다가 물고 늘어졌다.

"그러니까 처음에만 그렇게 한다는 거야. 처음이 중요하거든. 퍼블리시티도 시행할 거니까 고가 제품으로 포지셔닝하고 싶어. 소비자에게 이미지만 제대로 심어준다면 결국 인정받을 테니 말이야. 판매 채널은 그 다음에 대대적으로 늘려도 좋을 것 같아."

"네, 전략적으로 말이죠? 지금까지 업계에서 이러한 판매 방식

을 도입한 적이 없어서 왠지 주저하게 되지만 원래는 꼭 생각해야
할 중요한 요소였군요."

"알겠습니다. 이시가미 부장님. 그러면 말씀하신 대로 가치를 제
대로 전달해줄 소매업체와 손을 잡도록 하겠습니다. 그렇게 되면
필두는 역시 엑시비션 스포츠지요. 엑시비션 스포츠 매장만 해도
일본 전체에 300여 군데가 있으니까 그곳에서만 취급해도 굉장한
숫자입니다. 이에 관련한 진행은 상품 부문장과 협의하겠습니다.
기요이 부장님과 이와사 씨도 함께 가시죠. 어떤 의도로 개발했는
지를 인식시킬 기회니까요."

"물론이네. 어디든지 가서 설명하지. 내게는 점프 어라운드가 모
습을 바꿔 돌아온 것 같으니 그러한 발자취를 꼭 말해주고 싶거
든."

기요이 부장은 기꺼이 응하며 이와사에게 일정을 조정하도록
지시했다.

"그 다음은 백화점을 중심으로 전개하고 싶습니다. 손님을 어떻
게 대할지는 연구 모임을 열어야겠지만 역시 정가로 확실하게 제
안을 계속해나가는 게 중요하니까, 이 문제는 이시가미 부장님이
꼭 함께 가주십시오."

"당연하지. 백화점 업계에 아는 사람이 많으니 도움이 될 걸세.
게다가 그들은 이번 타깃 대상인 40~50대 여성의 딱 중간 나이거

든. 스도, 함께 가자고."

그리고 이시가미 부장이 말을 이었다.

"스도, 사실은 퍼블리시티나 매장 앞에서 상품을 알리는 데 있어 또 한 가지 계획이 있다네."

가치를 보증하라

스도는 깜짝 놀랐다.

"아직 마케팅 전략에 보탤 것이 더 있나요?"

"응, 이미 모든 게 준비되었지만 더욱 확실히 하기 위한 굳히기 작전일세."

"굳히기 작전이요?"

이시가미 부장이 거드름을 피우며 말했다.

"가치 보증이네."

"가치? 보증?" 모두 일제히 반문했다.

"도저히 광고비를 투입할 수 없는 마케팅이라 나도 여러 가지로 생각해보았지. 그래서 도전자가 어떻게 해서 경쟁이 치열한 시장의 틈새를 비집고 들어갈 수 있을지 조사해보았다네. 물론 모두 가치 제안은 제대로 하고 있지만 아무리 '이 제품 최고예요!'라고 말한들 고객은 선뜻 사지 않을 거야. 그 제품을 사겠다는 생각이 애초에 없는 사람들이지. 새로운 회사나 낯선 브랜드는 역시 꺼려지는 거야. 듣도 보도 못한 브랜드 제품을 구매할 리가 없지. 그렇다면 어떻게 해야 할까?"

"어떻게 해야 하죠?"

마에다가 물었다.

"만약 제품을 사고 나서 마음에 들지 않는다면 환불해주는 거야. 환불 제도. 다시 말해 자신의 생활 속으로 제품을 가지고 들어갔는데 아무 변화도 없다면 돈을 돌려주는 거야. 나는 이 제도를 단순한 가치 제안에서 한 걸음 더 나아가 가치 보증이라고 부르기로 했네. 어떤가?"

"가치를 보증한다고요? 그런 위험한 일을?" 이와사가 말했다.

"이봐, 이와사 군. 자네 이 신발 목숨 걸고 만들었지? 기요이 부장님, 이 신발, 겉으로는 강조하지 않으시지만 반드시 성공할 거라고 믿으시지요? 그렇다면 뭘 망설이십니까?"

기요이 부장은 팔짱을 낀 채 아무 말이 없다.

"구체적으로 어떻게 할 생각이십니까?" 스도가 이시가미 부장에게 물었다.

"헬스클럽은 한 달 만에 성과를 내기 시작하지. 가격 설정도 그렇게 하고 있네. 그렇다면 우리도 30일간 반품을 보증하는 걸세.

어떤 이유든, 제품이 어떤 상태든지 간에 마음에 들지 않는다면 반품을 받아주자고. 단, 고객의 아이디를 우리가 관리하는 거야. 고객이 제품을 구입하면 우선은 모멘텀의 커뮤니티 홈페이지에 등록하게 하는 거지. 이 단계까지는 소매점에 부탁해서 하고, 그 자리에서 간단한 수속을 할 수 있도록 시스템을 구축해야 하네. 나중에 깨달았는데, 여기서 모은 고객들의 아이디가 나중에 '고민 연구소'의 데이터베이스 구축에 큰 도움이 될 걸세. 마에다, 이렇게 우리 호흡이 잘 맞는군."

갑자기 이시가미 부장이 농을 건네자, 마에다는 어색해하면서도 "이시가미 부장님, 근사해요"라며 맞받았다.

"그렇군요! 반품을 보증해주는 조건으로 아이디를 등록하게 한다. 제조사가 제품 사용자와 직접 소통할 수도 있다는 거군요. 그럼 여러 가지 기회가 생기겠어요." 스도가 말했다.

"하지만 이시가미 부장님. 저는 경험이 없어서 가치 보증이 어떤 형태로 성과를 가져오는 건지 잘 와 닿지를 않습니다. 뭔가 사례가 있습니까?"

아무래도 이해가 잘 되질 않는지 다케코시가 자세히 파고들며 물었다.

"이걸 보게나."

그렇게 말하고 이시가마 부장은 A4용지 네 장의 자료를 팀원들에게 나눠주었다.

"이게 바로 가치 보증이네. 도전자가 시장을 비집고 들어간 실제 사례야."

현대차와 DeNA 베이스타스의 가치 보증

2008년 리먼 쇼크 당시 미국 전역에 불황이 덮치고 물건은 팔리지 않게 되었다. 그러한 상황에서 자동차 또한 팔릴 리가 없었다. 전 미국의 연간 신차 판매 대수는 957만대로, 1년 전의 60퍼센트까지 떨어지고 말았다.

어떤 달은 승용차 판매 대수 실적에서 GM이나 포드, 클라이슬러뿐만 아니라 도요타와 혼다, 닛산까지 모두 전년 동월 대비 30~60퍼센트 이상 실적이 떨어진 가운데, 오히려 10퍼센트 이상이나 판매 대수를 증가시킨 기업이 있었다.

바로 한국의 현대자동차다. 특별히 새로운 차종을 판매한 것도 아니다. 단지 가치 보증을 했을 뿐이다. 그 가치 보증 프로그램이 바로 '현대 보증' 제도였다.

내용은 이러하다. 자동차를 구입한 지 1년 이내에 실업이나 사망, 부상, 개인파산 등 사고를 당하거나 해외 이주 같은 신상의 변동이 발생한 경우, 자신이 구입했던 자동차를 반납하면 남은 대출금 중 7,500달러까지는 삭감해준다는 조건이었다. 게다가 연령이나 건강 상태, 경력 등에 상관없이 누구나 이용할 수 있었다.

이러한 프로그램은 양날의 칼이라고 생각되었지만, 이는 단순히 자동차 판매 자체만을 보았을 때의 시각이다. 하지만 이 프로그램에 의해, 지금까지 반감을 갖고 있던 사람들 중에서 현대자동차를 타려는 고객이 급격히 증가했던 것은 틀림없다. 즉, 브랜드 스위치를 켰던 것이다.

그 결과 미국 전역에서 현대자동차는 더욱 자주 눈에 띄게 되었다. 즉, 이 프로그램은 브랜딩을 위해 행해진 것이다. 이후 현대자동차는 다양한 브랜딩에 적극적으로 나서고 있다. 할리우드 영화의 메이저 대작에서도 현대자동차를 많이 볼 수 있다. 바로 극중에서 주인공이 제품을 사용하는 '간접광고(PPL, Product Placement)' 덕분이다.

그 결과, 이 가치 보증 프로그램에 의해 현대자동차 브랜드는 미국 전역에서 받아들여졌고 막강한 자동차 브랜드의 하나로 자리 잡게 되었다.

한 가지 사례를 더 살펴보자.

2011년 12월 모바일 게임업체인 디앤에이(DeNA)가 요코하마 베이스타스 프로야구 구단을 매수하여 새롭게 요코하마 디앤에이

베이스타스(Yokohama DeNA BayStars)로 출범했다. IT업계의 풍운아인 디앤에이가 구단 경영에 관여하게 되면서 새로운 방책이 세워졌다. 그중 한 가지가 시합의 재미를 보증하는 '전액환불! 뜨거워! 티켓'이다.

2012년 5월 1일부터 6일까지 열린 홈경기에서 관객의 만족도에 따라 관람료가 달라지는 티켓을 도입했다. 승패는 물론이고 시합 자체가 관객을 열광하게 했는지 아닌지를 경기 관람료에 반영하는 기획 티켓이다.

경기에 열광한 정도에 따라 관객이 스스로 관람료를 신고하게 한다. 요코하마 디앤에이 베이스타스가 이길 경우는 관람료의 반액까지, 질 경우는 전액까지를 환불의 상한선으로 정하고 그 범위 내에서 현금으로 되돌려주는 방식으로 티켓을 판매했다.

이는 애초에 관객이 왜 시합을 보러 왔는지, 그들의 용건을 똑똑히 확인한 가치 보증이다. 프로구단이므로 관객이 경기에 열광할 수 있게 해야만 한다. 그런 제안을 하려면 보증도 해야 한다. 이러한 점에 착안해서 실제로 보증을 한 것이다.

그 결과 시합은 3승 1무 1패로 이긴 횟수가 진 횟수보다 더 많았지만 관객의 약 85퍼센트가 관람료 환불을 요구했다. 비록 일부 좌석에 한정된 기획이었지만 구단으로서는 수지가 맞지 않았다. 하지만 그것은 야구 관전 자체만 보았을 때의 이야기다. 구단의 브랜딩으로서는 대성공이었다. 그도 그럴 것이 이 이야기는 연일 뉴스와 신문기사, 그리고 인터넷에서도 거론되었다. 구단의 광고 수단이라고 생각하면 굉장히 파격적이라고 할 수 있다.

게다가 야구가 재미없을 때 불평할 곳이 있다면 관객은 그 이상의 파괴 행동을 하지 않는다. 반대로 '정말로 정직한 회사다'라는 긍정적인 이미지를 만들 수 있다. 새로운 체제로 발족한 후의 구단으로서는 최소한의 비용으로 최대의 브랜딩 효과를 얻은 기획이었다.

광고 선전비로 생각하면 오히려 저렴하다

프로젝트 팀원들이 대충 훑어보는 동안 이시가미 부장이 간단히 내용을 설명했다. 그리고 말했다.

"어떤가, 다케코시 군?"

"인상적입니다. 해볼 가치가 있겠네요. 그 밖에도 성공 사례가 있을 것 같습니다."

"실은 홈쇼핑에서 상당히 많이들 하고 있네. 실물을 보지 못하고 화면으로만 보고 사야 하기 때문이지. 처음에는 제품을 사용하지 않았을 때만 일주일 이내에 반품해주었는데 나중에는 사용했던 제품도 반품을 해주고 있다네."

"그렇군요. 확실한 가치 보증이네요. 다만 걱정되는 것은, 반품이 얼마나 들어올지 하는 점입니다만." 다케코시가 다시 의문을 제기했다.

"원래 반품 같은 건 생각하지 않고 가치 제안을 견실히 하겠다고 말하고 싶네만, 역시 대비 차원에서 10퍼센트는 예상해놓아야겠지. 이것은 수업료라고 생각하고 말이야."

"10퍼센트라면 나쁘지 않은데요. 게다가 원가를 기준으로 계산하면 말이죠." 다케코시가 말했다.

"그렇지. 광고 선전비로 10퍼센트를 사용했다고 생각하면 오히려 파격적이네. 게다가 다케코시 군이 말한 것처럼 원가 기준이니까. 더 설명하자면, 이 10퍼센트는 먼저 현금으로 내어주는 게 아니야. 광고비라면 전액을 먼저 현금으로 내야 하지만, 반품의 경우에는 30일 동안은 현금으로 지불하지 않아도 되니까 말일세."

"대단하세요. 이시가미 부장님. 회계상 광고 선전비로는 인정할 수 없지만 그래도 분명 저렴한 편이에요. 게다가 이건 경험적으로도 큰 자산이 될 거고요. 시도해볼 가치가 있겠어요. 미래의 레오리아스를 생각해서 가능한 한 반품한 고객에게 의견을 들어보고 싶군요. 무엇보다 이후의 제품 개발에 큰 도움이 될 뿐만 아니라 고민 연구소의 안건도 잔뜩 쌓일 거고요."

"마에다, 의욕이 넘치는걸." 이시가미 부장이 다시 마에다를 놀렸다.

"하지만 여러분, 오해하지 마십시오. 반품을 전제로 대처하는 일은 없어야 합니다. 그런 식으로 하면 제품도 가치도 흐지부지되고 말 겁니다. 절대로 반품되지 않도록 만전을 기하는 체제로 애써주십시오. 물론 소매점에도 엎드려 절을 해서라도 고객 대응에 철저히 임해주기를 부탁할 생각입니다."

스도가 열의를 다해 강조했다.

"물론이네, 스도. 꼭 그렇게 완성시켜보세." 이시가미 부장이 말했다.

"어쨌든 이시가미 부장님, 감사합니다. 몰라뵀습니다. 이런 일을 할 수 있는 분이라고는 생각하지 못했는데, 다시 뵀습니다."

"스도, 자넨 역시 쓸데없는 말을 잘하는군."

쓴웃음을 짓는 이시가미 부장이 말을 계속했다.

"나는 이것으로 마치겠네. 오늘 나온 솔루션 중 몇몇 안건과 마케팅 계획, 그리고 과금 포인트를 정리해서 지금부터 모멘텀 모델의 최종판을 만들도록 하지."

"그러면 시작하겠습니다. 오늘은 늦어질지도 모르지만 여러분 잘 부탁드립니다." 스도가 활기차게 격려하자 모두 기쁜 마음으로 이에 응했다.

모멘텀 모델 완성

다음 날 아침 6시. 레오리아스 본사 4층 휴게실에서 여섯 개의 캔커피를 가슴에 껴안은 이와사가 '비즈니스 모델 연구실'로 향했다. 작업은 밤새 진행되었다.

팀원들은 지쳐 만신창이가 되었는데도 표정만은 상쾌하기 이를 데 없다. 모두 캔커피를 하나씩 들고 뚜껑을 따자 스도가 입을 열었다.

"여러분이 고생하신 덕분에 드디어 완성되었습니다. 아직 초기 버전입니다만 사장님께 프레젠테이션을 할 수 있겠어요."

"건배!"

이시가미 부장이 외치자 모두 "건배"를 따라 외치며 캔을 부딪쳤다.

스도는 몹시 지쳐 있었지만 눈에는 '해내고 말겠어!' 하는 의욕이 넘쳐났다.

"그러면 여러분, 샤워하실 분은 다녀오시고 귀가하실 분은 가셔도 좋습니다. 지금까지 애써주셔서 감사합니다. 저는 파워포인트 자료를 마지막으로 한 번 더 확인하겠습니다."

"자, 그럼 나머지 마무리를 부탁하네."

"스도, 그럼 먼저 갈 테니 수고하게나."

스도를 제외한 다섯 명은 '비즈니스 모델 연구실'을 나와 각자 흩어졌다.

스도는 컴퓨터 화면을 뚫어져라 바라보았다. 문득 옆으로 시선을 돌리자 '샘플 4'라고 쓰인 시제품이 얌전히 놓여 있었다.

"잘 부탁해, 모멘텀. 다시 한 번 레오리아스에 힘을 실어줘."

스도는 기도하듯 간절히 말을 건넸다.

가치 보증의 유효성

여기서 소개한 가치 보증은 여러 업종에서 그 유효성을 인정받았다. 이 점에 관해서, 필자가 관여했던 스키장의 사례와 비교적 새로운 형태인 세이유(西友)의 가치 보증 사례를 함께 소개하고자 한다.

스키장

아키타 현의 다자와코 스키장은 가치 보증을 테마로 비즈니스 모델을 새로 만들었다. 이 스키장은 맛에 대한 반품 보증서를 함께 제공하는 식사, 그리고 기후로 인해 고객이 사용하지 못한 리프트 권의 남은 시간을 다음번에 사용할 수 있게 한 이월 서비스 등을 전격 도입하여 고객만족도를 극적으로 개선함으로써 큰 이익을 창출했다.

후쿠시마 현 호시노 리조트 알츠 반다이 스키장에서는 이러한 식사 보증 외에도 스키와 스노보드 스쿨을 열어 '실력 향상 보증'을 하고 있다.

즉, 스키와 스노보드를 배우는 강습생들의 실력이 일정한 수준까지 향상되도록 보증하는 것이다. 만일 강습생의 실력이 약속한 수준에 도달하지 못했을 때는 환불을 받든, 실력이 향상될 때까지 더 강습을 다니든 스스로 결정할 수 있는 선택권을 준다. 그 결과 강습 스쿨의 만족도가 높아지고 스키장을 다시 찾는 사람의 비율도 증가하는 결과를 가져왔다.

이러한 가치 보증은 현장에서의 긴장감을 불러온다. 환불 사태가 일어나지 않도록 만족할 만한 수준의 품질을 유지하려는 분위기가 전체로 확산되기 때문이다.

세이유의 신선한 식품

대규모 슈퍼마켓 체인점(GMS, Geneal Merchandise Store)인 세이유는 일본에서 펼쳐지고 있는 소매 유통 경쟁 속에서, 특히 후발업자로서 기존 시장에 도전했다.

세이유의 특징적인 전략은 2014년 4월부터 식품을 취급하는 전체 374개 점포에서 시작한 '불만이 있으면 전액 환불'이라는 제도다.

채소나 고기, 어패류 등 신선한 제품을 판매한 후 고객이 만족하지 못하면 전액 환불해주는 서비스다. 해당 상품의 영수증을 점포에 가지고 오면 환불해준다. 영수증이 있으면 무조건 전액 환불된다. 슈퍼마켓의 주력상품인 신선한 식품의 품질을 향상시키고 소비세 인상(2014년 4월 1일자로 소비세는 5퍼센트에서 8퍼센트로 인상되었다−옮긴이) 후 발생할 수요 냉각 현상에 미리 대비하기 위해서였다. 환불 조건은 단 하나, 영수증만 있으면 된다. 다 먹었다 해도 상관없다. 주소와 이름, 또는 이유도 묻지 않는다.

모회사인 월마트에서는 이미 실시하고 있으며 환불이 일시적으로 증가하더라도 결과적으로는 매출도 이익도 향상되었다고 한다. 이는 신선한 식품의 신선도를 높이려는 의지의 일환이다. 또는 현장과 공급망에도 긴장감을 줄 수 있으며, 그러한 의지를 고객에게 평가받는다는 목적이 있다. 즉, '신선한 식품은 세이유에서'라는 제안을 보증하는 내용인 것이다.

이 제도 자체도 미디어에서 크게 보도되어 '신선한 식품=세이유'라는 메시지 전달로 이어졌다. 만일 어딘가의 점포에서 환불이 이어져 손실이 많이 나온다 해도 그룹 전체의 브랜드 전략에 드는 투자로서는 싸다고 할 수 있다.

이러한 가치 보증 방식은 브랜드의 인지도가 약한 회사에게는 매우 효과적인 수단이다. 고객이 상품을 사지 않는 이유를 없애는 것이 목적이므로, 그러한 의미에서는 구입에 관련된 위험 요소를 줄일 수 있다.

다만 이때는 환불 절차를 복잡하게 하면 절대 안 된다. 될 수 있으면 제한 없이, 간단한 환불 방법을 채택해야 유효성이 훨씬 높아진다.

9장

모멘텀의 시작

비즈니스 모델에
끝은 없다

최종 프레젠테이션

다음 날, 무로후시 사장과 약속을 한 스도는 뿌듯한 마음으로 이 시간을 기다렸다. 재무에 관련된 수치 등 질문이 있을 경우를 대비해서 마에다도 함께 찾아갔다.

사장실에 있는 65인치 모니터에는 '주식회사 레오리아스의 새로운 비즈니스 모델에 관하여'라는 파워포인트의 표지가 비치고 있었다.

"사장님, 안녕하십니까?"

"어서 오게나, 스도."

무로후시 사장은 창업 초기부터 레오리아스에 근무해온 노기 에이지(野木英二) 상무와 함께 방으로 들어왔다. 노기 상무는 제조업체로서의 레오리아스를 지탱해온 인물이다. 제품 제조 외 다른 부문의 사업에 관해서는 비판적인 면이 있다는 평가를 받고 있다.

이번 비즈니스 모델이 과연 어떻게 받아들여질지, 스도는 어깨를 무겁게 짓누르는 부담감을 느꼈다.

"상무님, 안녕하셨습니까? 오랜만에 뵙겠습니다."

"스도 씨, 회사에선 좀처럼 보기가 힘들구먼. 외근이 많은 모양이야. 건강하지?"

"네, 물론입니다."

"늦어서 죄송합니다." 오야마 자금부장이 사장실로 들어섰다.

그리고 오야마 부장이 모시고 온 사람은, 대표에서 물러나 지금은 회장직으로 있는 레오리아스의 창업자 이하라 기이치였다.

"스도 군, 오랜만일세." 이하라 회장은 범상치 않은 아우라를 내뿜고 있었다.

"오랜만에 뵙습니다, 회장님." 스도는 긴장한 채 대답했다.

"지금의 레오리아스를 일구어내신 창업자로서 오늘 새로운 변혁에 관한 보고를 들어주십사 하고 이하라 회장님을 이렇게 모셨으니, 잘 부탁하네." 무로후시 사장이 말하자 스도는 다시금 옷깃을 여몄다.

"시작해도 되겠습니까? 지금부터 레오리아스의 새로운 비즈니스 모델에 관해 설명해드리겠습니다."

드디어 프레젠테이션이 시작되었다.

레오리아스의 문제점 진단

"그럼 지금부터 프리젠테이션을 시작하겠습니다. 우선 우리 레오리아스의 목적입니다. '세상을 스포츠로 열광시킨다. 고객에게 스포츠에 열광하고 싶은 마음을 불러일으켜 세상이 더 좋아지게 한다'입니다.

이번에 저희는 사장님께 레오리아스의 이익 구조를 바꾸라는 미션을 받았습니다. 이는 단순한 원가 절감 차원이 아니라 레오리아스의 고객가치를 높이면서 동시에 지금까지보다 더 큰 이익을 창출할 수 있는 변혁을 뜻합니다. 이러한 미션을 실현할 장치는 비즈니스 모델밖에 없습니다. 저는 초보자로서 배워가며 비즈니스 모델을 연구하고, 또 전문가의 도움을 받으며 어떻게든 팀 전원이 힘을 모아 비즈니스 모델의 골격을 구축해왔습니다. 오늘은 그 내용에 관해 프레젠테이션 하겠습니다."

무로후시 사장이 고개를 끄덕였다.

"우선, 우리 레오리아스가 지금까지 어떤 비즈니스를 해왔는지, 그 발자취를 더듬어보겠습니다. 크게는 피트니스 붐이 일어났을 때 발 빠르게 투입하여 여성의 타운슈즈로서 패션 트렌드를 만들어낸 레오피트가 있습니다. 그 다음으로는 NBA 붐에 맞춰 쿠셔닝을 극대화한 하이테크 스니커즈 점프 어라운드가 있습니다. 이 제품 또한 스트리트 패션으로 대유행했습니다. 그리고 2년 전에 '자세'라는 키워드에 착안해서 최적의 솔루션을 제공해 개발한 레오코아가 어느 정도 히트를 쳤습니다.

말씀드리고 싶은 것은, 레오리아스가 지금까지 제품으로서는 좋은 물건을 생산해왔지만 비즈니스의 방식 자체에 있어서는 문제가 있었던 게 아닌가 하는 점입니다. 세상에 어떤 붐이 일어나고 그것이 표면화될 때 레오리아스는 발 빠르게 유행의 물결을 타고 그에 가장 적합한 솔루션이 될 제품을 투입했습니다. 기술력도, 개발력도 있었습니다. 따라서 트렌드의 한가운데서 큰 파도의 물결을 탈 수 있었습니다. 하지만 그 이후로는 그런 방식이 더 이상 통하지 않게 되었지요. 이유는 명백합니다. 인터넷 시대가 열렸기 때문입니다.

붐이 일어나기 시작하면 사용자들 사이에 널리 퍼집니다. 그러면 대규모 외국 자본은 그 붐을 이용해 일찌감치 콘셉트를 발표하고 신속하게 제품화한 뒤, 인기 스타를 기용한 광고를 대대적으로 내보내 시장을 휩쓰는 거지요. 인터넷이 보급됨에 따라 레오리아스의 비즈니스 방식은 원시적이라고도 할 수 있는 수준으로 추락했습니다. 하지만 최근까지도 우리는 그 사실을 미처 깨닫지 못하고 있었지요."

이하라 회장은 스도를 응시하고 있었다.

"우리는 그저 단순하게 레오리아스가 더 이상 혁신적인 제품을 만들어내지 못한다고만 생각했던 것입니다. 제가 입사했을 때 제 눈앞에는 레오리아스의 처절한 상황이 펼쳐져 있었습니다. 히트작이 나오지도 않고, 무얼 해도 한발 밀리는 후발주자였지요. 그래서 아무리 좋은 제품을 만들어도 고객의 인지도를 얻지 못해 결국은 가격을 낮추고 때로는 적자로 처분하는 상황까지 벌어졌습니다. 다음 제품은 기필코, 다음엔 꼭, 이렇게 다짐하면서도 옛날 방식을 그대로 따라 하고 있었습니다. 즉, 겉으로 드러나 있는 니즈를 좇고 있었기 때문에 이미 과당경쟁의 지대로 들어간 것입니다.

제가 관여했던 레오코아도, 사실은 레오리아스의 옛날 잘나가던 방식을 답습한 것이었습니다. 우연히 어떤 소매점에서 '자세 교정'이라는 키워드를 주워듣고 제품화했으니까요. 그러고는 바로 속 근육 단련에 대한 붐이 일어나, 운 좋게 이 분야를 리드한 형태가 되었습니다. 저는 이때 알았습니다. 레오리아스에는 제품 개발력이 있다. 단지 고객과의 커뮤니케이션이 제대로 이루어지지 않을 뿐이라고 말이죠.

그렇다면 우리가 해야 할 일은 무엇일까. 답은 간단했습니다. 그것은 우리의 고객을 구체적으로 설정하고 그들이 지금 어떤 고민을 하고 있는지를 찾아내는 일입니다."

트렌드만 따르는 전략의 한계

스도는 말을 이어나갔다.

"이번에 개발부와 마케팅부, SCM부, 그리고 자금부 담당자까지 끌어들여 새로운 비즈니스 모델을 구축하고자 시도했습니다. 제조사답게 우선은 제품을 중심으로 비즈니스 모델을 만들기로 했습니다. 고객을 설정하고 그들이 해결하고 싶어 하는 용건이 과연 무엇인지를 생각하는 일부터 시작했어요. 어떤 용건을 갖고 있는 사람을 고객으로 설정할 것인가?

여기서 실수하지 말아야 할 것이, 지금 현재의 트렌드만을 따라서는 안 된다는 사실입니다. 그 시행착오가 레오리아스에게 반복된 실수를 일으켜왔습니다. 현재, 우리 브랜드는 인지도가 거의 없어 젊은 층에게는 알려져 있지도 않습니다. 이러한 상황에서 레오리아스가 신제품을 투입한들 그대로 자멸할 것이 뻔합니다.

그래서 이번에 저희가 상정한 고객은 '예전에 레오리아스의 팬이었던 사람들'입니다. 이 사람들이라면 레오리아스를 잘 알고 있을뿐더러 저항감도 없기 때문입니다."

오야마 부장이 화면을 응시하고 있다.

"예전에 레오피트를 신었던 바로 그 고객들이지요. 구체적으로는 현재 40~50대 여성입니다. 이들이라면 레오리아스의 로고를 분명 알고 있을 것입니다. 지금 대학생들의 부모쯤 되는 연령층입니다. 다음으로 이 고객 층이 지금 어떤 상황인가를 알아보았습니다. 대부분은 이미 결혼한 주부일 것이고 맞벌이 가정이 많을 것입니다. 그렇지 않아도 바쁜데 시간제로라도 일해야 합니다. 아직은 당연히 여성으로서의 아름다움을 유지하고 싶습니다. 하지만 운동도 하지 못하고 자꾸만 살이 찝니다. 신진대사 능력이 점점 떨어지고 체력도 예전 같지 않습니다. 그런데도 매일 바빠서 가사를 마치고 나면 피곤에 지쳐 잠이 듭니다. 바로 이런 상황에 놓여 있습니다."

마에다가 긴장한 얼굴로 스도를 바라보고 있다.

"그래서 생각했습니다. '아, 편하게 살 빼는 방법이 있다면 좋을 텐데' 하고 말이죠. 사실 홈쇼핑에서 판매되는 인기 상품이나 건강보조식품은 대부분 이 연령층 여성들이 지탱하고 있습니다. 그런데 스포츠 브랜드는 어떻습니까? 이들처럼 '격한 운동은 하고 싶지 않지만 예뻐지고 싶다'는 사람의 용건에 진지하게 대응해왔을까요? 스포츠 브랜드는 '스포츠를 매우 좋아하는 사람들'만을 응원해오지 않았던가요?

심한 표현일지 모르지만 저는 가치가 없다 싶으면 내치는 느낌마저 들었습니다. 이는 우리가 크게 반성해야 할 점이기도 합니다. 옛날 우리 제품을 열렬히 지지해주던 팬들은 나이가 들었는데, 젊

도표42. **고객의 활동 체인**

구입 단계				용건 해결 단계			지속 단계		
낯설해지고 싶다	성과가 중요	아무 데도 가지 않고	쉽게 살이 빠진다	구입	사용한다	효과적으로 사용한다	성과가 나타난다	세계관에 침투한다	완전히 시문장한다	운동을 시작한다

은 층만 바라보고 그들을 위한 솔루션만을 제안해왔습니다. 그 결과 옛날 고객들은 우리와 멀어졌습니다. 하지만 우리 쪽에서 '당신들은 이미 우리 고객이 아니다'라고 딱 잘라버린 것은 아닐까요? 그렇다면 지금 우리의 상황은 어쩌면 당연한 건지도 모릅니다."

이하라 회장이 눈을 감고 팔짱을 낀 채 듣고 있다.

"다음 슬라이드를 봐주십시오. 이것은 고객의 활동 체인이라고 하는데요, 고객의 활동이 어떻게 연결되는지를 파악한 표입니다. 이 시각에서 '헬스클럽'을 키워드로 하여 '편하게 살 빼고 싶어 하는' 여성을 타깃으로 삼고, 그들에게 최적의 솔루션을 '구입'하게 할 계획입니다."(도표42 참조)

이익의 이면에는 솔루션이 있다

"이렇게 상정한 고객에게 다가갈 수 있는 솔루션으로서 이번에 개발한 제품이 바로 이 '모멘텀'입니다. 보십시오. 아직 시제품 단계입니다만 발매 버전에 가까운 제품입니다. '모멘텀'에는 탄력, 활기, 계기, 그리고 전문용어로 운동량이라는 의미가 있습니다. 어느 쪽이든 스포츠 브랜드가 스포츠를 하지 않는 사람에게 제안하는 '운동을 위한 계기', 그러한 의미를 담았습니다. 캐치프레이즈는 '절대로 좌절하지 않는 헬스클럽'입니다. 이것은 신발이 아닙니다. '헬스클럽 체험'을 제품으로 표현한 것입니다."

모두 시제품을 바라보았다.

"이 부분을 봐주십시오. 공기가 이동하는 특수한 형상의 밑창을 사용했습니다. 그래서 이 밑창이 흔들흔들하는 불안정감을 줍니다. 즉, 안정과 불안정을 교차시킨 신기한 제품이지요. 사실 이 제품은 제가 가치 제안을 던졌을 때 개발부가 필사적으로 만들어냈습니다. 하지만 처음부터 새로 만든 것은 아닙니다. 예전에 점프 어라운드 개발 단계에서 누락되었던 시제품에 사용했던 기술을 다시금 응용했습니다. 그 덕에 개발비가 거의 들지 않았지요. 어떻습니까? 설마 점프 어라운드가 한 번 더 레오리아스를 구해줄 가능성이 있다고는 전혀 생각하지 못하셨을 겁니다.

이 신발은 14,000엔에 발매할 계획입니다. 상당히 고액이지요. 하지만 헬스클럽이나 필라테스에 다니는 비용에 비하면 훨씬 싼 편입니다. 40~50대 여성들은 운동을 하지 못해 곤란을 겪고 있으니까요.

다만, 여기까지가 전부라면 지금까지 해온 레오리아스의 제품 회의와 크게 다르지 않습니다. 잘 생각해봐야 합니다. 이번에는 이익 구조의 개혁, 그렇습니다. 비즈니스 모델의 변혁이 필요합니다. 그렇다면 그저 개발비가 들지 않은 신발을 비싼 가격에 판매하기만 해서는 안 됩니다. 왜냐하면 이익의 이면에는 반드시 솔루션이 있기 때문입니다. 솔루션 측면에서 생각하면, 분명 고객들은 용건을 확실히 해결하기 위해 돈을 지불할 준비가 되어 있습니다."

미해결된 용건에 지속적으로 솔루션을 제공한다

스도가 말을 이어나갔다.

"즉, 고객의 활동 체인 중에서 제품을 파는 것만으로는 해결되지 않은 용건을 해결해야 합니다. 다음 슬라이드를 봐주십시오. 아까 보여드린 활동 체인 중에서 얼마큼의 솔루션을 제시하고 있는가를 ○로 표시한 것입니다. ●로 되어 있는 부분은 그중에서 과금하고 있는 포인트입니다. 흥미롭게도 '편하게 살을 빼고 싶다'는 고객에게서는 '운동기구'와 '건강보조식품' 그리고 '트레이닝 DVD'의 과금이 모두 제품의 구입 시에만 이루어집니다. 그러면 얼마나 매출총이익이 높은 제품을 '전부 파느냐'가 관건이 되는 것이지요.

한편, 헬스클럽은 강사가 지도하면서 운동을 계속할 수 있도록 동기를 부여합니다. 헬스클럽에서는 입회비 이상으로 고객이 계약을 지속할 때 발생하는 갱신료가 중요한 수익원이 되기 때문이지요. 무엇보다도 서비스업이므로 고객과의 커뮤니케이션을 밀접하게 유지해나갈 수 있습니다. 이러한 의미에서 보면 헬스클럽은, 한 번에 다 파는 것이 아니라 몸매 관리를 위한 지도와 유지에 지속적으로 과금을 하고 있습니다. 하지만 그 회원이 다른 스포츠가 하고 싶어지거나 더욱 본격적으로 몸만들기를 할 때는 업그레이드라고 할까, 추가로 과금을 할 수 있는 구조로는 되어 있지 않습니다.

이런 사항들을 참고로 하여, 모멘텀은 우선 신발로서 고객에게 솔루션을 제시할 것입니다. 그리고 모멘텀을 사용해 효과적으로 활용한 뒤에 거기에다 액세서리와 의류를 준비하는 거죠. 기능을 부가하면서도 화려한 양말과 의류를 제안해나갈 것입니다. 즉, 라이프 스타일을 제안하는 겁니다. 여기에 더해 모멘텀은 남아 있는 미해결된 문제에 솔루션을 제공합니다. 효과적으로 사용하는 데 필요한 '걷기 교실'이나 '코디네이트 교실'도 개최합니다.

이 자체는 스포츠를 하지 않는 사람에게 스포츠를 하는 듯한 생활 제안을 하게 되는데, 그 부분은 소매점에 맡기려고 합니다. 특히 엑시비션 스포츠 매장은 모멘텀과 마찬가지로 '운동해볼까' 하는 고객 층에 대해 절대적인 영향력을 갖고 있는 소매점입니다. 거래 실적이 있어서 관계는 좋습니다. 이에 관해서는 엑시비션 스포츠 매장의 상품부장에게도 흔쾌히 승낙을 받았습니다. 모멘텀을 선행 판매하겠다는 조건을 붙였기 때문에 상대에게도 나쁘지 않은 조건입니다. 무엇보다도 상대도 고객에게 두 가지 이상의 품목을 구매하도록 어필할 수 있으며, 지금까지 의류만 구입하던 주부층에게 소매가격 14,000엔짜리 신발을 권유하고 그 유지 관리까지 가능하기 때문입니다. 물론 이 시점에서 우리 회사는 과금하지 않습니다만 솔루션으로서는 절대적인 효과를 낼 것입니다."(도표43 참조)

이하라 회장도 무로후시 사장도 조용히 듣고 있다.

"양말과 의류는 매출총이익이 월등히 높은 것은 아니어서 이 제품 판매만으로는 이익 구조가 별반 바뀌지 않습니다. 어디까지나 신발을 바탕으로 한 고객이고, 이 제품들로는 이익을 늘려나간다는 의미입니다.

고객은 구입한 상품을 사용해 성과가 나타나기 시작하면 다시 이 세계관에 빠져듭니다. 이때의 솔루션은, 소매에서 이루어지는 커뮤니케이션도 그렇습니다만, 우리도 함께 해나갈 필요가 있습니다. 그래서 모멘텀은 성과를 얻을 수 있을 거라고 보증하는 '가치 보증 프로그램'을 도입하려 합니다. 성과가 나타나지 않으면 환불이 가능한 시스템입니다. 상세한 내용은 지금 마에다가 나눠드리는 자료에 나와 있습니다. 다시 말해, 성과를 보증한다는 솔루션을 부가하는 것입니다.

도표43. 모멘텀과 대체 솔루션의 비즈니스 모델 커버리지

단계	항목	운동기구	건강보조식품	트레이닝 DVD	헬스클럽	모멘텀
지속 단계	운동을 시작한다				○	●
	원전히 사로잡힌다				○	○
	세계관에 침투한다				○	○
용건 해결 단계	성과가 나타난다				○	○
	효과적으로 사용한다				●	●
	사용한다	○		○	●	●
구입 단계	구입	●	●	●	●	●
	쉽게 살이 빠진다					
	아무 데도 가지 않고					
	성과가 중요					
	낯설게하고 싶다					

일부 외국계 브랜드가 캠페인으로 실시하기도 하는데, 모멘텀은 처음부터 제품에 가치 보증을 부가할 것입니다. 고객은 어디서 사든, 언제 사든 구입했다는 사실을 증명만 하면 환불받을 수 있습니다. 이는 제품을 만드는 기업, 특히 스포츠 브랜드에서는 거의 채택한 적이 없는 발상입니다. 여기 계신 분들도 왜 그런 어리석은 제도를 만드느냐고 생각하실지 모르지만, 여기에는 또 하나의 목적이 있습니다. 가치 보증을 하는 조건으로 고객의 아이디를 등록시키는 겁니다."

그 순간, 이하라 회장의 눈썹이 꿈틀 움직였다.

"다시 말해, 고객이 모멘텀을 사용했을 때의 성과 측정이 가능하고, 또한 스마트폰용 애플리케이션을 배포하거나 몸매에 대한 고민을 털어놓는 커뮤니티를 준비할 생각입니다. 이에 관련해서는 서비스 업무 관련 전문가를 채용하고자 합니다. 물론 비용이 들어갑니다만 몇 배로 돌아올 것입니다. 왜냐하면 그 업무는 솔루션을 제공할 뿐만 아니라 앞으로의 상품 개발에 대한 힌트를 얻는 지식 센터가 되기 때문입니다. 데이터베이스를 관리함으로써 앞으로 여성이 '해결해야 할 일'을 찾아가는 겁니다. 사실상 이 데이터를 얼마나 많이 모으느냐가 핵심입니다. 처음부터 데이터를 모을 것을 염두에 두고 데이터베이스 관리를 하겠습니다. 고객에게 앙케트 조사를 실시할 질문 양식도 결정해두었습니다."

무로후시 사장의 눈이 번쩍 뜨였다.

"왜 이런 일을 하는 것일까요. 바로 레오리아스의 이익 구조를 바꾸기 위해서입니다. 여기서 수집한 40대 전후 여성의 데이터를 근거로 레오리아스의 신제품 개발에 사용합니다. 즉, 외부의 컨설턴트나 마케팅 회사에 지불하던 비용이 절약되고 레오리아스 자체가 큰 연구소가 될 수 있습니다.

여기서 모은 40~50대 여성들의 고민을 담은 데이터는 그 자체로 상품이 될 수도 있습니다. 이미 쓰타야(TSUTAYA. 음악, 영상 소프트 및 서적의 렌탈과 판매 등을 라이프스타일과 접목하여 복합적 문화 상품을 판매하는 체인 서점-옮긴이)와 T포인트(포인트 서비스 및 그 정보를 제삼자에게 제공하는 사업-옮긴이)를 운영하는 컬처 컨비니언스 클럽(Culture Convenience Club Company)이 하고 있는 일입니다.

물론 시간이 걸리는 기획입니다만, 처음부터 준비해서 진행할 필요가 있습니다. 그리고 시간이 걸리더라도 반드시 운영해보고 싶습니다. 빠르면 일 년 반 후에는 가능하지 않을까 하는 생각입니다. 하지만 이 모든 것이 가능하려면 우선 모멘텀을 성공으로 이끌어야 합니다.

또한, 모멘텀을 구입한 고객 중 더욱 지속해서 성과를 얻고 싶은 사람에게는 다른 레오리아스 상품을 구입할 수 있도록 유도해나갈 계획입니다. 애초에 모멘텀은 스포츠 브랜드가 상대하지 않았던 고객을 위한 제품입니다. 하지만 그들도 점점 수준이 올라갈 것입니다. 그때를 대비해 '레오리아스의 도움을 받았으니 계속해서 레오리아스를 사용하겠다'는 동선을 깔 수 있는 획기적인 상품이기도 합니다. 틀림없이 우리의 기존 상품에 대한 접근성을 높여줄 것입니다.

스도가 프레젠테이션을 시작한 지 30분이 지나고 있었다.

"길어졌습니다만, 지금까지의 흐름에서 레오리아스의 미래를 바꿀 모멘텀을, 단순한 제품이 아니라 레오리아스의 기존 제품까지 좋아하게 만들기 위한 프로젝트, 그리고 그것을 비즈니스 모델로 나타내보면, 이러한 슬라이드가 됩니다.

도표44. 모멘텀 프로젝트의 하이브리드 프레임

이익			고객가치
40대 전후의 여성을 타깃으로 하는 사업자	➕	모든 고객 **WHO**	날씬해지고 싶지만 적극적으로 운동하기는 싫은 사람
사업기획 (커뮤니티의 회비는 받지 않음)	➕	모멘텀 신발 (액세서리나 의류는 이익률이 낮다) **WHAT**	손쉽게 살을 뺄 수 있는 신발과 커뮤니티
시간차 (데이터 축적 후)	➕	구입 시 (제품마다) **HOW**	차별화 상품이므로 고가, 슬로건은 '절대로 좌절하지 않는 헬스클럽'
좌뇌계			우뇌계

이번에는 제품의 매출총이익 개선만으로 끝낼 수 없습니다. 고객과 지속적으로, 그리고 철저하게 교류를 이어나갈 생각입니다. 커뮤니티를 무료로 개방해 고객들이 적극적으로 활동할 수 있도록 할 것입니다.

뿐만 아니라 그때부터 얻은 데이터를 의미화해서 다른 사업자에게 판매하여 최종적으로 이익 구조를 철저하게 바꾸려고 합니다. 누가 뭐라 해도 데이터를 가공해서 만드는 보고서 등의 외부 판매는 100퍼센트 매출총이익입니다. 이는 제조회사에게는 혁명적인 이익 창출 방법입니다. 시간은 걸리겠지만 우선은 모멘텀을 그런 목적으로 시장에 투입할 계획입니다.

이상이 '비즈니스 모델 연구실'이 구축한 레오리아스의 새로운 모델입니다. 물론 실현하는 데는 많은 부서의 적극적인 협력이 반드시 필요합니다만 잘된다면 또 다른 방향으로의 전개도 가능해질 것입니다. 레오리아스는 스포츠 브랜드가 아니라 '여성을 아름답고 건강하게 하는 기업'이 될지도 모르겠습니다. 앞으로 우리 회사를 크게 변화시킬 모델이라고 확신합니다. 이로써 발표를 마치겠습니다."

도전자의 모델이 탄생하다

스도가 프레젠테이션을 마쳤다. 사장실에는 긴장감이 감돌았다. 불온한 공기마저 느껴진다. 몇 분간의 침묵이, 스도에게는 마치 몇 시간처럼 길게만 느껴졌다.

'어떻게 된 거지? 안 되는 걸까? 경영진을 설득시킬 만큼, 제대로 설명하지 못한 것일까. 이걸로 끝이란 말인가.'

그렇게 생각했을 때 정적을 깨는 목소리가 들려왔다.

"근사하지 않은가! 절대적으로 환영이네."

맨 처음 말을 꺼낸 사람은 창업자인 이하라 회장이었다. 뜻밖의 발언에 모두 놀랐다. 이하라 회장이 심혈을 쏟아 만들어낸 레오리아스이거늘, 결점을 들춰가며 지금까지와는 전혀 다른 모델을 강력히 제시했기에 모두 솔직히 마음을 졸이고 있었다.

"내가 만들어온 것은 이제 화석이네. 이대로 간다면 회사는 결국 쓰러지고 말 걸세. 이 업계는 외국계 자본의 메가 브랜드가 막강하지. 하지만 그들도 너무 커지는 바람에 발 빠른 전환이 불가능해졌어. 이럴 때 도전자인 우리가 새로운 비즈니스를 보여준다는 데 나는 찬성이네. 이 기획, 아직 세세한 부분을 더 채워 넣을 필요는 있어 보이지만 나는 생각하지도 못한 내용일세. 나라면 10년이 걸려도 이런 아이디어에 다다르지 못할 거야. 완전히 새로운 발상이야. 정말 놀랐네."

스도에게는 이 목소리가 신의 목소리로 들렸다. 무로하시 사장이 아무 말도 하지 않고 있었던 것은 창업자인 이하라 회장이 직접 말하도록 하기 위해서였다.

"무로후시, 자네가 발탁해온 저 친구, 대단하지 않나?"

"회장님, 감사합니다! 스도는 아주 잘하고 있습니다. 이 안건은 어떠십니까?"

"물론 이의 없네."

"다른 분들은 어떤가요?"

"더 구체적인 수치에 관해 질문은 있지만, 그건 비즈니스 아이디어를 뒤집을 만한 큰 문제는 아니니까요. 마에다도 팀원으로 함께했으니 마음이 놓입니다."

오야마 자금부장이 말했다. 마에다는 이 말을 듣고 늠름한 자세로 고쳐 앉으며 마음을 바짝 다잡았다.

"다만, 소매점과의 관계 구축이 어렵네. 엑시비션 스포츠 매장과 처음에 손잡고 시작하는 것은 좋지만 그 외 다른 소매점들과 관계가 틀어지는 일이 없게 해야 할 걸세. 그 정도로 강렬한 제품이니까."

옛날부터 레오리아스를 받쳐온 노기 상무는 충고인 듯 말하며 모멘텀을 자신 나름의 표현으로 칭찬했다. 그리고 말을 계속했다.

"나는 물건을 만드는 사람이니까 기요이 부장과 이와사가 만들어낸 이 시제품을 보고 그것만으로도 감격했다네. 거기에 그 장난기 가득한 이시가미 부장이 아주 근사한 메시지를 담았군. 결점을 쳐내면서도 예전부터 이어져온 레오리아스의 좋은 점이 제대로 기능하고 있어. 드디어 레오리아스의 개혁이로군. 이 프로젝트에서 오랜만에 피가 끓어오르는 뜨거운 감정을 느꼈다네. 스도, 자네와는 함께 일할 기회가 별로 없었지만 레오리아스에 이렇게 애정을 갖고 있다니 고맙네."

"그러면 당장 시작해도 되겠습니까? 그게 낫겠지, 스도?"

무로후시 사장이 스도에게 확인했다.

"네, 물론 아직 덜 다듬어졌습니다. 여기서 승인해주신다면 이제부터 더욱 박차를 가하겠습니다. 어떤 경제학자에게 비즈니스 모델에 끝은 없다고 배웠습니다. 뼈대가 만들어지고 책상 앞에서 더이상 할 일이 없어지면 그 다음은 현장에서 뛰면서 바꾸어 나가는 것이라고 말입니다."

"멋지군. '비즈니스 모델에 끝은 없다'라니! 언젠가 그 녀석에게 들은 적이 있네만." 무로후시 사장이 의미심장하게 말했다.

"그 녀석?"

"아니, 아무 것도 아니네. 스도 군, 그러면 시장 투입 시기를 언제로 할 작정인가?"

"지금부터 6개월 후 시장에 투입할 예정입니다."

"좋았어. 부탁하네."

"네, 알겠습니다. 모든 준비를 마친 후에 시장에 론칭하겠습니다. 절대로 후회하지 않으실 겁니다."

스도가 힘이 넘쳐서는 그렇게 단언했다. 스도와 마에다는 모두에게 인사를 한 후 사장실을 나섰다.

"스도 씨, 해냈어요!"

"아싸!" 스도가 양손으로 승리 포즈를 취했다.

"빨리 연구실로 가요. 모두 스도 씨의 보고를 기다리고 있을 거예요."

두 사람은 '비즈니스 모델 연구실'로 달려갔다.

셰이프업 연구소
바쁜 여성을 응원하는 플랫폼

프로젝트 모멘텀

그로부터 일 년 반이 지났다.

모멘텀은 대히트를 기록했고 미디어가 발표한 히트 상품 순위에도 이름을 올렸다. 순식간에 각종 여성지에도 소개됐고 이제는 화제에 오르지 않는 날이 없을 정도다.

레오리아스의 실적은 급속히 회복되어 경영 이익에서도 흑자를 냈다. 이 프로젝트에서 의도한 대로 모멘텀은 세상에 브랜드를 알리며 인지도를 높였고 그에 따라 투입한 양말과 깔창, 그리고 의류도 상당한 매출을 올렸다. 다만 모멘텀의 매출총이익률은 높았지만 다른 라인업의 실적은 그대로였기 때문에 회사의 이익률 자체는 그럭저럭 괜찮은 정도의 개선에 머물렀다.

드디어 매스컴에 기자회견을 하는 중대한 날이다. 장소는 니시우메다(西梅田)에 있는 이벤트 행사장 하비스홀(Herbis hall)이다. 취업활동을 위한 합동 세미나가 자주 열리는 근사한 회의장을 빌렸다. 광고 선전비가 한 푼도 없었던 레오리아스 입장에서는 믿을 수 없는 일이다. 이 또한 모멘텀 효과다.

지금 주목받고 있는 회사의 기자회견이다 보니 많은 매체들이 모여들었다. 회의장에는 모멘텀의 새로운 버전이 진열되어 있다. 사회자의 소개에 따라 무로후시 사장이 등장했다.

"오늘 이렇게 여러분을 모신 것은 레오리아스가 모멘텀 브랜드로 착수할, 새로운 가치 제안을 발표하기 위해서입니다. 바로 '셰이프업(shape-up) 연구소'입니다.

무로후시 사장이 이렇게 말하자 제목이 프로젝터 화면에 나타났다.

"지금까지 저희는 모멘텀 브랜드를 통해 바쁜 여성들을 응원해 왔습니다. 하지만 그것만으로는 부족합니다. 여성들의 고민은 아직도 남아 있습니다. 저희는 이미 5만 명의 여성 고객을 확보하고 있습니다. 그래서 그분들의 목소리를 다양한 제품 기획에 반영해나갈 수 있는 플랫폼을 개설하기로 했습니다. 이미 많은 사업장에 문의를 받았고 실제로 비밀리에 컬래버레이션하여 제작했으며, 그 결과로 시장에 투입된 제품도 있습니다. 이 플랫폼을 널리 '세이프업'이라는 과제에 반영하실 사업자 여러분, 또한 그러한 문제를 해결하고 싶어 하는 여성 분들께 공개하겠습니다.

사용자인 모든 여성들에게는 이쪽에서 셰이프업을 위한 트리비아(trivia, 여러 방면에 걸친 단편적이고 잡다한 지식이나 학문-옮긴이)를 봐주십시오. 또한 저희 회사 외에도 제약회사나 미용기구 제조사에서 샘플을 받아보실 수도 있습니다. 혹은, 셰이프업에 효과가 있는 걷기법이나 식사에 관한 세미나도 수강할 수 있습니다. 모멘텀 브랜드는 앞으로도 적극적으로 활동하는 여성을 응원하겠습니다."

말을 마친 무로후시 사장을 향해 일제히 플래시가 터졌다. 그 옆에는 스도가 서 있었다.

기자회견이 끝난 후 옆 회의장에서는 레오리아스 브랜드의 전시회가 열렸다. 그곳에는 모멘텀의 런닝 버전인 '모멘텀 런', 헬스장에서 트레이닝하는 '모멘텀 트레인', 레오피트의 어퍼 부분을 부활시킨 '모멘텀 피트' 등이 전시되어 있었다.

"모르는 세대에게는 새롭고, 알고 있는 세대에게는 그리운 신발입니다. 새로운 기술을 접목시켜 레오피트가 부활했습니다."

기요이 부장이 전시회에서 목청을 높여 설명하고 있다.

이것이 레오리아스의 새 얼굴인가. 스도는 전혀 다른 회사 같다고 생각했다. 비즈니스 모델을 변혁한다. 그 과정에서 제품이 탄생한다. 히트하는 제품에는 일관성이 있다. 게다가 다음의 히트 상품으로 이어진다. 이것이 비즈니스 모델의 힘인가. 마케팅만으로 되는 것도 아니고, 제품만으로 되는 것도 아니다. 또한 자금력의 힘만도, 생산관리의 힘만도 아니다. 모든 힘이 합쳐져 방향성을 결정해간다. 그 설계도를 만든다. 이것이 모델인가.

스도는 근래 2년 동안 레오리아스에서 겪어온 일들을 되새기며 가슴이 뜨거워졌다.

모델을 바꿔야 했던 근본적인 이유

전시회도 한숨 돌릴 즈음, 무로후시 사장이 스도에게 다가왔다.

"수고했어. 어렵사리 여기까지 왔네. 잘해줬어."

"네, 사장님. 하지만 지금부터입니다."

"그렇다네, 스도. 그런데 내가 왜 이익 구조의 개혁을 자네에게 부탁했는지 아나?"

"그건, 레오리아스의 실적이 저조해 계속 적자를 내고 있었기 때문 아닙니까?"

"물론, 그렇지. 하지만 만약 그런 이유에서였다면 사업을 지속하는 데 드는 액수 이상의 이익은 필요 없지 않겠나?"

"그렇군요."

"하지만 나는 자네에게, 제품뿐만이 아니라 이익 구조를 바꿔달라고 부탁했네. 게다가 비용을 들이지 않고 그것을 실현하라고 말이지. 실제로 레오리아스에는 그런 현금이 없었다네."

"그랬지요."

"자네에게 마법을 걸어달라고 부탁한 거나 다름없네."

"그건, 정말로."

"맞아, 스도. 하지만 나는 이것이 경영의 바람직한 자세가 아닌가 하고 생각해."

"경영의 바람직한 자세요?"

무로후시 사장의 의미심장한 말에 스도는 의아한 표정을 지었다. 그리고 무로후시는 설명을 하기 시작했다.

"경영자가 왜 많은 이익을 필요로 할까. 그 진짜 이유는, 그 기간 내에 돈을 많이 벌고 싶어서는 아닐세."

"그 말씀은?"

"올해의 이익으로 내년의 투자가 가능해진다, 그런 뜻이지."

"흐음." 스도는 생각에 잠겼다.

"그렇지. 안정적으로 돈을 벌고 있는 기업에서, 만일 다음 해에 아무 할 일이 없다면 그렇게 많은 돈을 벌지 않아도 되지. 그보다는 고객에게 가격의 인하나 그 밖의 서비스로 환원해도 좋다고 생각하네. 내가 왜 많이 벌어야 한다고 했는가. 그것은 '셰이프업 연구소'를 비롯한 신규 사업에 투자할 필요가 있었기 때문이야. 제조 회사가 시작하는 그런 혁신적인 투자에, 금융기관이 선뜻 돈을 내어줄 리가 없거든. 그렇다면 '셰이프업 연구소'의 초기비용과 마케팅 비용, 그리고 전문 담당자의 인건비는 모멘텀으로 벌어들이는 수밖에 없었네. 즉, 혁신은 타인 자본으로는 불가능해. 설명할 수 없는 부분이 많지만 말이야. 그렇기 때문에 자기자본, 그것도 내부유보로 하는 거라네."

"그렇군요."

스도는 이때 모든 것이 연결되어 이해가 되었다. 무로후시 사장이 레오리아스의 제품만이 아니라, 이익 구조까지 변화하도록 지시한 것은 단순히 이익을 많이 창출할 목적만이 아니라, 다음 해 이후에도 혁신을 일으키고 싶었기 때문이었다. 무로후시가 거기까지 생각하고 스도에게 미션을 내렸다는 사실을 비로소 이해할 수 있었다.

"비즈니스는 연결되어 있는 거라네. 당기 실적이 좋아도 다음 기는 어떻게 될지 알 수가 없어. 그런 불확실성 속에서 우리는 싸우고 있는 걸세. 그래서 언제나, 그리고 언제까지나 새로운 일에 매진해야만 하지. 그래야 존속해나갈 수 있어. 그러려면 혁신이 필요하지. 레오리아스가 정체되고 쇠퇴해서 위기에 처한 것은 같은 일을 계속 반복했기 때문이야. 고객은 자꾸만 진화하고 있는데 우리만 같은 일을 계속했던 거네. 우리도 혁신해야만 해. 그러기 위해서 이익 구조를 바꾸고 자력으로 새로운 사업을 벌여나가는, 그러한 순환 환경을 만들어갈 필요가 있었던 거야."

"그것이 경영이로군요. 모델은 이어질 혁신을 위해 존재하는 거고요. 이제 겨우 깨달았습니다."

스도는 경영이 무엇인지 조금 알 것 같았다. 그리고 자신이 현장에서 해온 일이 경영이라는 시점에서는 모두 연결되어 있다는 사실을 깨닫는 순간이었다.

'나도 언젠가는 경영자가 되고 싶다.'

스도는 처음으로 그런 생각을 했다.

하이브리드 프레임의 근원

전시회가 끝나고 해 질 녘이 되었다. 바로 옆에 있는 호텔 리츠 칼튼 오사카에서 파티가 열릴 시간이다.

지금까지 일 년간 모멘텀이 세운 공적을 기리고, 더불어 회사의 발전을 기원하기 위한 파티였다. 친한 회사 동료나 신세를 진 사람들, 그리고 사원의 가족을 초대해 교류를 깊게 할 목적도 있었다. 무로후시 사장의 초청으로 스도의 여자 친구인 메구미도 오기로 했다.

"파티할 경비가 없다고 말했지만 오늘은 발표회와 전시회도 겸하고 있으니 특별히 준비했다네. 미리 축하하는 자리라고 할까. 모멘텀에 탄력을 돋우려는 거지." 사장이 그렇게 말하며 선뜻 결제해주었던 것이다.

가타세 교수도 스도가 보낸 초대장을 받고 자리에 함께했다.

"교수님, 정말 감사합니다. 교수님 덕분이에요."

"그렇지 않아요, 스도 씨. 모든 것은 당신이 자신의 기술로 습득한 덕분이지요."

"아닙니다. 팀원들이 잘해줬기 때문이에요."

"그것도 스도 씨의 능력 아닐까요? 그리고, 이제부터네요."

"네, 정말 감사했습니다."

가타세 교수와 스도는 손을 꽉 마주 잡고 악수를 나누며 어깨를 안았다.

"그런데, 교수님은 왜 그렇게 제게 친절히 해주셨습니까? 줄곧 궁금했어요."

그렇게 말하는데 그곳에 무로후시 사장이 나타났다.

"사장님, 이 분은 세이토대학의 가타세 교……."

스도의 소개가 끝나기도 전에 가타세 교수와 무로후시 사장은 서로 어깨를 안으며 인사를 나누었다. 무슨 일이 일어난 건지 모르겠다는 표정을 짓는 스도를 보며 무로후시 사장이 입을 열었다.

"실은 가타세 교수는 나의 전우라네."

"과장이네, 무로후시 사장."

"그런가, 가타세?"

"네?"

두 사람은 같은 나이로 동창생인 듯했다. 그러고 보니 무로후시 사장은 세이토대학 출신이다. 가타세 교수도 세이토대학을 나와 모교에서 교수로 재직 중이다. 게다가 두 사람은 테니스부에서 2인조를 이뤄 대학 간에 열리는 경기에 출전할 정도였다고 한다.

그리고 또 하나 놀랄 만한 이야기가 가타세 교수의 입에서 흘러나왔다.

"실은 그 책 말이죠."

"네, 그 책이 왜요?"

"제가 유능한 경영자의 사고회로를 모델로 하고 있다고 말한 적 있지요?"

"네, 여러 번 듣기도 했거니와 책에도 그렇게 쓰여 있었습니다."

"실은 그 모델이 무로후시 사장이에요."

"네?" 스도는 너무 놀라서 말이 나오지 않았다.

"사실은 무로후시 사장이 전에 창업한 벤처회사가 있었거든요. 그때 자문을 맡았었지요. 보수는 거의 받지 못했지만, 그 대신에 여러 가지 아이디어도 듣고, 사람도 많이 소개받았어요. 무로후시 사장은 뛰어난 창업가이며 경영자예요. 그런 사람의 사고회로를 비즈니스 모델의 이론으로 정리한 것이 그 책이지요."

가타세 교수는 가볍게 말했다.

뭐라고? 우리는, 비즈니스 모델 연구실은, 모두 무로후시 사장의 사고를 역수입했다는 말인가? 새삼 무로후시 사장이 대단하다는 것을 깊이 깨달았다.

"스도, 자네라면 알아차릴 거라고 생각했네만." 무로후시 사장이 말했다.

"그런 걸 알아차릴 리가 없잖아요!"

"그 책의 머리말에 나에 대한 감사 글이 쓰여 있잖은가. 어라? 설마, 그 책 제대로 안 읽은 거 아냐?" 무로후시 사장이 놀랐다.

확실히 책은 제대로 읽었지만 머리말은 그냥 지나쳤던 것이다.

"반성합니다. 앞으로는 머리말도 제대로 읽겠습니다. 하지만, 아! 뭔가 분하네요."

스도는 약이 오른 척 넉살을 부렸다.

"하지만 말이야, 스도가 가타세 교수의 연구실에 다니고 있다는 애길, 교수에게 들었네. 나는 무척 기뻤지. 스도가 그렇게까지 스스로 책임을 느끼고 움직이고 있구나 하고 말이야. 그래서 보고하라고 하지 않았던 걸세. 가타세 교수에게 상황을 듣고 있었으니."

"스도 씨, 미안해요." 가타세 교수가 장난스러운 어조로 말했다.

"내부 정보인데 말이지, 이번에 가타세 교수에게 자문을 얻기로 했다네. 그러니까 우리 모멘텀 프로젝트의의 모멘텀을 만들어준 인물이지. 앞으로의 가능성을 믿고 협력하기로 했어. 게다가 기왕에 탄생한 '비즈니스 모델 연구실'이니 고문이 필요하지 않은가."

"스도 씨, 잘 부탁해요. 이제부터 흥미진진해질 거예요. 더 튜닝해서 유일무이한 비즈니스 모델로 만들어봅시다."

"교수님, 잘 부탁드립니다."

그렇게 말하고 두 사람은 다시 한 번 굳게 악수를 나눴다.

용감한 사람들의 연회

인사와 연회가 얼추 끝나고 주변이 한산해질 즈음, 일을 마친 메구미가 도착했다.

"스도, 축하해! 드디어 여기까지 왔네."

"고마워. 메구미 덕분이야. 그동안 신경 써주지 못해 미안해."

"나야 뭐……."

"휴가 내서 온천에라도 갈까?"

"좋아!"

느긋하게 시간이 흐르기 시작한 연회장. 어렴풋이 부드러운 클래식 음악이 흐르고 있다. 떠들썩하던 분위기도 가라앉자 이제는 음악도 들렸다.

"그건 그렇고 말야, 메구미."

"응, 왜?"

"선물이 있어. 받아줄 거지?"

"뭔데? 혹시……."

그러자 스도는 뒤쪽으로 들어가더니 상자를 안고 돌아왔다.

"이게 뭐야?"

비교적 큰 상자를 열자 그것은…….

"스도, 이거!"

"맞아, 룸바야. 메구미는 깨끗한 걸 좋아하잖아. 그래서 분석해 봤는데 말이지, 다이손 청소기를 사흘에 한 번만 돌려서는 깨끗해지지…….

"뭐야, 무드 없게. 아 정말."

"역시 그렇지?"

스도가 쑥스러운 듯 웃자 메구미도 따라 웃었다. 그때 스도가 다시 입을 열었다.

"실은 선물이 하나 더, 있어."

스도는 순간 진지한 눈빛으로 작은 상자를 내밀었다.

"뭔데?"

"생일 축하해."

상자를 열자 메구미가 갖고 싶어 하던 티파니의 귀고리가 들어 있었다. 스도에게는 비싼 선물이었지만 지금까지 옆에서 지탱해 준 메구미의 마음을 생각하면 결코 비싸다고 할 수 없었다.

"앞으로도 잘 부탁해."

"나야말로." 메구미도 가만히 속삭였다.

작은 상자를 들고 메구미가 미소 짓고 있는데, 두 사람을 발견한 이시가미 부장이 큰소리로 외쳤다.

"오오오오! 모두들 보라고! 스도가 프로포즈했어!"

그 소리를 듣고 여기저기서 거침없는 축복의 말들이 쏟아졌다.

"축하해!"

"아니, 아니에요. 이시가미 부장님, 그게 아니라고요."

이미 무슨 말을 해도 스도의 목소리는 묻혀버렸고 사태는 수습할 수 없게 되었다.

"그런 거였어요? 역시, 잘 어울려요. 축하드립니다." 가까이에 있던 다케코시도 인사를 건넸다.

"아냐, 아냐."

"부러워요. 저도 좋은 사람 찾아야겠어요!" 마에다가 말했다.

"너까지. 아니라니까. 여기엔……. 이런, 무로후시 사장님, 뭐라고 말씀 좀 해주세요."

스도가 부탁하자 무로후시 사장은 웃으며 대답했다.

"스도, 이제 결정하지 그래?"

모두 떠들썩하고 있을 때, 그 상황을 잠재우듯이 '톡톡' 하고 마이크를 두드리는 소리가 났다.

"아아! 에." 스피커에서 흘러나온 목소리는 바로 메구미였다.

"감사합니다. 스도 진야의 피앙세, 고지마 메구미입니다. 스도는 제가 행복하게 해주겠습니다!"

순간, 스도는 어안이 벙벙했지만, 바로 마음을 정했다는 표정으로 바뀌었다. 그것은 메구미의 프로포즈였다. 연회장 안에서는 축하 인사가 끊이질 않았다. 메구미와 스도는 얼굴을 마주 보며 미소를 짓고 있었다. 용감한 사람들의 연회는 밤늦도록 이어졌다.

해설

하이브리드 프레임

이익을 창출하는 구조, 즉 모델은 비즈니스에서 사용하는 우뇌(고객만족)와 좌뇌(이익)의 양쪽을 동시에 사고함으로써 생겨난다. 열정(우뇌)과 냉정(좌뇌) 사이를 왔다 갔다 하며 사고하고 성과를 이뤄내는 것이다. 이렇듯 비즈니스에는 이 두 가지 사고법이 결합되어야 한다.

하지만 경영학 교재를 읽고 분석해보면 각각 마케팅론이나 재무론 등의 이론 체계가 있기 때문에 분화된 전문 과목을 공부하게 된다. 게다가 실무에서도 영업부와 자금부 등 부서 자체의 전문성도 나뉘어 있다. 즉, 이론도 실무도 전문 분야별로 나뉘어 있기 때문에 좀처럼 이들 두 관점을 함께 지닌다는 것은 경험이 있는 비즈니스맨일수록 더 어렵다.

모델을 효과적으로 해명하는 장치, 그것이 이 책에서 소개한 하이브리드 프레임이다. 이 장치는 필자가 독창적으로 고안했다.

하이브리드 프레임에서는 고객가치를 우측에, 이익을 좌측에 둔다. 그리고 각각 세 개의 의문사로 질문을 던진다. 세 개의 질문은 누구에게(Who), 무엇을(What), 어떻게(How)다.

Who-What-How는 사업을 정의하기 위한 요소인데, 이들을 고객가치와 이익의 각 요소별로 정의하는 것이 '하이브리드 프레임'의 특징이다.

하이브리드 프레임을 사용하면 마케팅으로 성공한 회사뿐만 아니라 과금 방법으로 승리를 거둔 회사의 전략도 풀어낼 수 있다. 실제로 최근의 혁신자는 고객가치 제안만이 아니라 과금의 차별화를 추진해서 대규모 경쟁에서 업계의 패권을 거머쥐고 있다.

대부분의 비즈니스맨은 우뇌나 좌뇌, 그 어느 한쪽에 중심축을 두고 일을 한다. 하지만 유능한 경영자는 하이브리드로 생각한다. 고객가치를 생각하면서 이익도 동시에 생각하는 것이다.

하이브리드 프레임에서 비즈니스를 디자인할 수 있으면 지금까지 느낀 한계를 돌파할 수 있을지 모른다. 즉, 고객가치로 온갖 노력을 다했다고 하더라도 과금 방법을 바꾸고 이익을 얻는 방법을 연구하면, 새로운 비즈니스가 탄생할 것이다.

반대로 원가 경쟁에서 온갖 계책을 다했다고 하더라도 고객가치로 사고를 옮기면 가치 상승이나 새로운 수익의 원천이 보일지 모른다. 그러기 위해서는 우선, 여러분이 마음에 둔 제품이나 서비스가 있으면 그것을 하이브리드 프레임으로 철저하게 분석하는 훈련을 하는 것이 지름길이다.

도표45. **하이브리드 프레임**

이익		고객가치
누구에게서 이익을 취할 것인가?	**WHO**	어떤 용건을 가진 사람인가?
무엇으로 이익을 낼 것인가?	**WHAT**	솔루션으로 무엇을 제시할까?
어떤 시간 축에서 이익을 낼 것인가?	**HOW**	대체 솔루션과 어떻게 차별화할 것인가?
좌뇌계		우뇌계

미해결 용건의 가시화, 활동 체인

중요한 것은 아직 충분한 솔루션이 제공되고 있지 못하는 미해결 용건을 깊이 있게 파악하는 일이다. 고객의 용건을 눈여겨보았을 때 해결되지 않는 부분이 많다면 거기에는 절호의 비즈니스 기회가 있다. 이는 '고객이 좀처럼 해결하지 못하는 일'에 주목하라는 뜻이다. 다시 말해, '해결해야 할 일'에 주목하되, 그중에서도 '해결하지 못한 일'이 무엇인지를 먼저 파악해야 한다.

그렇다고는 해도, 아무런 아이디어 없이 고객을 관찰하기만 해서는 안 될 일이다. 이때 효과적으로 그들을 관찰하고 분석하기 위한 장치가 '고객의 활동 체인'이다.

고객이 용건을 해결하지 못하고 있는 상황에서 일어나고 있는 것이, 제품 자체보다도 제품을 둘러싼 주변 여건이다. 여기에는 구입할 때, 문제를 해결할 때, 그리고 제품을 지속적으로 사용할 때의 세 가지 단계가 있다.

중요한 것은 철저히 고객의 시각에서 보는 일이다. 구입할 때부터 사용하고 있을 때, 다 사용하고 난 다음까지의 일련의 흐름을 고객의 입장에서 생각해야 한다. 그 일련의 활동을 한눈에 관찰할 수 있는 도표가 고객의 활동 체인이다.

여기까지가 고객가치 창조에 관한 핵심 내용이다. 실은 마케팅 담당이었던 스도도 여기까지 오는 동안 수많은 고민에 부딪쳤다.
현재의 상황을 아무리 분석해도 쉽게 정리할 수 없었다. 이들 장치
의 유효성은 그럴 때 각도를 달리해서 성숙한 제품과 업계를 다시
바라볼 수 있다는 데 있다.

도표46. **고객의 활동 체인**

구입 단계					용건 해결 단계			지속 단계		
문제 인식	테마를 정한다	키워드를 인식한다	해결 방법을 찾는다	구입	사용 한다	익힌다	용건 해결	유지 관리	폐기	업그 레이드

커버리지 툴 활용

고객의 활동이 분명해지면 그 다음은 어떤 제품과 서비스가 어
느 부분의 용건을 해결할 수 있는지를 확실히 규명해나가야 한다.
그래서 '솔루션 커버리지'라는 툴을 소개했다. 이는 활동 체인을
바탕으로 미해결된 용건이 무엇인지를 분명히 하는 사고법이다.
방법은 무척 간단하다. 활동 체인 아래에 업계에서 누가 그곳에 해
결책을 제시하는지, 경기 결과표처럼 ○ 표시를 해나간다.

그러면 어느 단계에서 미해결 용건이 발생하는지를 알 수 있다.

다른 사업자의 같은 활동에 대해 좋은 의미로 여럿이 힘을 합쳐 더 훌륭히 해결하려고 한다는 사실도 알 수 있다. 즉, 가장 많은 ○를 표시하고 있는 활동은, 거기서 과당경쟁이 일어나고 있다는 뜻이다. 대부분의 경우 역시 '구입'이 아닐까.

다음으로, 솔루션의 제시와 과금 시기가 다를 때도 있다. 이들을 독립적으로 파악하기 위해서 과금하고 있는 부분에 ●로 칠해보자. 그러면 솔루션과 과금의 양방향을 하이브리드 사고로 하나의 도표 중에서 파악할 수 있다.

사업자가 과금의 포인트를 조금씩 비켜 놓았다는 사실도 이해할 수 있다. 이것이 솔루션과 과금의 양쪽을 알 수 있는 '비즈니스 모델 커버리지'다.

도표47은 비즈니스서 사용자를 상정한 커버리지다. 비즈니스서 자체는 '책 구입' 단계에서 경쟁하고 있지만 그 사용자는 사실 책이 갖고 싶은 것이 아니라 '비즈니스에서의 문제 해결'을 하고 싶은 것이다. 그렇게 생각하면 대체 솔루션은 많다. 그러면 비즈니스서의 구입 이후에 일어나는 솔루션이나 과금 방법을 찾을 수 있을 것이다. 이 책도 마찬가지지만.

이러한 순서로 생각해나가면 새로운 비즈니스 모델의 아이디어가 생겨난다. 그것을 적음으로써 하이브리드 프레임은 완성된다. 중요한 것은 현재 비즈니스 상황을 있는 그대로 하이브리드 프레

도표47. 모멘텀과 대체 솔루션의 비즈니스 모델 커버리지

단계	세부	비즈니스서	강연회	공개강좌	연수	컨설팅	MBA	큐레이션
지속 단계	자신의 기술로 만든다						●	
	응용한다					○	●	
	계속 시도한다					●	●	
용건 해결 단계	현장에서 시험해본다					●	●	
	이해한다		○	○	●		●	
	배운다		●	●	●		●	
구입 단계	구입	●						
	해결 방법을 찾는다							●
	키워드를 인식한다							○
	테마를 정한다							○
	비즈니스에서 문제인식							○

임으로 정리하는 일이다. 그러려면 스도가 했던 것처럼 우선 세상에 있는 다양한 제품과 서비스를 이 프레임으로 분석해보는 것이 좋다. 그러한 훈련은 틀림없이 여러분의 시야를 넓혀줄 것이다.

이 책에서 소개한 방법들을 이용해서 여러분의 비즈니스에 혁신을 일으켜보라.

게다가 실은, 앞으로도 비즈니스를 합리적으로 추진하기 위한 프로세스의 구축 단계가 기다리고 있다. 현재 비즈니스를 하고 있는 분이라면, 이미 고객가치와 이익으로 비즈니스의 꼴을 잘 갖추고 있을 것이다. 하지만 지금부터 제로 상태에서 비즈니스를 시작하고 싶은 분에게는 프로세스의 구축도 중요한 요소가 된다.

이 점에 관해서는 필자의 저서 『수익 창출 구조를 만드는 프레임워크 교과서(儲ける仕組みをつくるフレームワークの教科書)』에 나와 있으므로 관심 있는 분은 꼭 참고하시길 바란다.

참고문헌

크리스 앤더슨, 정준희 옮김, 『프리 Free』, RHK, 2009.

피터 드러커, 이재규 옮김, 『경영의 실제 the Practice of Management』, 한국경제신문사, 2006.

에이드리언 슬라이워츠키, 조은경 옮김, 『프로핏 레슨 the Art of Profitability』, 다산북스, 2011.

에이드리언 슬라이워츠키, 데이비드 모리슨, 이상욱 옮김, 『수익지대 the Profit Zone』, 세종연구원, 2005.

조안 마그레타, 권영설, 김홍열 옮김, 『경영이란 무엇인가 What Management is』, 김영사, 2004.

A. G. 래플리, 램 차란, 장진영 옮김, 『게임 체인저 the Game Changer』, 21세기북스, 2009.

필립 코틀러, 윤훈현 옮김, 『마케팅 관리론 Marketing management』, 석정, 2006.

에릭 리스, 이창수, 송우일 옮김, 『린 스타트업 Lean Startup』, 인사이트, 2012.

애시 모리아, 위선주 옮김, 『린 스타트업 Running Lean』, 한빛미디어, 2012.

해롤드 보겔, 현대원 옮김, 『엔터테인먼트 산업의 경제학 Entertainment Industry Economics』, 커뮤니케이션북스, 2003.

마크 존슨, 이진원 옮김, 『혁신은 왜 경계 밖에서 이루어지는가 Seizing the White Space』, 토네이도, 2011.

클레이튼 크리스텐슨, 마이클 레이너, 딜로이트 컨설팅 코리아 옮김, 『성장과 혁신 The Innovator's Solution』, 세종서적, 2005.

테드 레빗, 조성숙 옮김, 『테드 레빗의 마케팅 Ted Levitt on Marketing』, 21세기북스, 2011.

데이비드 베산코, 마크 쉘리, 데이비드 브래노브, 스코트 새퍼, 박원규 옮김, 『전략경제학 Economics of Strategy』, 시그마프레스, 2005.

알렉산더 오스터왈더, 예스 피그누어, 팀 클락, 유효상 옮김, 『비즈니스 모델의 탄생 Business Model Generation』, 타임비즈, 2011.

가와카미 마사나오, 김영택 옮김, 『이익 모델 방정식 利益モデルの方程式』, e비즈북스, 2015.

382

Derek F. Abell, *Defining the Business*, Prentice Hall, 1980.

Constantinos C. Markides, *All the Right Moves*, Harvard Business Press, 1999.

Constantinos C. Markides, *Game-Changing Strategies*, Jossey-Bass, 2008.

John Mullins, Randy Komisar, *Getting to Plan B*, Harvard Business Press, 2009.

川上昌直，『儲ける仕組みをつくるフレームワークの教科書』，かんき出版，2013.

川上昌直，『ビジネスモデルのグランドデザイン』，中央経済社，2011.

滝山晋，『ハリウッド巨大メディアの世界戦略』，日本経済新聞社，2000.

Adam M. Brandenburger, Harborne W. Stuart Jr, "Value-based Business Strategy", *Journal of Economics & Management Strategy*, 1996.

Thomas R. Eisenmann, Geoffrey G. Parker, and Marshall W. Van Alstyne, "Strategies for Two-Sided Markets", *Harvard Business Review*, Oct 2006.

Andrei Hagiu, David B. Yoffie, "What's Your Google Strategy?", *Harvard Business Review*, April 2009.

Christopher W. Hart, "The Power of Unconditional Service Guarantees", *Harvard Business Review*, Jul-Aug 1988.

Clayton M. Christensen, Henning Kagermann, Mark W. Johnson, "Reinventing Your Business Model", *Harvard Business Review*, Dec 2008.

白根英昭，「エスノグラフィック・マーケティング」，『DIAMOND・ハーバード・ビジネスレビュー』10月号，2010.

川上昌直，「ハリウッド映画ビジネスにみるリスク・マネジメントの特徴」，『商学論集』71巻4号，2003.

川上昌直，「戦略リスク・マネジメントによる映画ビジネスの米日比較」，『国際ビジネス研究学会年報』，2005.

http://diamond.jp/articles/-/3173

http://www.baystars.co.jp/news/2012/04/0411_01.php

http://www.wponichi.co.jp/baseball/news/2013/09/03/kiji/K20130903006541870.html

http://eiga.com/news/20130620/6/

http://wired.jp/2012/05/28/tell-jabba-ive-got-his-money-star-wars-revenue-throughout-our-galaxy/

http://www.huffingtonpost.jp/2013/09/27/kankore-business_n_4001827.html

옮긴이 김윤경

한국외국어대학교를 졸업하고 일본계 기업에서 일했다. 바른번역 아카데미에서 일본어 번역과정을 수료한 후 현재 일본어 전문번역가로 활동 중이다. 편견 없는 가치관과 폭넓은 지식을 추구하며 오늘도 저자의 글을 통해 세상을 넓히고 있다. 옮긴 책으로는 『나는 단순하게 살기로 했다』, 『만약 고교야구 여자 매니저가 피터 드러커를 읽는다면:이노베이션과 기업가정신 편』, 『아무것도 없는 방에 살고 싶다』, 『사장의 도리』, 『공학자의 사고법』, 『나는 상처를 가진 채 어른이 되었다』, 『끝까지 해내는 힘』 등이 있다.

미래의 기회를 현재의 풍요로 바꾸는 혁신의 사고법

모델

초판 1쇄 발행 2016년 11월 9일
초판 2쇄 발행 2016년 11월 25일

지은이 가와카미 마사나오
옮긴이 김윤경
펴낸이 김선식

경영총괄 김은영
마케팅총괄 최창규
책임편집 윤성훈 **디자인** 황정민 **크로스 교정** 마수미 **책임마케터** 최혜령, 이승민
콘텐츠개발4팀장 김선준 **콘텐츠개발4팀** 황정민, 윤성훈, 마수미, 김상훈
마케팅본부 이주화, 정명찬, 최혜령, 양정길, 최혜진, 박진아, 김선욱, 이승민, 김은지, 이수인
경영관리팀 허대우, 권송이, 윤이경, 임해랑, 김재경

펴낸곳 다산북스 **출판등록** 2005년 12월 23일 제313-2005-00277호
주소 경기도 파주시 회동길 37-14 2, 3, 4층
전화 02-702-1724(기획편집) 02-6217-1726(마케팅) 02-704-1724(경영지원)
팩스 02-703-2219 **이메일** dasanbooks@dasanbooks.com
홈페이지 www.dasanbooks.com **블로그** blog.naver.com/dasan_books
종이 한솔피엔에스 **출력·제본** 갑우문화사

ISBN 979-11-306-1023-8 (03320)